"老有所为"的
社会工作支持研究

邸焕双 等◎著

Research on
the Social Work Support of
Letting the Elderly Have Something to Do

中国社会科学出版社

图书在版编目（CIP）数据

"老有所为"的社会工作支持研究 / 邸焕双等著 . —北京：中国社会科学出版社，2021.5
ISBN 978-7-5203-8179-6

Ⅰ.①老… Ⅱ.①邸… Ⅲ.①老年人—生活—研究 Ⅳ.①Z228.3

中国版本图书馆 CIP 数据核字（2021）第 056953 号

出 版 人	赵剑英
责任编辑	黄 晗
责任校对	杨 林
责任印制	王 超

出　　版	中国社会科学出版社
社　　址	北京鼓楼西大街甲 158 号
邮　　编	100720
网　　址	http://www.csspw.cn
发 行 部	010-84083685
门 市 部	010-84029450
经　　销	新华书店及其他书店
印　　刷	北京明恒达印务有限公司
装　　订	廊坊市广阳区广增装订厂
版　　次	2021 年 5 月第 1 版
印　　次	2021 年 5 月第 1 次印刷
开　　本	710×1000　1/16
印　　张	15.25
字　　数	259 千字
定　　价	86.00 元

凡购买中国社会科学出版社图书，如有质量问题请与本社营销中心联系调换
电话：010-84083683
版权所有　侵权必究

目　　录

第一章　绪论……………………………………………………（1）
　一　问题的提出………………………………………………（2）
　二　本书的研究对象、研究思路和研究方法………………（11）

第二章　社区老年人自组织培育的社会工作支持……………（15）
　一　社区老年人自组织的现状及存在的问题………………（16）
　二　社区老年人自组织培育的社会工作实践………………（32）
　三　社会工作服务参与老年人自组织培育的建议…………（57）
　四　本章小结…………………………………………………（60）

第三章　城市老年人参与志愿服务的社会工作支持…………（63）
　一　城市老年人参与志愿服务的现状及需求评估…………（64）
　二　促进退休老人参与社区公共事务的社会工作实践……（78）
　三　社会工作服务促进城市老年人参与志愿服务的建议…（108）
　四　本章小结…………………………………………………（110）

第四章　退休老人参与社区公共事务的社会工作支持………（113）
　一　退休老人参与社区公共事务的现状及存在的问题……（113）
　二　促进退休老人参与社区公共事务的社会工作实践……（124）
　三　社会工作服务促进退休老人参与社区公共事务的建议…（144）
　四　本章小结…………………………………………………（146）

第五章　城市低龄老年人创业的社会工作支持………………（149）
　一　低龄老年人创业的现状及存在的问题…………………（150）

  二　促进城市低龄老年人创业的社会工作实践……………（166）
  三　社会工作服务促进城市低龄老年人创业的建议………（199）
  四　本章小结……………………………………………………（202）

第六章　城市社区老年教育服务的社会工作支持……………（204）
  一　城市社区老年教育服务的现状及需求评估………………（204）
  二　城市社区老年教育服务的社会工作实践…………………（215）
  三　社会工作服务参与城市社区老年教育服务的建议………（227）
  四　本章小结……………………………………………………（230）

参考文献……………………………………………………………（232）

后　　记……………………………………………………………（238）

第一章

绪　　论

随着经济快速发展、医疗技术水平不断提升、社会保障体系日益完善,我国人均预期寿命逐步提高,老龄化进程不断加速。截至2019年,我国60周岁及以上人口已经达到了2.4949亿人,占比17.9%,其中,65周岁及以上人口1.6658亿人,占比11.9%[1];预计到2035年前后,我国老年人口比例将超过总人口的1/4,2050年前后将超过1/3。[2] 我国老龄化水平已经高于世界老龄化水平,部分地区甚至进入深度老龄化。面对人口老龄化,国家先后提出积极应对老龄化的人口战略,积极推动老龄事业发展。我国于2017年年初发布的《国家人口发展规划(2016—2030)》指出,要发掘老年人力资本,建构老年人力资源体系,积极开发老年人力资源,要鼓励老年人积极在家庭发展、社区发展、公益活动等诸多方面发挥余热。[3]《"十三五"国家老龄事业发展和养老体系建设规划》中也明确提出,要加强老年人力资源开发、发展老年志愿服务、引导基层老年社会组织规范发展。[4]《国家积极应对人口老龄化中长期规划》提出,实施积极老龄化战略,明确了积极应对老龄化的发展目标和具体工作任务。其中,依

---

[1] 国家统计局:《2018年经济运行保持在合理区间发展的主要预期目标较好完成》,http://www.stats.gov.cn/tjsj/zxfb/201901/t20190121_1645752.html,2019年1月23日。
[2] 全国老龄工作委员会办公室、中国老龄协会:《奋进中的中国老龄事业》,https://news.sina.com.cn/o/2019-10-09/doc-iicezzrr1084009.shtml,2019年10月9日。
[3] 中华人民共和国中央人民政府:《国务院关于印发国家人口发展规划(2016—2030年)的通知》,http://www.gov.cn/zhengce/content/2017-01/25/content_5163309.htm,2017年1月25日。
[4] 中华人民共和国中央人民政府:《"十三五"国家老龄事业发展和养老体系建设规划》,http://www.gov.cn/zhengce/content/2017-03/06/content_5173930.htm,2017年3月6日。

托社区提供为老服务、社会工作参与成为具体工作要求,① 社会工作作为专业力量推动为老服务发展和参与社区治理被提到治理层面。

一 问题的提出

传统观念中,我们往往把老年人看作弱势群体,认为他们是社会的"负担",却忽略了老年人自身的潜能与价值,忽略了部分老年人还有继续为社会做贡献的意愿。老年人与青年人相比,虽然在身体机能方面弱一些,但他们拥有丰富的人生阅历和知识经验。面对人口老龄化,如何发挥老年人的价值和潜能,鼓励老年人参与社会活动,让老年人为社会发展继续贡献自己的一份力量,实现老有所为,成为经济社会发展必须正视的现实问题。

(一) 积极养老中的"老有所为"

世卫组织2002年发布的《积极老龄化:政策框架》中首次提出积极老龄化概念,并将其作为老龄事业发展的战略思想。积极老龄化的目的是提高老年人生活质量,老年人可以根据自己的意志、能力、需要等参与社会生活领域中的各类事务,并受到应有的社会保护。② 随着社会保障体系的不断完善,老年人的生活水平不断提高,已不再单纯满足于物质生活的丰富,精神需要、社区参与等也逐渐获得了老年人的青睐。"积极养老",即老人在离开劳动岗位后,并不一味在家中消极养老,而是积极参与社会活动,调整身心健康,并利用自身技能及经验,根据自身情况,为社会做出更多贡献。③"积极养老"是老年人在参与志愿服务、提供照顾、参加工作、继续教育或者从事其他有利于社会和自身活动的过程中真正实现"老有所为"。④

---

① 社工周刊:《我国老年人2.49亿,加快培养为老服务社工》,https://www.socialwork-weekly.cn/news/11165.html,2019年11月24日。
② 梅陈玉婵、林一星、齐铱:《老年社会工作——从理论到实践》,格致出版社2017年版,第19页。
③ 梁捷:《"积极养老"如何帮助空巢老人》,《光明日报》2013年1月11日第5版。
④ 杜鹏、王菲:《"老有所为"在中国的发展:政策变迁和框架构建》,《人口与发展》2011年第6期。

第一章　绪论

　　老年人参与社区治理是积极老龄化的实践策略之一。通过参与社区治理，不仅能够满足老年人的精神健康需要，让老年人有乐趣、有事做，还可以发挥老年人的经验优势，增加劳动力供给，创造更大的社会财富，促进社区发展。那么，老年人如何通过社区参与实现积极养老呢？各类社区组织是老年人社区参与的主要平台，这些社区组织也是推动社区治理的重要阵地。随着社会经济的快速发展，社区组织在社会治理中所发挥的作用越来越不可忽视。社区组织是社区内的社会系统存在和发展的一种样态，其发展与社区治理、社区建设分不开，是社区建设的重要目标和内容之一，也是社会发育程度的重要标志。[1] 党的十八大以来，国家从制度与法律层面积极推动社区组织的发展。党的十八届四中全会通过的《中共中央关于全面推进依法治国若干重大问题的决定》从法律层面保障了社区组织发展。[2] 国家治理体系和治理能力现代化被写进党的十九大报告，并要求从民生保障、社区治理、积极老龄化等方面推动老龄事业发展，[3] 社区治理被提升到国家治理战略层面。中共中央、国务院颁布的《关于加强和完善城乡社区治理的意见》指出了社区组织可以在健康养老、文体娱乐、邻里互助等领域发挥作用。[4] 民政部发布《关于大力培育发展社区社会组织的意见》进一步说明社区组织在为民服务、公益慈善、邻里互助、文体娱乐和农村生产技术服务等领域可以大有所为，并对社区组织的发展进行了规划和支持。[5] 党的十九届四中全会进一步指出要构建基层社会治理新格局，完善国家治理体系。建立党委、政府、社会、居民全面参与的治理格局，要坚持党委领导、政府负责协同参与的人人有责、人人尽责、人人享有的社会治理共同体。[6] 国家要求每个城市

---

[1] 贾康、刘尚希、王泽彩等：《如何培育和发展社会组织——基于潍坊市的调查与思考》，《地方财政研究》2013 年第 5 期。
[2] 中国新闻网：《2014 年社会组织十件大事：四中全会首提加强立法》，http：//www.chinanews.com/sh/2014/12-31/6928633.shtml，2014 年 12 月 31 日。
[3] 习近平：《决胜全面建成小康社会 夺取新时代中国特色社会主义伟大胜利——在中国共产党第十九次全国代表大会上的报告》，http：//www.xinhuanet.com/2017-10/27/c_1121867529.htm，2017 年 10 月 27 日。
[4] 中国政府网：《中共中央 国务院关于加强和完善城乡社区治理的意见》，http：//www.gov.cn/xinwen/2017-06/12/content_5201910.htm，2017 年 6 月 12 日。
[5] 中华人民共和国民政部：《关于大力培育发展社区社会组织的意见》（民发〔2017〕191 号），http：//www.mca.gov.cn/article/gk/wj/201801/20180115007214.shtml，2017 年 12 月 27 日。
[6] 中国政府网：《中共中央关于坚持和完善中国特色社会主义制度 推进国家治理体系和治理能力现代化若干重大问题的决定》，http：//www.gov.cn/zhengce/2019-11/05/content_5449023.htm，2019 年 11 月 5 日。

社区平均拥有至少 10 个社区社会组织①。截至 2018 年 11 月,我国社区社会组织数量有 39.3 万个,其中属于街道和社区管理但尚未在基层民政部门登记的有 32.7 万个②。据不完全统计,全国有超过 300 万个草根性组织。③ 社区组织有着较好的发展势头,但也存在一些诸如凝聚力不足、松散、混乱、发展难以持续等问题,需要通过积极培育进行解决。培育社区老年组织是为了满足社区组织在解决问题与自身能力不足之间的矛盾。④社会工作支持社区老年组织培育有着一定的现实意义。社会工作培育区别于政府和其他组织培育。社会工作注重人的发展,不仅是问题的解决,更是意识、能力的改变。同时,培育社区老年组织既是政府推动社区治理的发展要求,也是积极老龄化、老有所为的发展诉求,通过社会工作支持培育社区老年组织可以探索社区老年组织参与社区治理的实践路径。

志愿服务作为老年人参与社会、发挥自身价值的有效途径,是老年人继续参与社会、实现老有所为的一种重要方式。⑤ 我国先后出台了一系列政策,鼓励老年人积极参与志愿服务活动,希望通过老年志愿服务的发展,实现积极老龄化。1999 年发布的《中国老年社会福利事业发展报告》指出,老年人积极参与社会公益活动,已经发展为社区服务中最具有活力的志愿者队伍。⑥ 国务院于 2017 年印发的《"十三五"国家老龄事业发展和养老体系建设规划》指出,"培育积极老龄观,加强老年人力资源开发,发展老年志愿服务"⑦。实践证明,我国的老年志愿服务仍处在起步阶段,针对老年人志愿服务的政策较少,老年人参与志愿服务的意识不强,老年

---

① 中华人民共和国民政部:《关于大力培育发展社区社会组织的意见》(民发〔2017〕191号),http://www.mca.gov.cn/article/gk/wj/201801/20180115007214.shtml,2017 年 12 月 27 日。
② 中华人民共和国中央人民政府:《我国已有社区社会组织 39.3 万个》,http://www.gov.cn/xinwen/2018-11/22/content_5342507.htm,2018 年 11 月 22 日。
③ 林丽芳:《转型期我国社会组织的培育与发展对策探析》,《求实》2012 年第 S2 期。
④ 陈友华、祝西冰:《中国的社会组织培育:必然、应然与实然》,《江苏社会科学》2014 年第 3 期。
⑤ 陈茗、林志婉:《城市老年人参与社会公益活动的意愿及其影响》,《人口学刊》2004 年第 3 期。
⑥ 时正新:《中国社会福利与社会进步报告·1999》,社会科学文献出版社 2000 年版,第 22—24 页。
⑦ 中华人民共和国中央人民政府:《国务院关于印发"十三五"国家老龄事业发展和养老体系建设规划的通知》(国发〔2017〕13 号),http://www.gov.cn/zhengce/content/2017-03/06/content_5173930.htm,2017 年 2 月 28 日。

人参加服务存在很大的随意性和不稳定性，老年志愿者的服务技巧不足等问题，都导致我国老年志愿服务的发展受阻。社会工作与老年志愿服务有一定的相似性。二者都是通过发挥自己的优势及能力去帮助有需要的人，而二者的差别在于，社会工作是在专业理论和科学方法指导下进行的实践活动，老年志愿服务却缺乏一定的理论指导，具有很大的随机性。[1] 因此，用社会工作的专业理论和技巧去支持老年志愿服务，对于解决老年人参与志愿服务中存在的技巧缺乏、随意性大、质量较低等问题有一定的实践意义。通过社会工作专业服务提高老年人参与志愿服务的意愿，增强老年人参与志愿服务的能力，改善老年人参与志愿服务的环境，让老年人积极参与志愿服务活动，不仅有利于构建和谐社区，还能够丰富老年人的生活，发挥其自身价值，提升他们的自我效能感并建构社会支持网络，扩大参与社会的机会，融入社会，实现积极老龄化，真正"老有所为"。

创业或参加工作是老年人从事"经济生产"的主要表现之一，是老年人在晚年时期实现自身价值和社会价值，获得自我价值感的一种方式。低龄老年人作为增速较快的群体，在我国拥有庞大的人口数量，并且在身体素质、知识技能、社会资本等方面仍具备可挖掘的潜能。我国先后出台了一系列老年人创业与从事经济生产的政策，例如，《中华人民共和国老年人权益保障法》鼓励老年人积极参与社会发展，积极参与我国的经济发展，参与生产活动；[2] 国务院颁布的《"十三五"国家老龄事业发展和养老体系建设规划》强调，要支持老年人才自主创业。[3] 在一些地方性政策中也涉及了老年创业问题，例如，辽宁省政府于2018年6月发布的《辽宁省人口发展规划（2016—2030年）》，其中提到了支持老年人才自主创业，鼓励专业技术领域人才延长工作年限。[4] 虽然有政策扶持，且形式多样，但实际发展却受到限制。许多老年人因家庭事务缠身而被限制了其自

---

[1] 王思斌：《社会工作导论》，高等教育出版社2007年版，第5页。
[2] 全国人民代表大会：《中华人民共和国老年人权益保障法》，http://www.npc.gov.cn/wxzl/gongbao/1996-08/29/content_1479994.htm，1996年8月29日。
[3] 中华人民共和国中央人民政府：《国务院关于印发"十三五"国家老龄事业发展和养老体系建设规划》（国发〔2017〕13号），http://www.gov.cn/zhengce/content/2017-03/06/content_5173930.htm，2017年2月28日。
[4] 辽宁省人民政府：《辽宁省人民政府关于印发辽宁省人口发展规划（2016—2030年）的通知》（辽政发〔2018〕20号），http://www.ln.gov.cn/zfxx/zfwj/szfwj/zfwj2011_125195/201807/t20180703_3273280.html，2018年6月25日。

身资源的开发，同时，老年人就业因年龄限制受到社会和企业的排斥，政策在实施过程中得不到完全的实施，低龄老年人的人力资源开发程度较低，老年人的价值得不到完全实现。老年人创业作为"老有所为"及老年人社会参与的一种方式，可以成为我国解决老龄化问题的积极而有创造性的措施。老年人创业的社会意义体现在：一是通过挖掘老年人的创业优势，促进该群体创业意识的萌发，在更大程度上发挥老年人社会参与的热情，对自己的能力和价值形成正确认知，更大地发挥社会价值，创造一定的经济效益和社会效益；二是能够缓解当前我国人口红利下降所出现的劳动力不足，减轻国家的经济负担。那么，如何开发老年人的人力资源，扩大老年人的社会参与？如何将老年人从事"经济生产"的劣势转化为在资本、能力和关系网络层面独特的优势？可以通过改变创业环境、建立老年创业平台、增加国家政策和资金倾斜、建立老年创业风险机制以及成立老年创业组织等措施来促进老年创业活动的产生，还可以通过社会工作者的支持，运用社会工作专业理念、方法和技巧为该群体提供意愿提升、能力提升以及创业活动力促进等服务，发现他们的优势，促进其创业活动的开展。通过服务增强老年人的自信感、归属感和责任感，提升他们适应社会的能力，实现积极老龄化。

老年教育服务是"终身学习"的保障。随着物质生活水平的不断提升，老年群体对于教育的需求愈加强烈，《国家中长期教育改革和发展规划纲要（2010—2020年）》明确指出，"要重视老年教育"。社区作为社会的基本单位，是直接为老年人提供教育服务的最佳平台。我国城市社区的养老服务大致分为三类：一是面向基本日常生活的养老服务，主要包括建立老年人档案、家政服务、政策与法律咨询、社区卫生医疗保健等；二是对失独老人、独居老人、残疾老人等特殊老年人的服务，主要是社区人员协同志愿者一起走访慰问，为他们送去所需物资及陪伴；三是丰富老年精神文化生活、帮助老年人实现自我价值、促进老年人社会参与的服务，包括社区内部的老年歌舞团、兴趣班、互助式养老等，有的社区内部还创办了老年大学，目的是更好地丰富老年人的退休生活，使他们生活得更充实。因此，发展社区老年教育服务，对切实满足老年人的教育需求，实现老有所学、老有所为，以积极应对老龄化有着十分重要的意义。研究和调查发现，社区提供的老年教育服务存在非系统性和非专业性的特点，因此，需要运用科学理论与专业方法为社区老年教育服务提供支持，满足老年人真实的教育需求，保障每一个老年人受教育的权利。通过开展社区老年教育服务，从教育入手，使老年人可以接受合适的教育，真正实现老有所学，提高其晚年生活质量，从精神层面实现积极养老；同时，通过在社区内开展一系列的老年教育服务，以及线上线下的宣传，使得社区居民都能意识到终身学习的必要性，有利于构建学习型社区，提高社区居民整体的文化素质，推动社区的和谐发展。

（二）"老有所为"与社会工作支持

随着老年人口的不断增加，如何有效化解人口老龄化带来的消极影响，如何充分发挥老年群体的作用，利用庞大的老年人口资源，给社会经济发展带来积极影响，如何有效实现"老有所养、老有所教、老有所学、老有所为、老有所依、老有所乐"，成为社会各界关注的热点。"老有所为"的推动不仅要大力倡导社会公益组织提供老年服务，还要引导老年人自身发展，积极开展利他主义的老年志愿服务，积极培育发挥社会价值和自我价值的老年创业，积极构建互助养老机制，积极推动发挥个人作用的社区参与，这些都是进行"老有所为"的可行性选择。但在现实的实践中，"老有所为"却面临着种种问题，主要表现在以下几个方面：一是一部分老年人需要照看孙辈，承担家务，缺少自己的自由空间。这既与中国的传统家庭观念有关，也与年轻人的工作压力有关；二是老年人自身也缺乏对"老有所为"的正确认知，对从事"老有所为"的能力也缺少信心。这与老年人退休后的角色转换、缺少社会参与意识，以及对"老有所为"的理解有着直接关系；三是社会对"老有所为"的认识存在误区。人们习惯把老年人视作"弱者"，当成是被照顾的对象，关注老年人的健康和生活，忽视了老年人的主观能动性；四是"老有所为"的外部环境保障不足。这既涉及社区为老服务的组织安排、场地等基础设施的不足，还与"老有所为"的法制环境有关。

有效推动"老"有"所为"、有"可为"，有效开展"为老服务"，需依托于相应的场所和专业的服务。社区是开展"为老服务"的最佳平台，是居民发挥自我能力、自我价值的最佳场所。通过服务推动老年人参与社区公共事务是发挥居民主体作用，发挥老年群体人力资源，推动"老有所为"的有效选择。在老年服务领域，社会工作服务居民的作用日益凸显，从最初的扶危济困到个人发展，从改变环境到心理介入等都发挥着重要的作用。特别是随着城市社区的建设，退休老人逐渐增多，社会工作在服务退休老人方面更是发挥着不可替代的作用，从退休老人的社区适应到再就业、从心理危机干预到社区参与都表明社会工作在服务基层群体中的有效性。

社会工作参与社区老年人自组织培育是从意识到能力提升的过程。社区自组织是推动社区治理的重要平台，也是老年人参与社区治理的方式之一，而推动老年人参与社区治理是积极老龄化的应对策略之一。然而，社区老年人自组织面临着培育不足、可持续发展等问题。社会工作支持是解决问题的途径之一。社区老年人自组织培育需要社会工作机构、社会工作者、社区工作站等多方发力，社会工作者提供直接支持，发挥引导者、协调者、资源链接者的作用直接支持社区老年人自组织。社会工作机构从物质方面和政策方面对社会工作者、社区老年人自组织进行支持。社区工作站从政策方面、物质方面等提供支持。综合而言，社区老年人自组织培育需要社区、社会工作机构、社会工作者的合力。社会工作整合小组工作、社区工作等方法开展服务，与传统采用单一的实践方法不同，发挥了社会工作整合能力，促进了社会工作实践从单一走向多元、整合，拓展了社会工作服务思路。同时，社会工作参与社区老年人自组织培育，不仅拓展了社会工作实践领域，而且探索了社区老年人自组织参与社区治理的实践路径。

退休老人参与社区公共事务，是推进"老有所为"的具体实践方式。促进退休老人参与社区公共事务，有利于他们更有效地适应社区生活，建立人际交往，发挥自我价值，更好地度过晚年生活。从社区方面看，促进退休老人参与社区公共事务，是积极运用社区人力资源，发挥社区主人翁地位的有效尝试，通过部分居民参与社区公共事务带动社区居民广泛参与，构建共治共建共享社区。近年来，社会工作对社区参与的研究多集中在趣味性活动中，对社区公共事务参与的研究较少，甚至将社区参与和社区公共事务参与相混淆。从社会工作角度研究退休老人参与社区公共事务，运用社会工作理论、模式、方法和技巧，针对社区公共事务参与现状，结合社区退休老人实际需求，引导社区退休老人有效参与社区公共事务。退休老人参与社区公共事务，在资源、潜力方面有着有利的参与条件，通过社会工作的服务支持，退休老人在认知、意识和能力方面有明显提高，社区参与环境得到有效改善，退休老人更愿意参与与他们利益相关的社区公共事务。推动社区治理的深入发展离不开社区居民广泛参与社区公共事务。作为社区治理的主体力量之一，社区居民在参与中解决社区实际问题，发挥社区主人公作用，提高自治能力和自治水平，有利于推动社区治理发展。同时，推动退休老人参与社区公共事务，是将社会工作与社区治理相结合的具体实践内容，是社会工作顺应社区发展变化所做的积极改变。以退休老人为切入点，以点带线，吸引家庭成员参与。联合社工、社区工作站和社区组织，结合社区实际情况，寻找退休老人可以参与和愿意参与的公共事务，促进退休老人参与社区公共事务，进行社区治理。通过对服务经验的总结，了解社会工作在促进居民参与社区公共事务中发挥的作用，既有利于社会工作本土化的实践探索，也为社区治理深入发展提供了参考路径。

老年志愿服务作为老年人参与社会、发挥自身价值的有效途径，能够鼓励老年人走出家门、服务社会。城市老年人退休后人际交往减少，会产生一定的空虚感、寂寞感，而社会上往往又把老年人视为服务的接受者，这更会让老年人产生"无用感"，通过鼓励老年人积极参与志愿服务，提升他们的自我效能感，让老年人认识到自身的价值及资源；老年人退休后大多回归社区，社区是他们生活和参与志愿服务的主要场所。老年人通过参与志愿服务活动，不仅有利于自身适应退休后的生活，促进身心健康，更有利于社区中问题的解决，促进社区的良性发展，同时有利于社区中尊老爱老风气的弘扬，构建和谐社区；通过志愿服务鼓励老年人走出家门，利用自身的资源及优势去帮助需要的人，不仅可以扩大老年人参与社会的机会，更可以合理利用老年人的资源，实现积极老龄化，真正实现老有所为。目前，城市老年人在参与志愿服务方面存在参与意愿薄弱、参与能力不足、参与环境落后等问题。针对这些问题，运用社会工作专业服务推动老年人参与志愿服务，在活动理论、增能理论和社会学习理论指导下开展小组工作和社区工作，从老年人的优势、价值与尊严出发，鼓励老年人积极进行社会参与，对提升老年人参与志愿服务的意愿、增强老年人参与志愿服务的能力、改善老年人参与志愿服务的环境具有积极的实践意义。但在促进城市老年人参与志愿服务方面，单纯依靠社会工作自身的力量是不够的，还要充分利用政府和社区的资源，努力开拓一个政府搭台、社区协调、社工机构配合的路径，不仅有利于城市老年人积极参与到志愿服务活动当中，更有利于我们进一步探索"老有所为"的实践路径，对于丰富我国积极老龄化的发展具有一定的实践意义。

老年人创业是积极老龄化的表现之一。老年人创业在资本、能力和关系网络层面有其独特的优势，但当前对于老年人创业的开发程度较低，可以通过社会工作服务的提供，发现他们的优势并链接资源为其提供服务，促进其创业活动的开展。社会工作服务应从老年群体的切实需求出发，发现老年人创业发展中存在的问题，并对老年创业人群进行需求评估，了解老年人在创业意愿、创业能力与创业行动力等方面的需求。通过项目设计与实施，运用社会工作专业理念、方法和技巧为该群体提供服务。社会工作支持老年人创业，社会工作者应扮演资源链接者和引导者的多重角色，注意协调社区周边环境并借助多方资源，通过改变创业环境、建立老年创业平台、增加国家政策和资金倾斜、建立老年创业风险机制以及成立老年创业组织等来促进老年创业活动的产生。老年人创业作为"老有所为"及老年人社会参与的一种方式，其作用是显而易见的。从个体角度来看，老年人创业能够在更大程度上实现其晚年热情，对于自己的能力和价值形成正确的认知，增强其自信感、归属感和责任感，减少老年无用感和其他负面影响，极大地发挥老年人的社会价值；同时，通过促进该群体创业意识的萌发，提升他们适应社会的能力，挖掘老年人的创业优势，对缓解我国人口红利下降所出现的劳动力不足，减轻国家的经济负担，促进老有所为，实现积极老龄化具有一定的现实意义。

随着时代变化，老年群体对于接受教育的需求愈加强烈，而社区作为社会的基本单位，最能直接地为老年人提供教育服务。因此，发展社区老年教育服务，对切实满足老年人的教育需求，提高其晚年生活质量，实现老有所学、老有所为有一定的实践意义。社会工作支持社区老年教育服务，首先，通过实证分析，了解社区老年教育服务的现状，以及老年人的教育需求，在此基础上系统探讨社区老年教育服务存在的问题，分析问题的成因；其次，根据对实际情况的调查，运用专业的社会工作理论和方法对城市社区老年教育服务的有效开展进行支持，根据老年人真实的教育需求开展服务，通过服务使老年人受教育的权利意识得以增强，老年人接受教育的能力得以增强，并以小组工作的形式学习相应的知识，促进老年人的自我完善。同时，在社区老年教育原有服务的基础上，探索出社会工作者在支持社区老年教育服务中可充当的角色，以及在社会工作专业服务的支持下从社区内部挖掘资源，以内在动力推动其能够更好地发展，并具有可持续性、充满活力。社会工作服务支持老年教育，不仅能弥补社会工作专业理论与方法在社区老年教育服务方面运用的不足，还能拓宽社会工作支持的领域，增强社会工作的专业认同感，推动社会工作专业的良性发展。社会工作不单单可以支持个人、支持家庭、支持社区，通过尝试支持社区老年教育服务——将社区、老年群体和教育问题三个方面结合，对探索社会工作在其中所能发挥的作用、扮演的角色以及支持的路径有非常重要的意义。同时，通过在社区内开展一系列的社区老年教育服务以及线上线下的宣传，使得社区居民都能意识到终身学习的必要性，有利于构建学习型社区，提高社区居民整体的文化素质，形成良好的学习氛围，推动社区的和谐发展。另外，通过开展社区老年教育服务，调动老年人想要实现自我价值的积极性，提高其社会参与的意愿和能力，从而再一次间接地实现老有所为，从精神文化层面实现积极养老。

二 本书的研究对象、研究思路和研究方法

（一）研究对象

本书探讨的主要问题是如何通过社会工作支持促进"老有所为"，从不同领域"老有所为"的现状分析与社会工作服务这两条线索出发，探讨社会工作服务支持"老有所为"的实践模式和有效路径。遵循这两条线索，在具体研究中主要从以下两个方面展开：一是对不同领域"老有所为"实践的现状进行分析，探讨存在的问题，分析问题的成因，为社会工作服务的开展奠定现实基础。核心内容是探讨不同领域"老有所为"方面存在的问题，了解导致消极"老有所为"的影响因素，旨在评估老年人在不同领域"老有所为"的真实需求，为制订社会工作服务计划、开展社会工作实践做好前期准备。二是以社会工作服务为切入点，对社会工作服务是否促进了不同领域"老有所为"的积极、有效开展进行研究。核心内容是对社会工作在不同领域围绕"老有所为"开展的服务进行过程分析和效果评估，了解社会工作服务是否能真正满足老年人的"老有所为"需求，分析制约社会工作服务效果的原因和影响因素，探讨如何通过资源链接、政策支持等提升社会工作服务效果，形成社会工作服务支持"老有所为"的有效路径。

"老有所为"表现在老年人参与志愿服务、提供照顾、参加工作、继续教育或者从事其他有利于社会和自身的活动中。[①] 为此，需解决以下问题：社区老年人自组织的发展状况如何？影响因素有哪些？老年人对参与社区公共事务、参与志愿服务的认知如何？是如何利用自组织参与社区公共事务、参与志愿服务的？老年人创业的意愿、能力、行动力如何？老年人在教育服务方面有哪些需求？社区老年教育服务存在哪些问题？有哪些影响因素？社会工作如何有效支持不同领域的"老有所为"？本书围绕这些问题展开研究，最后得出社会工作服务可以提升老年人"老有所为"的意愿、能力和行动力的结论，并探索了社会工作服务的实践路径。

（二）研究思路

根据对"老有所为"内涵和外延的理解，将社会工作服务的领域确定为老年人自组织的培育、社区公共事务的参与、志愿服务的参与、创业、教育等，力图通过社会工作服务实现老年人在上述领域"有可为"。

（1）通过社会工作服务，探讨培育社区老年人自组织的有效方式，寻求社会工作支持的有效路径。通过实地调查，了解社区老年人自组织发展现状和问题，结合社区实践，运用社会支持理论，整合小组工作、社区工作开展服务，从意识到能力对社区老年人自组织进行培育。同时，探讨社会工作支持社区老年人自组织培育的经验，以及社会工作服务的实践路径。

（2）通过社会工作服务，探讨促进退休老人参与社区公共事务的有效方式，寻求社会工作支持的有效路径。通过实证研究，分析退休老人参与社区公共事务的现状以及退休老人参与社区公共事务的需求。根据退休老人在参与社区公共事务中的问题和需求，运用社会工作理论、模式、方法和技巧，调整退休老人参与社区公共事务的认知、提升退休老人参与社区公共事务的意愿、提高退休老人参与社区公共事务的能力、改善退休老人参与社区公共事务的环境，促进退休老人更有效地参与社区公共事务。通过对服务经验的总结，探讨社会工作在退休老人参与社区公共事务中的作用，进而为社区治理中的居民参与困境提出可行性建议。

[①] 杜鹏、王菲：《"老有所为"在中国的发展：政策变迁和框架构建》，《人口与发展》2011年第6期。

（3）通过社会工作服务，探讨促进退休老人参与志愿服务的有效方式，寻求社会工作支持的有效路径。通过实证研究，分析城市老年人参与志愿服务的现状及老年人在志愿服务方面的需求。根据老年人参与志愿服务存在的问题及需求，运用社会工作的理念、方法，提升老年人参与志愿服务的意愿，增强老年人参与志愿服务的能力，改善老年人参与志愿服务的环境，以此促进城市老年人积极参与志愿服务，提升社区志愿服务水平。探索社会工作服务对城市老年人参与志愿服务的促进作用及"老有所为"的实践路径。

（4）通过社会工作服务，探讨促进低龄老年人创业的有效方式，寻求社会工作支持的有效路径。通过实证调查，了解城市低龄老年人创业的现状及存在的问题，进而了解低龄老年人的创业需求。根据低龄老年人的创业需求，运用社会工作专业理念、技巧和方法提供服务。通过服务，提升创业意愿、提高创业能力，增加创业行动力，从而促进老年人创业。通过对社工服务的总结反思，探索出利用社会工作服务促进老年人创业的方法，为老年人创业提供参考与借鉴，探索一条以创业实现老有所为的方式。

（5）通过社会工作服务，探讨促进社区老年教育的有效方式，寻求社会工作支持的有效路径。通过开展相关的实证调查，探讨我国城市社区老年教育服务存在的问题、引起问题的原因以及老年人在教育服务方面的需求。根据研究分析所呈现的问题及需求，运用社会工作专业的理论知识和方法技巧，并结合老年人群的特点，探讨社会工作支持城市社区老年教育服务发展的有效策略。同时，探讨研究过程中存在的不足及可改进之处，使其更具有可推广性和可复制性，从而更好地推动城市社区老年教育服务的发展。

（三）研究方法

1. 实地调查法

根据项目实践的需要，项目组精心挑选了适合开展社会工作服务的社区，这些社区具有一定的代表性，能够为服务的顺利开展提供支持。这些社区反映了不同层面的"老有所为"的实践特点。项目组成员深入社区开展实地调查，在具体的社区实践情境中观察和了解老年人从事相关领域"老有所为"的心理特征、现实需求及行为表现。通过问卷调查进行服务前的信息收集，并作为服务的评测工具。通过前期调查，了解社区老年人状况，形成量化经验，为服务提供帮助。服务过程中，根据每次服务的内容进行问卷的设定，并进行评测工作，包括服务满意度评测、对社会工作者评价、服务效果等内容。同时，运用 SPSS 20.0 进行数据分析，以此对调查区域内的城市老年人从事"老有所为"的现状及需求进行分析，并对服务项目以及服务效果进行评估。

2. 个案访谈法

这种方法能够快速了解信息，是快速建立联系、获得大量资料的主要途径。在项目开展前期，依据访谈提纲，从不同角度了解访谈对象对于社区的认识，进而形成对社区的整体认识。同时，对社区中的老年人随机进行访谈，了解社区老年人在"老有所为"方面的基本情况、基本需求，便于具体开展服务。此外，与同工访谈，有助于与同工建立良好关系，能够为研究提供多方面的帮助，快速进入实践状态。同社区工作人员访谈，利于对社区情况的了解，利于了解社区对于开展为老服务的态度。在小组工作和社区工作开展过程中，及时与服务对象进行交流，了解他们在每次活动中的感受以及对活动的建议，以便按照服务对象的需求及时调整服务计划。同时在项目结束后，与社区负责人及社区老年人进行沟通，了解服务的效果。

3. 参与观察法

通过对服务对象外在表现的观察去发现服务对象的改变，获得所需要的研究资料，这种方法多用于在实际活动中，通过感官或工具直接观察服务对象，了解老年人生活的外部环境，观察老年人在服务活动中的表现情况。社会工作者在为服务对象提供服务之前，了解其生活环境是必要的。通过社区观察，可以有效了解服务对象可利用的外部资源，有利于服务的开展。在小组活动和社区活动中，社会工作者注意观察每位成员的表现及反应，以便及时调整活动内容，实现活动目标。

4. 文献法

根据研究目的或内容，通过阅读、梳理已有研究文献，了解目前本研究发展现状或问题，让研究者对本研究有一个基本的认识。前期进行文献阅读了解老年人从事"老有所为"的现状，分类梳理各类文献并做简要评述，在此基础上深入了解社会工作在促进"老有所为"中发挥的作用，以及所运用的方法和理论支持，找出以往研究的不足之处，并思考在本研究中应如何避免已有文献的不足，合理设计服务内容。

第二章

社区老年人自组织培育的
社会工作支持

随着社会经济的发展,社区自组织所发挥的作用愈来愈不可忽视。社区自组织是社会发展中推动居民参与社区治理、社区建设的重要平台,是社区建设的重要内容和目标之一。社区老年人自组织能够推动老年人参与社区治理。老年人通过参与社区治理,不仅能丰富其生活乐趣、促进其身心健康、满足其精神需要,还能发挥余热,创造社会价值,促进社区发展。培育社区老年人自组织,既有利于提升老年人生活质量、实现老年人老有所为,也有利于开展为老服务、提升为老服务质量,既是老有所为、积极老龄化的发展诉求,也是政府推动社区治理的发展要求。但老年人自组织也存在一些问题,如凝聚力不足、组织松散、管理混乱、组织发展难以持续等,如何通过有效的培育解决这些问题,社会工作的价值理念和专业服务为老年人自组织的良性、健康发展提供了可能,能够有效支持社区老年人自组织培育,促进社区老年人自组织有序发展。首先,社会工作注重人的发展,不仅是问题的解决,更是意识、能力的改变;其次,社会工作通过整合小组工作、社区工作等专业方法培育社区老年人自组织,不但能够拓宽社会工作服务思路和实践领域,而且能够缓解社区自组织解决问题与自身能力不足之间的矛盾,[①] 是社区治理的一环,是探索社区老年人自组织有效参与社区治理的实践尝试。

[①] 陈友华、祝西冰:《中国的社会组织培育:必然、应然与实然》,《江苏社会科学》2014年第3期。

一　社区老年人自组织的现状及存在的问题

参加社区自组织是老年人生活的选择方式之一。社区老年人因某种目的或目标，聚合形成老年人自组织，这种自组织不受外部强制指令干预，能够进行自我管理、自我维系、自我发展，有助于社区治理、促进社区和谐。为了研究社会工作如何支持社区老年人自组织培育，我们选取 S 市 F 社区党群服务中心（S 市的社区党群服务中心是社会工作服务机构进驻社区的主要驻点）进行社会工作实践。

（一）样本选取

社会工作者（以下简称"社工"）先后与同工、社区老年人、社区工作人员进行了访谈。通过与同工访谈获取社区党群服务中心服务开展的信息，包括社区老年人服务、社区自组织建设、社区关系以及相关服务经验等内容。与社区老年人访谈主要了解有关自组织的服务需求和信息。与社区工作人员访谈主要了解社区自组织建设情况和对于自组织培育支持的情况。访谈对象共计 6 人，同工 1 人，社区工作站工作人员 1 人，社区居民 4 人。其中，社区居民中老年人协会成员 2 人，社区其他居民 2 人。访谈对象中部分是同工介绍，部分是居民曾来访社区党群服务中心后建立联系。

为了更清晰地了解社区老年人情况，采用随机抽样方式进行问卷调查。同时了解社区老年人的日常安排，包括生活方式选择、社区自组织参与情况、参与志愿服务情况等内容。需要说明的是，问卷中没有出现自组织字样，是为了避免社区老年人产生无法理解的现象，因而采用老年人容易理解的社团组织进行设置。结合社区、社区党群服务中心情况，针对社区 55 周岁及以上老年人发放问卷。问卷采用线上、线下调研方式，线下调研 80 份，线上调研 70 份，共发放 150 份，有效回收 147 份，有效回收率 98%。

1. 社区概况

F 社区成立于 2004 年，是中高端社区。社区面积 2.57 平方公里，拥有 16 个小区。根据 2017 年人口数据，社区现有人口约 2.5 万人，其中 55 岁及以上老人 4056 人，为纯居住社区，社区内无低保户。F 社区居民文化程度平均大专以上，居民文化素质较高。

社区拥有学校、医护、交通、商超等生活基础设施，是门类齐全、基础设施良好且完善、功能全面的现代化社区。社区拥有社区公园 1 个、大草坪 1 个、小区健身设施多处、多个小区广场等，可为社区工作站、社区党群服务中心、社区居民提供休闲、健身、开展活动的场地。社区工作站对社区实行综合管理和提供服务，社区党群服务中心、社区活动室、星光老年之家等也为居民提供服务。星光老年之家主要为参与各类社区老年人自组织者提供服务。社区党群服务中心面向全社区提供服务。

社区发展自组织有着良好的土壤，社区自组织的发展获得了社区党委、社区工作站的大力支持。在社区党委和工作站的领导下，凝聚了一大批企事业单位，先后成立了具有不同目的的社会组织。目前，经过社区工作站登记的队伍有 21 支，包括社区老年人协会、太极队、羽毛球队、舞蹈队等。最早的社区舞蹈队成立于 2008 年，之后在社区党委的支持下，社区内成立了多个自组织并形成了如今的规模。社区老年人主要任务是照料子孙，在固定的上下学和吃饭时间，老年人有多余空闲时间，有条件参与社区服务。社区工作站提供的便民服务通常会经过社区自组织参与调动居民热情，提升服务输送效率。

社区党群服务中心是社会工作服务机构进驻社区的驻点单位，社工进驻该社区的时间已经有一年半。社区党群服务中心拥有的资源可以说是社工、社会工作服务机构拥有的资源，有同工资源、场地资源、服务经验资源、义工资源、社区公益组织资源、社区自组织资源等。同工和服务经验资源可以为服务提供经验支持、智力支持等，场地资源可以为服务提供场地支持。

社区工作站是政府基层管理单位。社区工作站提供的正式支持能够促进社工顺利开展服务。社区工作站作为基层单位，直接负责履行培育社区自组织政策，并为需要的人们提供相关的政策、物质、资金等支持。F 社区鼓励社区居民通过参加社区自组织参与社区治理，发挥居民能动性。社区工作站能够提供场地、活动物品等物质支持自组织培育。社区工作站通常会通过社区自组织开展社区文化、社区慰问等服务，提升服务效率。

综合而言，可以看到 F 社区有着社区老年人自组织培育的土壤，在该社区培育社区老年人自组织会得到社区工作站、社区党群服务中心的支持。

2. 样本描述

社工经过与同工访谈和问卷调查了解了社区老年人的一些基本情况（见表2-1，访谈1）。从年龄上看，F社区老年人参与或接受服务人群集中在55岁到70岁。60岁到70岁又是老年群体中的主力。调查显示，55—60岁的有31人，占21.09%；61—65岁的有44人，占29.93%；66—70岁的有38人，占25.85%；71—75岁的有27人，占18.37%；76—80岁的有5人，占3.40%；80岁以上的有2人，占1.36%。同时，在访谈和调查中了解到，女性老年人接受服务明显多于男性。调查显示，接受调查的女性老年人有110人，占比约74.83%，接受调查的男性老年人有37人，占比约25.17%。当然，在调查中明显的性别差异现象可能与社工调查对象选取没有考虑到男女均衡有关，也可能与调查对象选取差异有所关联，也可能与社区老年人男女比例、社区老年人参与社区服务的男女差异有关。此外，社区老年人生活水平较高，社区内没有低保户，通常是退休金作为生活来源。调查中也显示退休金收入是主要的生活来源，退休金收入来源占比约68.71%。访谈中没有提及文化程度，主要通过问卷反馈。调查显示，社区老年人初中及以下学历的有29人，占19.73%；高中及同等学力的有50人，占34.01%；大专学历的有56人，占38.10%；本科及以上学历的有12人，占8.16%。社区老年人文化水平的众数是56，中位数是73.5，社区老年人的文化水平处于中等水平。

表2-1　　　　　　　社区老年人基本信息1（N=147）

自变量	类别	频次	百分比（%）
性别	男	37	25.17
	女	110	74.83
年龄	55—60岁	31	21.09
	61—65岁	44	29.93
	66—70岁	38	25.85
	71—75岁	27	18.37
	76—80岁	5	3.40
	80岁以上	2	1.36
文化	初中及以下	29	19.73
	高中及同等学力	50	34.01

第二章 社区老年人自组织培育的社会工作支持

续表

自变量	类别	频次	百分比（%）
文化	大专	56	38.10
	本科及以上	12	8.16
收入来源	退休金	101	68.71
	子女给予	46	31.29
	低保	0	0

注：N为调研样本总数。

访谈1（截取）：

访谈对象：同工。访谈地点：党群服务中心。

社工：他们（老年人）来参加我们的活动人多么？一般是多大年龄的？

同工：参加的挺多的。很多人是经常来参加活动，也有不少陌生面孔过来。因为社区范围广，服务没有完全覆盖整个社区，所以会有一些阿姨叔叔是在朋友介绍下过来的。这些人中50、60多岁的比较多，70岁以上的也有，比如有一个80岁的阿姨，经常来党群中心和我们聊天，有活动了偶尔会参加一下的。

社工：我们这里服务挺好的，还有那么高龄的阿姨过来。那社区老年人的收入来源主要是什么？

同工：据我了解，主要是退休金。然后也有一些就是子女给钱的。

……

社工：来参加我们党群服务中心活动的老年人通常男性多还是女性多，或者相差不多？

同工：参加活动的老年人还是女性更多，男性的有，比较少。

笔者：为什么会这样？

同工：这与开展的社区活动有关，更多地倾向于女性。男性来的相对较少。还有宣传，也有一些其他因素。

综合社区、社区老年人等信息来看，F社区具备社区老年人自组织培育的土壤。社区老年人自组织培育有社区和社区党群服务中心支持，也有社区老年人自组织成长经验。同时，中龄、低龄老年人是社工提供社区服务活动的参与主体，这些条件为社区老年人自组织培育提供了可能。

（二）现状分析

现状描述涉及社区基本情况、社区老年人参与自组织、社区老年人自组织情况等几个方面。本研究结合访谈和问卷调查的方式，了解相关现状并进行分析。

1. 社区老年人参与自组织的现状

（1）访谈分析

①社区老年人的时间比较充裕。社工曾与前来党群服务中心参与活动的老年人了解过他们的一般日常时间安排。很多社区老年人（一般是身体比较好的，能够活动的老年人）的主要任务就是带孩子，他们的日常活动一般就是接送孩子、做饭、健健身、散散步等。其中，早上一般7—8点就开始送孩子，11—12点做午饭、接孩子，下午1点半—2点送孩子，4点半—6点接孩子、准备晚饭；其余时间老人们上午一般10点左右结束健身、散步、跳舞之类的活动，下午2点到4点一般是休息时间或是参与活动时间，因而可以看到社区老年人的时间还是很充裕的。（见访谈2）经过访谈，了解到社区老年人有较为充裕的时间。同时，社工曾在日常走访、上下班等时间观察到，社区中有相当一部分老年人在社区公园等处活动。社区老年人有较为丰裕的时间，说明他们参与社区服务、参加社区自组织有了时间条件，同时也为开展小组工作、社区工作提供了可能。

  访谈2（截取）：
  访谈对象：社区居民4人。访谈地点：社区党群服务中心。
  社工：叔叔阿姨，我们开展服务通常在周六、日，时间很集中，周内服务少，为了均衡一下服务，我们想了解下社区老年人的时间安排，一般什么时间有空？
  沈阿姨：我们就是接送孩子，然后去大舞台那里跳舞，活动活动，再就是参加你们的活动。
  社工：具体时间呢？比如几点接孩子。
  沈阿姨：早上7点多送孩子，差不多八点多回来，然后和一些姐妹们在公园活动，因为有老协组织，就跳跳舞活动活动。

陈阿姨：是的，我俩是经常在一块儿的，时间上没差多少。上午送孩子，然后去公园活动到10点左右，回去就休息做饭。做饭之后去接孩子。下午也是，2点前要送孩子，下午4点半之后还要接孩子，接完孩子做饭。一天就是这么过去的。

沈阿姨：是啊，现在就是这样，围绕孩子转着。然后空余时间就唱唱歌跳跳舞，再就是参加一下活动……

社工：那刘叔叔还有吴阿姨呢，你们的时间或者了解到的也是这样么？

刘叔叔：是的，我家里也有小孩，也要接送……

社工：好的。吴阿姨您对于人们的时间的了解呢？

吴阿姨：我没有带孩子。但是我那些伙伴儿，他们很多都是要带孩子的，时间也是他们说的那样。我自己也没什么事情，一般我就来你们这里坐坐，有活动我就参加。再就是有人让我帮忙办事情，我就办一下。上午去买买菜。其他时间做饭、吃饭，之后就溜达。

社工：吴阿姨的时间也很充裕呢。叔叔阿姨们，一般老人的时间是上午7、8点送孩子，10点以后或者11点之后做饭接孩子，下午2点前送孩子，下午4、5点接孩子，其他时间就是自由时间了，是吗？

阿姨叔叔们：是的，一般就是这样的。

②服务参与多样。社区老年人参与的社区服务比较多样，同时社区老年人希望参与的服务也是多样的。在与同工的访谈中，了解到社区老年人参与的社区服务更多的是志愿服务、文体娱乐、知识学习，以及一些常规的，如药品服务、身心健康服务、家庭关系等服务。可以说参与服务的种类比较丰富。当然，通过社区自组织参与服务也是社区老年人参与社区活动的方式之一。F社区较多的自组织资源也提供了条件。在与同工的访谈中注意到，社区老年人尽管参与的服务多样，但是，无论是参与的或期望参与的社区服务，社区老年人首要关心的是身心健康问题，无论何种形式的服务，都是为了满足身心健康与发展。（见访谈3）社区老年人参与社区服务是比较积极的，同时，利用社区、社区党群服务中心以及社区中的自组织参加活动，以促进身心健康发展的需要也是多样的。

访谈3（截取）：

访谈对象：同工。访谈地点：党群服务中心。

……

社工：他们一般期望开展什么服务？

同工：我们开展的活动还是和他们的期望有关的。他们期望开展健康类的服务，比如常规服务的健康筛查，还会开展文娱活动……

社工：文娱活动有什么？

同工：文体娱乐的服务，比如绘画、舞蹈、唱歌等，还有学习成长的，学习手机使用、学习摄影、油画等等，活动一般还是围绕健康和娱乐的活动。这些服务不仅党群服务中心提供、社区自组织也会与我们合作提供的。社区中有不少老年人参加到了团体组织中来……

社工：老年人服务还有什么？比如义工、探访？

同工：我们通常管老年人服务叫长者服务。长者服务有日常接待、咨询服务，如询问老人证的；老人提出的意见或建议，涉及党群服务中心和社区工作站的内容，我们反馈给社区工作站处理，涉及我们社工的，我们自己处理。长者服务还提供健康检查、药品回收等服务，也进行入户探访。社工也需要开展小组、社区活动，还有大型活动，如中秋节日互动等。还有志愿者服务，志愿者服务是我们重要的服务内容，我们也期望成立一个义工队伍。一般我们会招募一些阿姨过来当志愿者。有一些老人愿意做义工，我们会邀请他们协助来开展服务，或者直接邀请他们主导活动，因为有些老人有技能，而我们没有，但是我们可以提供这个平台。

③社区老年人有着较高的意愿参与义工服务。通过前面整理的与同工的访谈了解到志愿服务是社区发展的重要内容之一，同时也是社区居民参与服务的重要选择之一。在与同工的访谈中，也反馈了社区老年人有着参与义工服务的需求。他们有着较多的空余时间，也愿意利用空余时间做一些力所能及的事情，比较热心的老年人，愿意做义工。此外，党群服务中心开展活动时都会招募义工进行协助，这也为社区老年人参与义工服务提供了条件。然而，尽管有着义工服务需求，社区党群服务中心也已经建立了义工数据库，记录义工的基本信息，并且社区也期望成立义工队伍，但是尚且没有建立起来。同时，在与同工访谈中还了解到，老年人当中还是

有一部分人愿意做义工，一部分不愿意。目前本社区做义工一般是跟随社工活动参加志愿服务，但是从义工队伍上来看还是少。（见访谈4）

访谈4（截取）：
访谈对象：同工。访谈地点：党群服务中心。
社工：老年人服务还有什么？比如义工、探访？
同工：……还有志愿者服务，志愿者服务是我们重要的服务内容，我们也期望成立一个义工队伍。一般我们会招募一些阿姨过来当志愿者。有一些老人愿意做义工，我们会邀请他们协助来开展服务，或者直接邀请他们主导活动，因为有些老人有技能，而我们没有，但是我们可以提供这个平台。
社工：这些志愿服务，老人们参与意愿怎么样？强不强？
同工：这个需要看人，经常参加我们活动的和经常来做志愿服务的就很强烈。来得少的人也参与，参与也较高，但是毕竟来得少可能就感觉不会很高。也有一些老年人去其他地方参与志愿服务，可能在我们这里服务有限。他们很多人都有志愿服务证的。
社工：这样看来，不参与的也不少，但是总体上看提供志愿服务也是居民的需求之一。
同工：是的，虽然有不少人不参与，但是也有不少人想要参与志愿服务。

（2）问卷分析

问卷调查从年龄、性别、文化水平、收入来源、服务参与、社团参与、义工参与等方面进行了设计。此处选取了日常生活选择的内容、影响接受服务的因素、期望获得的服务、社团参与和义工参与的内容等进行了简要说明。

①社区老年人的日常生活选择。日常生活能够反映老年人的活动状态。从调查中可以看到，做家务是最基本的活动，也是比例最高的，占74%。其他生活方式有，看电视/上网占了52%，看书看报占了38%。也有参加各类活动或服务，包括社区老年人协会的活动、社工组织的活动和体育活动。尽管参加各类活动比例较低，但综合而言超过了一半的比例，达到74%，占据了老年人日常生活内容的2/3以上。可以看到，社区活动

受到社区老年人的欢迎,同时积极参加社区活动也反映出社区老年人有着参与社区活动的需求。而且,这其中参与社区自组织也是社区老年人重要的日常生活方式之一。这说明,社区老年人自组织是社区老年人的重要选择之一。同时,也能够反映出,社工开展活动时可以根据服务内容和居民需求,开展有关自组织方面的活动。总之,老年人日常生活方式的选择,既是老年人的日常生活,也是老年人的需求体现。参加社工活动或社区自组织的建立是居民的选择内容之一。

②影响社区老年人参与社区服务的因素。尽管社区老年人参与社区活动的比例还是比较高的,但是也会存在一些因素影响社区老年人参与社区服务活动。如时间因素、其他事情冲突、不了解服务情况、服务内容不匹配、服务地点等内容。在问卷调查中发现,时间因素是影响社区老年人参与社区服务的首要因素。其中,因为照顾孩子没时间是首要原因,然后是服务时间与社区老年人时间的不适合。对服务内容不了解是影响参与服务的重要因素,然后是服务内容设置模糊、难以吸引人和服务场地等因素,也有少部分是其他因素。在进行服务设计时需要考虑时间因素、服务质量等内容。影响社区老年人参加服务,更多的不在于对服务感不感兴趣,相反是服务的时间、对服务的不了解,可以看到,影响社区老年人参加社区服务的主要因素不是兴趣,也就是说,如果有好的服务以及适当的时间等,社区老年人是愿意积极参与到社区服务中来的。结合前面所述,志愿服务是社区老年人的需求之一,因而参加志愿服务,社区老年人应该是比较愿意的。

③社区老年人期望社区提供的服务。社区老年人期望提供的服务是比较多元的,但是区别于以往社区提供的学习娱乐活动,义工服务有着较高的期望。社区是居民共同生活的地方,居民也期望在社区内能够享受一些便利服务。拥有丰沛时间的老年人尤其如此。同时,因为处于老龄阶段,关注身心健康提到了首要位置。在调查中,了解到社区老年人首要关注的是身心健康的问题。关注身心健康与人体机体老化和老年人追求幸福晚年生活有所关联。然后是社区老年人参与其他各类活动,其中,社区老年人期望社区发展义工队伍的比例占了近40%。期望社区能够提供娱乐型活动的比例高于义工服务的比例,约为42%。学习型活动、心理健康服务等依次排在义工服务的后面,同时也有少量的就业服务需求。娱乐型活动较高可能与社区经常提供的团体活动有关,也和社区老年人经常参与的服务有

关，较高的义工服务的期望，间接反映出社区老年人的参与意识。同时，参与义工服务这一数据不是最高的，也没有期望提供娱乐活动的比例高，这说明了社区老年人有着期望参与志愿服务的意识，尽管这种意识在参与所有社区提供的活动中的比例不是最高，但也恰恰说明了志愿服务有着广泛的空间，发展社区义工服务队也是志愿服务的一个选择。

④社区老年人参与自组织情况和参加志愿服务意愿。问卷调查中也有显示社区老年人参与社团组织情况（见表2-2）。问卷中没有直接说明自组织，以避免居民无法理解，因而采用具有普遍性质的社团组织替代。通过调查可以看到，参加社团组织的社区老年人比例是46.94%，没有参与的是53.06%，参与社团组织的比没有参与的要少一些，但是差距不是很大，相差不到10%。可以看出，社区老年人参与社团组织情况较为均衡，同时也说明F社区老年人是比较热衷于参与社区自组织的，很大程度上知道社区自组织并且参与自组织。

与此同时，在调查中也询问了义工服务需求意愿的内容（见表2-2）。可以看到，有参加义工服务意愿的社区老年人与没有参加义工服务意愿的老年人的比例差别不大，几乎处于平均状态，各自约占了50%。说明，无论是愿意还是不愿意，至少社区老年人有很大的比例愿意参与到社区服务中来。这种意愿的显现也反映出参加志愿服务是社区老年人的需求。

表2-2　　　　　社区老年人参加社团组织和义工意愿

	参加社团组织	参加义工意愿
是	46.94%	48.30%
否	53.06%	51.705

注：N为调研样本总数。

综合社区情况，可以看出，F社区老年人有时间、有条件参与到社区服务中来，社区老年人也有参与社区自组织的条件。志愿服务也是社区老年人的需求内容之一。同时社区工作站、党群服务中心迫切需要培育义工队伍，因而，成立义工服务队是可行的。

2. 社区老年人自组织现状

社区老年人自组织现状是通过文献资料查阅和对同工、社区老协成员访谈了解的。

（1）社区老年人自组织数量较多、发展时间较长，但内容较单一。F社区成立于2004年，2008年发展了第一个社区自组织，由社区老年人自发成立舞蹈队并受到社区党委的支持。2008年到2010年成立了多支队伍。在此期间，为便于管理社区自组织，在社区党委支持下，由社区骨干居民成立了能够进行自我管理、自我发展的老年人协会。2010年之后成立的队伍减少，最近成立的队伍是2013年前后，时间较短。目前社区的21支老年人自组织，活动内容多是以文体娱乐类为主，如舞蹈队、羽毛球队、太极队等，缺乏能够促进社区居民参与社区事务的自组织，内容较为单一。2014年社区党群服务中心成立，首批社会工作机构进驻F社区。同时，2014年到2017年社区党群服务中心培育小区书法社，2017年后小区书法社解散。2017年及之后，试图成立社区义工队（见访谈5、访谈6）。

（2）社区老年人自组织培育情况。F社区党群服务中心曾经培育过一个小区书法社，经过社工的培育，小区书法社团成立，并拥有了一定的规模。但是在第一批社工撤出之后书法社也解散了。（见访谈5）

访谈5（截取）：

访谈对象：同工。访谈地点：社区党群服务中心。

……

社工：这些组织有多长时间了？

同工：时间就不一样了，一般都是几年了，长的好像有十几年了。还有老年人协会，现在这些自组织都是老年人协会统一管理。

……

社工：前面我们说到社区有自组织，那我们中心是否有进行过自组织培育？

同工：党群服务中心有进行过自组织培育，是上一家社工机构的社工进行培育的。

社工：也就是说，有进行过，但是，不是你们进入之后培育的。

同工：是的，不是我们培育的，不过我们在与他们交接的时候，有一些了解的。

访谈6（截取）：

访谈对象：老协成员。访谈地点：社区大舞台。

……

社工：谢谢阿姨，我刚来这里实习，有很多方面做得不好您指出来，我好改正。我听我们主任说咱社区有老协，然后还有很多队伍，能说说他们都成立多久了？能不能给我们详细介绍介绍啊？

阿姨：老协成立得好。现在社区有21个像舞蹈队、羽毛球队这样的队伍，有了老协之后，就把很多其他队伍凝聚到一起了，大家有事情就共同担着，有活动共同参与。老协成立是在2010年前后，那时候是因为成立了很多团体，像舞蹈队，舞蹈队是2008年成立的，那也是最早的，你们现在看到的大舞台上面的那些跳舞的很多都是我们当时一块过来的。2008年到2010年这个时候我们成立的队伍比较多，也正好是2008年奥运会，然后在这个影响下，队伍越来越多。等到了2010年之后开始变少，明显的是2013年之后越来越少。

（3）社区老年人自组织参与到社区建设中来。社区老年人乐于通过参与社区活动、参与社区自组织等形式来促进身心健康的同时也反哺于社区建设。F社区成立的第一支舞蹈队正值2008年奥运会前夕，全民形成了热爱健身的浪潮。舞蹈队也不例外。舞蹈队期望通过此种方式既能够达到锻炼身心的目的，也表达对国家的支持，对奥运体育精神的支持，支持社区文化建设。F社区形成的文化氛围，也为后来其他社区自组织成立提供了基础。社区开展的多样的文化服务，社区老年人自组织在其中发挥着不可忽视的作用，极大地调动了社区老年人群体的积极性。为了更好管理和调动社区自组织参与社区活动的积极性，社区老年人协会应运而生。社区老年人协会负责统筹各个社区老年人自组织，协调管理，沟通社区工作站与社区老年人自组织。（见访谈6、访谈7）

（4）社区老年人自组织参与社区治理或参与社区服务情况。社区老年人是比较积极和热心的，尤其是社区老年人自组织成员。社区老年人协会和其他自组织积极参与社区治理或社区服务，例如召开居民议事会，老协成员中有很多是党员，他们积极发挥着党员作用和居民带头作用，号召社区居民关注社区建设的问题。社区进行精神文明建设，会经常开展社区文艺活动，这些队伍在社区老协的带领下，自行组织、排练文艺节目等，为社区居民呈现精彩纷呈的文化盛宴。与此同时，带动社区居民个人参与、社区其他组织参与互动。

（5）社区老年人自组织的管理。社区老协和其他自组织由党委统一管理。党委直接领导老协，并通过老协统筹其他自组织。每支队伍都是在老年协会的统领下管理，但同时又各自独立，既独立于各自组织又独立于老年协会。一方面，各支队伍都有着自己的相应负责人与活动安排；另一方面，老年协会很少干预各支队伍的发展。在涉及参演社区建设等方面会由老年协会统一协调、组织、安排活动项目，但各自组织仍然具有很强的独立性，具体内容也是各自组织自我设计、规划的。在满足社区居民需求，丰富社区居民文化生活等方面，社区也积极推动康娱类、成长类等活动。在社区共建背景下，社区自组织既独立又联动；既由社区工作站统一领导、社区老年协会统一协调，又独立自主运营自组织。（见访谈7）

访谈7（截取）：

访谈对象：同工　访谈地点：社区党群服务中心。

社工：老协管理着其他自组织，社区工作站与老协是什么关系？我们与社区工作站是什么关系？

同工：一开始是没有老协的，后来是因为第一个舞蹈队成立之后，居民自发形成的组织越来越多，然后才成立的老协。老协也是在社区工作站推动下成立的。社区工作站给老协的支持力度挺大的。现在老协地位已经越来越高，获得的支持也越来越多。老协是听从党委的领导，老协自身是独立运行的，但是物资、场地、资金等很多都是社区工作站提供的，包括老协下面的一些组织因为与老协、社区工作站的关系，很多甚至几乎都是获得工作站的物质支持。至于党群服务中心应当是与社区工作站平行的，不属于社区工作站管辖，但是因为社区工作站属于购买方，购买社工的服务，所以实际上，我们社工还是需要听从社区工作站管理的。

（三）存在的问题及成因分析

社区老年人自组织发展的根本问题是难以持续。以社区党群服务中心曾经培育过的小区书法社为例，书法社在党群服务中心的培育下成立了，但是在2017年第一批社工撤离之后，书法社没有继续发展下去，而是解散了。

1. 存在的问题

(1) 凝聚力不足。社区老年人自组织凝聚力不足。社区老年人自组织开展活动时间有着很强的随意性。无论是社区老年人自组织本身还是社区老年人。社区老年人自组织成长过程中开展服务或进行集会没有相对固定的时间、内容等，社区老年人自组织在召集成员开展服务或集会时没有一定的约束力。同时，社区老年人在参与服务时也没有重视服务的重要性或意义，没有切身体会到参与服务对于自己和活动筹办者的意义，不珍惜参与的机会，往往因为时间、事件、记忆等择机参与。例如，社区党群服务中心开展老年人服务时，经常遇到社区老年人在报完名之后，因为临时起意随时取消参与的活动，并且存在不告知的情况，致使服务名额浪费。同时，社区老年人自组织在发展过程中忽略了成员的主动性，在开展服务过程中可能存在着忽视个体的态度、感受等，影响了自组织成员继续参与自组织活动的意愿。

(2) 建设不规范。社区老年人自组织存在建设不规范的问题。社区老年人自组织是社区内一群因相同志趣的老年人主动联络或由他人引介到一起因某种因素成立的团体。社区老年人自组织成立是因为相同志趣成立，自组织成员仅仅考虑共同的志趣，没有考虑自组织的发展目标或发展目的。因而在围绕组织建设的过程中，自组织没有明确人员职责、服务规则、参与制度等内容。自组织进行集会时，存在着集会时间与人员没有规律，服务内容和活动场地不确定等现象。同时，社区老年人自组织还存在与社区对接的管理问题，既不接受社区也不接受社区老年人协会的管理。F社区曾经培育的小区书法社没有明确的队长，没有较为核心的组织成员，也没有明确的活动时间、活动内容等。小区书法社开展活动随机选择时间，同时也要临时寻找场地等。并且，小区书法社不接受社区领导和社区老年人协会的管理也制约了小区书法社的发展。

(3) 缺乏支持。社区老年人自组织尽管能够成立，但是在发展过程中，缺乏相应资源的支持，自组织在运作过程中也会面临成长困境。小区书法社的例子明显说明立足于社区建立起来的自组织缺乏社区职能部门的支持，无法获得相应的场地、资金、物资等支持，书法社没有活动空间，外部因素强力阻挠了自组织的发展。社区老年人自组织发展的问题之一是获得持续的支持。这包括政府对于自组织的认可，鼓励自组织积极发展；社区居民认可并接受自组织的存在。因而社区老年人自组织发展中存在的问题之一是获得相应资源的支持。

2. 成因分析

上述问题关系着自组织的持续发展,针对这些问题,我们从参与意识、规范意识、服务意识等方面进行分析。

(1) 参与意识不足。社区老年人自组织存在着凝聚力不足的现象。社区老年人在报名参加社区提供的服务后存在着想来就来、想不来就不来的现象,说明了社区老年人对于提供服务的重视程度不充分。社区老年人自组织中存在的组织成员随意参与的现象,也反映了从自组织本身到自组织成员没有重视服务的意义,说明社区老年人的参与意识不足。此外,社区老年人自组织的不稳定,自组织导向不明确、相应规则不明确、自组织不能够充分表达组织成员的态度、感受等,也说明了自组织和社区老年人参与意识的不足。例如,小区书法社既没有明确的目标导向,也没有明确的服务导向,老年人在参与过程中较强的随意性等导致了小区书法社的凝聚力不足,可以理解是社区老年人参与意识不足。(见访谈8)

(2) 规范意识不足。社区老年人自组织是老年人参与社区事务的重要载体。存在着规范混乱的现象。如小区书法社缺乏明确的组织规则,成员参与随意,内部分工不明确,内部沟通不畅,不提供任何服务社区行为等。自组织有序发展需要规范制约。自组织内涵包括协调有序,制度或规则是协调有序的保障。有序参与自组织的规范,不仅是自组织的规范,也是自组织参与社区事务的规范。可以看出,小区书法社的规范意识弱,不仅是自组织本身规范缺失,也是老年人参与自组织缺乏规范。自组织的存在与发展首先是围绕老年人某种需求存在,如社区老年人义工服务队伍,队伍的存在一定程度上反映了社区老年居民想要参与义工服务的需求。作为一个义工队伍的整体,缺乏规则意识,容易造成自组织成员参与感不强,缺少"我的团队"的感觉,自组织的整体运行就会零散、混乱、寸步难行。因而可以理解规范意识不足是自组织发展的一个问题。(见访谈8)

(3) 服务意识与自我服务意识欠缺。老年人参与自组织的层次比较低。老年人参与的自组织多是集中在音乐舞蹈类、球类等活动中,主要集中在文体娱乐领域。社区服务中的邻里互助也主要集中在互相认识的群体中,他们通过共同的文体娱乐相联结。小区书法社是文体娱乐组织,虽然通过加入该自组织能够增进组员间的和谐,但是小区书法社拒绝接受社区领导,阻碍了小区书法社与其他居民的互动。同时,小区书法社也没有服

第二章 社区老年人自组织培育的社会工作支持

务社区的意识，缺乏对社区服务，阻碍了小区书法社获得来自社区资源的支持。因而小区书法社在发展中将会处处掣肘。可以看到，社会工作支持培育社区自组织需要注意服务意识的培育，培育服务意识，提升自组织对于服务的认识，明白服务社区也是服务自己。（见访谈8）

访谈8（截取）：

访谈对象：同工。访谈地点：社区党群服务中心。

社工：前面我们说到社区有自组织，那中心是否有进行过自组织培育？

同工：党群服务中心有进行过自组织培育，但是，不是现在的社会工作机构，是上一家社工机构的社工进行培育的。

社工：也就是说，是在你们进入之前培育的。

同工：是的，不是我们培育的，不过我们在与他们交接的时候，有一些了解。

社工：他们培育自组织的结果怎么样？有没有经验？

同工：他们培育成功了，是小区书法社，但是因为没有处理好与工作站的关系，他们离开之后，书法社不久就解散了。

社工：为什么没有处理好与工作站关系之后不久就解散了？

同工：他们（书法社）在参加活动时只想着要争取场地、争取物资，甚至曾经想要过把党群服务中心作为他们的活动室，就是我们办公的地方。但是，当社区工作站在开展活动时，需要他们来参与的时候，他们没有参加，而且是三番五次。甚至表达过我们只是因为兴趣成立书法社，我们只管自己，我们不需要给社区服务等态度。总之就是因为没有处理好与工作站的关系，他们自身也没有服务意识，他们没有获得过任何支持，没有场地等最终解散了。

社工：看来，在进行社区自组织培育时，一定要注意与社区的关系、社区工作站的关系。毕竟像党群服务中心是面向所有居民的，而且社工在这里办公不可能给几个人私自使用。

同工：是的，确实这样。我们以后要注意与工作站的关系，还要处理好与居民的关系。

……

社工：好的，主任。那我们在开展活动时还有一些什么问题？比如说居民参与的情况。

同工：居民参与的话，招募，能不能招到人，招到人之后还要注意居民是否在服务当天能够参加。因为我们的服务没有一定的奖惩措施，居民就是想参加就参加。可能因时间变化，也可能临时有事情，还有可能天气变化，接孩子，生病等都有可能，还有忘记了的，临时改变主意不想参加的都有。还有就是服务质量影响居民的参加，服务设计、宣传设计都会影响。

二 社区老年人自组织培育的社会工作实践

本次社会工作服务以支持 F 社区成立义工服务队为实践对象，探讨社会工作如何参与社区老年人自组织的培育。

（一）需求评估

进行社区自组织培育需要做好需求评估工作，因此，首先评估社区义工服务队需求，从老年人自身参与义工服务需求、社区自组织发展需求、社区工作站需求和社区党群服务中心需求进行评估。

1. 老年人参加自组织的需求

社区老年人期望参与义工服务。F 社区老年居民文化水平较高，生活压力小，空余时间多，并且比较关心社区的发展。经常参与社区党群服务中心或社区工作站提供服务的居民也较多，他们期望参与义工服务，前述调查中也反映了社区老年人有参与义工服务的意愿。通过与几位叔叔阿姨的访谈，了解到社区老年人中有一部分人是愿意参加义工服务的，有的人还有义工证。因而，成立义工服务队满足老年人参与义工服务是社区老年人的需求之一。（见访谈 9）另外，透过现状描述可以看出：志愿服务是社区老年人参与社区服务的重要形式之一，是老年人的需求之一；义工服务排在了前列，说明义工服务也是社区老年人的需求；参加与不参加义工服务的需求比例尽管比较平衡，但是两者的比例基数较大，约占 50%，反映出社区老年人有参与义工服务的意愿和需求。结合访谈和调查，以及社区实际情况分析，志愿服务是社区老年人的需求之一。结合社区发展提供志愿服务，成立社区义工队能够更好地满足参与志愿服务的居民的需求。

第二章　社区老年人自组织培育的社会工作支持　　33

访谈9（截取）：

访谈对象：社区居民。访谈地点：社区党群服务中心。

社工：叔叔阿姨，你们是否愿意参加义工服务呢？

沈阿姨、陈阿姨：愿意的。我们本身就是义工，还有义工证。

刘叔叔：我没有义工证，之前我询问过是否可以做义工，有机会我还是愿意参加。

吴阿姨：我也愿意，这是好事，平时谁家有事我都帮忙，肯定愿意参加。要不然每天也闲着。

社工：叔叔阿姨，我们想要成立一个义工队伍，义工队伍不仅是拍照、收拾卫生等，还可以自己策划活动自己做，义工服务队也是一个平台，可以发布义工服务信息。我们也会把我们需要的义工服务信息，发布在义工服务队，这样就能够让更多居民了解义工活动了。你们看是否能够参加呢？

吴阿姨：这样挺好，义工服务队是一个平台，然后我们还可以自己做，这样挺好。我是愿意参加的。

沈阿姨、陈阿姨、刘叔叔等：到时候叫我们就行，打电话就过来参加。

2. 自组织培育的需求

（1）自组织的发展需要增强意识和获取社区工作站支持。社区义工队的成立是社区工作站、社区党群服务中心和社区老年居民的共同期望。社区义工队的发展存在着持续发展的需要。F社区曾经培育的小区书法社，因为缺乏参与意识、服务意识，在社区工作站号召下开展的社区服务中小区书法社拒绝参加任何社区活动，社区工作站出于服务社区、管理社区的角度考虑，没有提供相应的支持。同时书法社自身的局限性，成员仅限于小区内部，具有很强的封闭性和内部优先原则，忽略了利益相关和服务互动的条件，小区书法社没有受到社区工作站等的支持。小区书法社既没有参与意识，积极参与到社区这个大环境中来，也没有服务意识，认识到服务的互动。所以，社区自组织培育需要增强自组织的参与意识、规范意识、服务意识等，更重要的是获取社区工作站的支持。（见访谈8）

（2）社区工作站需要发展义工服务队。政府多次强调培育和发展社区自组织，并在党的十九大报告中将社区自组织发展的意义提升到国家治理现代化层面，从政策上对社区自组织提供了支持。社区工作站是基层政府单位直接管辖与服务居民。F社区多次通过社区老年人协会等其他社区老年人自组织开展社区服务，如社区文化营造、社区探访等。社区工作站需要发展自组织，这是政府服务要求，也是社区自组织能够实实在在帮助政府减压，提升政府服务效率。F社区副书记在日常工作中曾多次提及，F社区党委、工作站是支持建设与发展自组织的，鼓励居民通过参加自组织来参与社区事务，发挥居民在社区治理中的作用。社工与社区工作站副书记访谈时，明确说了社区需要发展自组织，也支持党群服务中心培育自组织。（见访谈10）

> 访谈10（截取）：
> 访谈对象：社区副书记。访谈地点：社区党群服务中心。
> 社工：书记，您觉得我们社区是否需要一个义工队伍？
> 书记：可以啊，当然行了。而且培育义工队伍是我们工作站需要的。因为国家在推行这个事情，我们也需要去落实。并且社区发展自组织能够提供实实在在的帮助。像老协，我们的很多活动也会交给他们做。而且你们党群服务也需要义工的，可以将这些义工组织起来，形成一个队伍。不要像以前那样，大家想要做义工，但是咱们没有义工队伍，居民想要做义工也不知道去哪儿做，而且即便来到党群中心做义工就是拍拍照啊之类的，完全可以丰富起来。形成义工队伍之后，居民就有地方参加义工，知道义工服务还可以多样，比如说，义工队伍自己策划活动自己做，需要的资源我们工作站也会根据情况支持的。然后我们有的活动也可以交给义工去做。

（3）社会工作机构驻点服务需要发展义工服务队。S市社区党群服务中心是社会工作机构进入社区服务主要驻点地方。社区党群服务中心的发展需要也是社会工作机构的需要。社工所在社会工作机构投标到F社区签署合作项目时，有说明社区发展的内容，并在年度计划中列明了需要发展义工队伍。与同工访谈时，同工也说明了党群服务中心需要发展一支义工队伍。此外，同工也说明目前党群服务中心有一些义工资源，但是缺乏统一管理。目前仅仅是通过社工去维系，尚且没有形成一支稳定的队伍。（见访谈11）

访谈11（截取）：

访谈对象：同工。访谈地点：社区党群服务中心。

社工：我们有没有说要培育自组织，比如义工服务队伍？

同工：有啊，你看我们的3年服务计划里就写着要培育义工队伍的。而且培育义工服务队能够为我们开展服务提供很多便利，有的活动直接交给他们做，而且我们在开展服务的时候，活动宣传和招募都可以邀请义工来做。然后有一些需要做手工的活动、唱歌和舞蹈的活动等，都可以直接找义工做，我们进行策划，和义工合作进行。

社工：我们现在有义工吗？可以直接进行培育吗？

同工：现在有义工，可以找他们过来进行培育的。我们现在也只是建立了义工资源库，还没有完全成立义工队伍。然后我们会开展一些义工团建活动，维系义工资源。

（二）服务设计

1. 服务目标与策略

（1）服务目标

培育社区老年人自组织需要解决持续发展的问题。F社区义工服务队获得了社区老年人、社区工作站、社区党群服务中心的多方支持。社会工作参与社区老年人自组织培育的根本目的是让社区老年人自组织能够自我管理、自我维系、自我发展下去。在前期了解中，影响社区老年人自组织发展的主要因素是意识的欠缺。因而，社会工作支持培育社区老年人自组织需要从意识上提高服务对象的认识，提升自组织的内在发展动力。

服务目标分过程目标和任务目标。过程目标是在服务过程中开展小组服务，使老年人增进对参与义工服务的认识和理解，注意发展小组领袖，建立志愿服务平台，促使社区老年人参与义工服务队，促进义工服务队持续发展。任务目标主要有三点：①增强参与意识。成立义工服务队可以增进服务对象对于团体的理解，同时需要提升居民对于义工服务的认识，也提升居民对于社区的认识，以此提高居民参与义工服务的意义。②增强规范意识。需要了解规范的意义，并从义工服务队的规则建立、团队分工等方面提升。③增强服务与自我服务意识。增强服务对象服务意识，认识到服务社区、居民就是服务自身，通过服务社区获得更多的支持，促进义工服务队发展。

（2）服务策略

①理论支持。培育社区义工服务队以社会支持理论作为指导。社区义工服务队的成立既是社区老年人参与义工服务的需要，也是社区工作站、社区党群服务中心发展的需要。培育社区义工服务队有正式支持和非正式支持。正式支持是获得社区工作站的支持，尤其是对于社区义工服务队的认可，承认社区义工服务队的存在和意义，并适当提供物质支持。非正式支持来源于社区党群服务中心、社工、老年人自身等。社区党群服务中心提供场地等物质支持。同时，社区党群服务中心同工资源的经验支持，有助于提高服务质量。服务中社工运用沟通、引导、鼓励、建议等方式方法利用工具性支持和表达性支持引导老年人彼此建立真诚、合作、情感支持等关系。

②专业方法支持。社工运用小组工作和社区工作开展服务。对老年服务对象开展小组服务，从参与意识、规范意识、服务意识等层面进行提升。同时，对社区工作站相关人员开展小组，表达对社区义工服务队的态度，增强他们服务居民的意识。社区工作通过链接外部资源支持、开展社区活动，邀请社区义工服务队参与，观察、讨论开展社区服务的内容、问题等。社区工作与小组工作结合，小组工作后期开展社区服务，通过具体活动提升服务对象的能力。

③社会工作角色支持。在社区义工队培育中，社工需要承担服务提供者、支持者、资源链接者等角色。服务提供者是社工在服务中扮演的主要角色。老年人是直接的服务对象，需要为他们提供义工服务基本知识、信息、技巧等，在培育过程中，满足服务对象的需要；社工也需要扮演支持者的角色。在开展服务过程中，社工需要进行具体的支持，如义工规范的学习、共同体身份建立等，社工需要通过引导服务对象思考提供支持。此外，社工积极鼓励支持服务对象发言，积极肯定服务对象的价值与意义，以此增进服务对象的参与感等；社工也需要扮演资源链接者角色。在开展服务中，社工与服务对象探讨资源的意义，并链接资源开展服务，包括社区工作站的资源、党群服务中心资源甚至社区居民等，通过资源链接，增进服务对象链接资源能力和开展服务的能力。并在具体的服务中体会参与意识、规范意识、服务意识的重要性。

④服务内容。开展社区义工服务队的具体服务内容，从参与意识、规范意识、服务意识和自我服务意识进行提升，并开展社区活动提升服务

能力。

2. 方案设计

第一，社工整合社区党群服务中心相关资源，建立、统计、完善义工服务库资源。同时，采用访谈、问卷调查等方法调查社区老年人参与义工服务情况，并进行宣传义工服务，做好招募工作准备。第二，招募服务对象，服务对象从调查、访谈人员中选取，然后开展小组工作。针对老年服务对象着重增强社区老年人参与意识、规范意识、服务意识与自我服务意识，同时需要对社区工作站相关工作人员进行小组工作，明确对社区义工服务队的支持。随后开展社区活动，提升老年人服务能力。

（1）小组服务方案

第一次小组服务。此次小组服务为社区老年人开展服务。小组中社工引导组员互动，营造小组氛围，引导组员了解服务内容、目的等，建立小组契约，初步建立小组关系，初步形成小组凝聚力和归属感。营造共同体意识，增进小组凝聚力，增强组员参与小组意识和服务社区意识。社工引导组员说明参与义工的初衷并上升到服务社区层面。

第二次小组服务。此次小组服务通过对志愿服务的发展历程，志愿服务精神、意义等的学习，了解志愿服务知识，提升组员对志愿服务的认识，增进组员理解志愿服务和对于自己的意义，进一步增强组员参与意识。

第三次小组服务。从社会工作服务案例出发，引导组员学习、了解志愿服务有关规范，如志愿服务的礼仪、活动规范、角色分工、服务技巧等，增强组员的规范意识。

第四次小组服务。从社会工作服务案例出发，了解提供的服务对于服务者及拓展人群的意义，以及对社区发展的意义。通过服务案例、生活实例分享与感悟，促进服务对象产生共鸣，同时讨论学习有关义工服务知识，从情感上和实务上促进组员增强服务意识。

第五次小组服务。此次小组服务由社区工作站相关人员与老年服务对象合作开展。通过互动，建立社区工作人员与小组成员间的联系。社工引导社区工作人员阐述社区对于社区自组织培育的支持，以此促进社区对于建立的社区义工服务队的支持。共同讨论社区自组织对于社区发展的意义，以此增强社区工作人员的服务意识，服务社区居民。

第六次小组服务。引导组员对社区义工服务队的成立进行具体工作安排。此次小组服务，社工发挥社区党群服务中心资源优势，链接社区公益资源进入社区开展活动。社工与组员讨论开展活动的准备工作，并进行相关准备。

（2）社区服务方案

社区服务中链接外部资源提供支持。社工与服务对象共同参与活动并邀请服务对象讨论活动中的问题、注意事项等，以及引导服务对象在活动中适当扮演角色、发挥能力等。其中开展社区服务活动与小组服务进行结合。社区服务活动进行三次，在小组服务后期至结束开展。

（三）服务过程

1. 小组服务

（1）第一次小组服务

初次小组服务，社工进行了自我介绍，表达了对组员们的欢迎。社工介绍了小组服务的主题、目的和小组内容、次数等，说明志愿服务是居民、社区的共同需求。为了建立小组关系，社工引导组员进行了"我是谁"的接龙互动。首先，社工介绍了互动规则，要求组员按照"姓名，居住小区"的方式陈述自己，后面的人重复前面人的内容。通过互动，组员间初步建立了联系，初步形成支持关系。之后，社工引导组员讨论小组契约的问题。讨论中，社工引导组员思考如何保证促进小组团结和保证小组顺利开展。同时，社工观察组员们的表现。社工注意到，组员们开始较为保守，讨论没有立即开展。社工短暂沉默了一会儿，询问了组员的建议。组员沈阿姨率先回答之后，其他组员渐渐活跃起来。经过组员们的讨论，形成了小组契约，社工与组员分享建立小组契约是小组的保证之一。

为了增进小组的凝聚力，社工衔接"我是谁"环节，从社区共同体角度出发引导组员讨论，促使组员形成团体意识。讨论中，社工结合居住小区时长，引导组员思考社区提供过的服务等内容。谈论他们共同生活的社区，组员们表现得很积极。组员们纷纷表达了他们生活在社区的时长，讨论社区提供的服务等。

吴阿姨说："她到这个社区生活时间不是很长，但也有六七年的时间。"沈阿姨、陈阿姨等几位来社区生活时间较长的组员说："她们到这个社区生活有八九年时间了，对这个社区感情挺深厚的，社区的很多变化他们是看着的。"社工陈述了组员们进入社区的时间，同时也说："进入到社区这么久，一定有了感情，也见证了社区的一些发展。"组员们表示了认同。沈阿姨是来社区较早的居民，沈阿姨、陈阿姨较早地加入了老协，也是老协主要成员。他们表示："社区提供了很多服务，我们都很满意，比如说社区经常开展大型活动，他们也能够参加。然后社区经常提供义诊服务等，这些都是很好的服务。"与此同时，其他几位组员纷纷表示赞同，说："是的，我们岁数也变大了，然后那些义诊服务挺有意义的。还有社区活动我们能够参加的也可以参加，还能锻炼身体，还能娱乐下。"刘叔叔从社区环境上也表达了社区活动中让他很满意的地方。刘叔叔说："社区中的大草坪很好，我们可以经常到那里去活动，社区环境挺好的，空气也好。然后社区也挺便利的，交通也方便，其他设施也挺好的。"总体上组员们对社区是积极认可的。社工引导组员讨论社区内容后，组员渐渐产生了共鸣，为了更好利用这份共鸣，进一步促进组员间的共鸣和促使小组凝聚力提高，社工引导组员思考讨论参加义工的初衷，建立情感支持。经过前面的情绪调动，组员们纷纷表达了参与义工的初衷。如沈阿姨说："参加义工可以让自己有事情做，然后参加义工能够服务社区就更有意义了。平时我也参加社区的活动，所以我还是希望能够做些有意义的事情。"沈阿姨的回答朴实简短，她的发言引发了其他组员的情感共鸣。陈阿姨也说："我们参加义工服务，是期望能够服务社区。然后也能够让自己多做一些有意义的事情，也不用闲着。"刘叔叔说："我参加义工服务，认为这是有意义的事情，我可以利用些时间到党群服务中心免费给孩子们上上课都行的，这样我也方便带我自己的孩子，还能服务其他人。"其他几位组员也纷纷表达了自己参与义工服务的目的或初衷。之后，社工总结组员的发言，同时引导组员思考，进行义工服务不仅是为了自己，同时也是为了社区发展，服务社区也是社区服务自己。组员们表示了认同。

经过讨论后，社工与组员进行了游戏互动，营造轻松愉悦的氛围，同时为此次小组服务做铺垫。互动后社工邀请组员分享了本次小组对于社区的认识、义工的感受等。社工总结，预告下节小组活动，提醒组员注意小组契约，准备下节小组活动内容。

小组中，社工积极发挥引导者作用，运用沟通技巧，引导组员形成契约，建立联系，从形式上确定了小组，促使组员产生团体意识。运用支持、表达、引导等工具性支持和表达性支持，对组员进行支持，也促进了组员间建立情感支持。社区共同体、参加义工初衷的讨论等进一步增进组员的情感共鸣，增强了团体意识，提升小组凝聚力。同时，也可以看到组员们参与互动的积极性是逐渐提高的。在服务中可以看到，沈阿姨等几位组员的积极发言带动了小组氛围。因而在后面的小组服务中，可以注意小组中的积极分子，通过积极分子发挥带头引领作用。

（2）第二次小组服务

本次小组服务，社工引导组员讨论志愿服务的相关知识，提高组员对志愿服务的理解，促进组员理解志愿服务和意义，增强参与意识。社工首先与组员回顾了社区共同体、社区服务、志愿服务等内容，随后简要介绍了本次小组活动的内容，说明将从志愿服务的发展历程等内容进行。介绍完之后，社工与组员进行了破冰游戏。通过游戏互动既活跃了小组氛围，也进一步提升了组员间的良好关系。在破冰游戏互动后社工通过视频、图片等形式，从历史发展角度与组员共同探讨了志愿服务的发展、意义等内容。如国内志愿服务的实质并非存在于现代社会，古代社会同样有志愿服务的行为，如古代的救济等。组员们因为丰富的社会经验、文化知识等在讨论中能够积极发现存在于古代、现当代的志愿服务内容。组员结合当今社会进行了热烈的讨论。如刘叔叔从古代善人进行粥济说明了志愿服务。通过志愿服务的发展历程、志愿服务精神与意义讨论，组员们纷纷认可志愿服务的意义，并表示经过了解志愿服务与社会的意义后更愿意参加志愿服务。之后，社工在社区服务中与组员讨论志愿服务的相关知识，进一步提升组员的志愿服务知识。如需要注意的表达用语、可能需要的专业技能等。随后，社工结合志愿服务内容与组员们进行了游戏互动。通过游戏互动促使组员感受团队氛围。组员在互动中一开始没有出现较为统一的声音，经过三次实践后，团队开始默契协作完成了合作。组员经过游戏互动后既活跃了小组氛围，同时经过互动增进了组员间的默契，也促进了组员对于团体的认可。随后，社工与组员进行了总结分享，并说明下次小组活动内容。

此次小组服务中，社工介绍了志愿服务发展历程、精神、意义等内容，并以时间为轴线开展了小组服务。同时社工运用社区服务案例，引导组员思考讨论志愿服务知识等，促进组员对于志愿服务的理解。社工通过游戏互动方式，增进了组员的情感联系，促进组员间形成较为稳固的情感支持。社工在小组中主要扮演了引导者角色，促进组员讨论学习、团体合作等，既增进组员理解志愿服务，又促进了组员增强团体意识，进而促进组员参与意识、规则意识等的增强。同时鉴于第一次小组中发现的积极分子的经验，社工注意到，积极分子的积极参与能够更好地促进组员参与到小组中，同时积极分子丰富的实践经验也在一定程度上弥补了社工实务经验的不足。在后续服务中，社工仍然需要注意和发挥小组中积极分子的作用。

（3）第三次小组服务

此次小组服务，社工结合实务案例及志愿服务有关规范知识开展服务。首先，社工与组员回顾了上次内容并介绍了本节服务内容。通过回顾上节内容重温参与志愿服务的意义和社区共同体意识，增进小组凝聚力，为本次小组活动做铺垫。随后社工与组员进行互动，活跃小组氛围。社工观察活动过程中组员的投入情况，并进行分享。分享之后，社工邀请组员思考义工服务是否需要规则？之后，社工运用视频、图片等形式结合实例与组员进行讨论。讨论中，小组中的积极分子沈阿姨首先发言并从交通规则说明规则的必要性。沈阿姨说："开车要遵守交通规则，行人也要遵守。开展活动也要服从安排，做好本职工作。党群服务中心也有规则，社工也要按照规则服务。"社工对阿姨的话表示了赞同和肯定。其他组员也纷纷表达了自己的观点。组员们都认同规则的重要。接下来社工结合小组服务进行讲解。从小组活动进程、小组活动内容、小组活动时间、人员职责以及小组活动中应当建立的秩序等进行讲述。之后，社工引导组员思考义工服务队的建立应当需要什么规则和遵守什么规则。组员们进行了热烈的讨论，社工看到小组氛围较好。讨论结束之后，社工邀请组员分享了讨论的内容。社工对组员们的讨论给予充分的肯定，也说出了组员们的优势。社工说："组员们经验丰富，经历的事情多，了解的内容也多，因而讨论的内容也是丰富的和切合实际的，有些内容是社工没有想到的。"社工的话语充分肯定了组员们讨论的内容，也肯定了组员们拥有的能力。讨论环节结束后，社工与组员们共同回顾了此次小组活动内容，并约定下次服务时间、地点。

此次小组服务中，社工结合生活实例和社工实务案例，引导组员参与讨论义工知识。同时社工积极运用鼓励、肯定等表达性支持，认可组员的表现，也充分肯定积极分子的带头作用，并鼓励其他组员参与互动，社工从服务上对组员们进行了支持，肯定了组员们参与的价值与意义。经过服务，组员们的相关义工知识有了明显的增加，对于规范的理解也有了加深。

(4) 第四次小组服务

此次小组围绕什么是服务进行了讨论。社工首先与组员回顾了上一节内容。之后，社工引导组员谈论对于社区的看法。通过前面几次服务，此次服务中，组员们的参与热情明显提高，参与讨论更为积极。讨论中吴阿姨首先发言，吴阿姨说："社区挺好的，社区中的人，还有提供的服务都挺好的。"同时，吴阿姨也说了社区提供的义诊、摄影学习、社区大型活动等内容能够让居民感到快乐，也乐于参与其中。其他几位组员也纷纷认同，并进行了表达。如陈阿姨说通过社区参与比赛活动能够获得荣誉感，促进自己更愿意参加。社工对于组员的讨论进行了积极的肯定，并陈述了社区发展很好和取得的一些成就。之后，社工邀请组员观看关于社区发展的视频。社工发现，组员们观看之后十分激动，脸上洋溢着激动的笑容。通过观看视频他们纷纷认可社区的发展，同时也重新认识了一遍社区。之后，社工结合社区建设来说明义工服务。社工说："义工服务队核心是服务，服务谁是个问题。居民们生活在这个社区，社区的发展与居民生活密切相关。因而在考虑服务问题时，应当为社区提供服务，为社区提供服务也就是为居民提供服务。"同时，社工提问："对于服务社区，各位组员是否赞同？"沈阿姨说："确实应该服务社区，社区是我们每个人生活的地方，社区一直在服务我们，我们也可以通过自己的力量服务社区。"其他组员纷纷表示了认可，表达确实应该服务社区，服务社区也是服务自己。小组中的积极分子的作用越来越凸显，同时，小组其他组员参与互动的程度也有显著提升。

之后，社工邀请组员分享生活中因为服务问题影响到自己的事情。通过此问题引导组员思考服务的重要性，以此增强组员服务意识。讨论中，组员们纷纷讲述了自己的经历，并表达了自己遭遇不好服务时的心情。如刘叔叔以保险服务说明良好服务能够有效解决问题，也会有好心情。社工注意到其他组员也表示了认可。之后，社工进行总结，说明"社会工作首先就是服务，社工在开展工作时要有服务意识，更好进行服务"。社工邀请组员们观看《优秀服务意识与标准》内容，以此提示组员增强服务意识是保证服务效果的条件之一。社工通过社区党群服务中心的日常服务进行了说明。通过社会工作实务案例和组员们讲述的日常生活的事例等，组员们产生了强烈共鸣，也使组员们理解了在开展服务中应当秉持积极的服务态度进行服务。服务的最后，社工与组员们进行了音乐欣赏，并结束了此次服务。

此次小组服务中，通过生活中相似的生活经历、共同的社区空间形成的共同体意识等，促进了组员们积极参与讨论和互动，通过讨论、互动等形式促使组员们产生关于服务的共鸣，达到情感上的互相理解与支持。

(5) 第五次小组服务

此次小组服务，社工协调社区工作站工作人员，邀请了三位对接党群服务中心的社区工作站骨干成员参与。通过小组明确社区支持志愿服务的建设，增强社区工作人员服务居民的服务意识，同时通过小组促进社区工作人员和组员合作及情感联系，维系社区工作人员与居民的关系。小组活动开始前，社工与工作人员做了沟通，表示期望获得社区工作站支持，他们表示没问题，并在小组中具体说明支持态度。

小组活动开始后，社工首先介绍了社区工作人员芳姐、小周、小江与组员认识。随后说明了小组建立的意义，期望通过成立小组，培养组员的意识和能力，同时表达期望获得社区工作站支持，建立社区义工队进行服务，共同营造友好社区，推动社区支持居民参与。介绍完毕后，社工引导组员进行"你画我猜"游戏互动，活跃氛围，促进组员间关系的融洽，为后续服务做铺垫。游戏中设置了组员熟悉的关于社区的词汇，让组员有熟悉的感觉。经过互动之后，组员们彼此之间氛围更为融洽、活跃。同时这种互动也是社区工作人员以前较少与居民共同经历的事情。

互动后，社工邀请工作人员说明了社区对于社区自组织发展的态度，社区工作人员说明了社区工作站是支持社区自组织发展的，并鼓励和希望居民能够积极主动参与社区建设。如芳姐说："社区工作站是一向支持社区居民自行成立自组织，因为这不仅是国家在推动，社区自组织自身也有着实实在在的好处。我们也是支持的。社区自组织本身作为社区治理的一部分，能够发挥的作用很大。"小周和小江对芳姐的发言进行了补充，同时，说明愿意做好服务居民事务，并可以适当提供具体的支持，如场地资源、活动物资等。其他几位居民听到社区工作站的态度后，非常高兴，愿意遵从社区党委的领导，也十分愿意投入到社区志愿服务中去。此环节中，社区工作站明确的支持态度提升了组员们参与志愿服务的信心。社工引导组员纷纷再次表达了参与志愿服务的初衷，既是服务自己也是服务社区，愿意参与社区义工队。组员们纷纷表示愿意通过党群服务中心或者志愿服务等平台为社区提供服务，服务家园。社工对组员的发言给予了肯定和认可，鼓励组员积极参与。与此同时，芳姐等说明社区工作站可以适当提供具体的支持，如场地资源、活动物资等。工作人员表达了社区工作站的支持，组员们表达了义工服务的初心。讨论之后，社工邀请所有组员共同进行了歌唱互动，并在最后邀请所有人进行了合影。社工对社区工作站的支持表示感谢。

此次小组服务中，社工链接社区工作站正式资源进入小组，对小组提供支持，对组员参与志愿服务的意愿给予肯定和支持。同时，社工积极协调社区工作站、社区党群服务中心、小组之间的关系，尤其是对社区工作站和小组的关系进行协调，有益于社区义工服务队的后期发展与建设。服务中，社工也扮演引导者角色、支持者角色，引导组员间发言和互动，鼓励、支持肯定组员的发言。

（6）第六次小组服务

此次小组服务，社工邀请党群服务中心主任参与和支持社区义工队的建立。社工首先与组员们回顾了前面几节内容，同时，介绍本次小组服务将以链接的社区组织提供的社区活动为案例，就社区义工队的成立进行具体的讨论，并邀请中心主任协助。社工在中心主任的协助下，首先从链接的社区组织提供的社区活动的讨论开始。社区活动的讨论中，社工引导组员思考此次社区活动的准备内容，包括活动物资、时间、人员分工、活动程序、活动注意事项、信息采集等内容，同时邀请中心主任进行协助指导。组员们对将要进行的活动进行了热烈的讨论。组员们集思广益，从物资管理、时间确定、宣传招募、活动主持与协助、活动程序等方面进行了讨论和确定。讨论后，社工表示，开展一场活动，不仅要准备物资、协调时间、场地、人员分工、信息采集等，还需要注意语言表达、服务态度等。这与前面讨论的参与意识、规范意识、服务意识息息相关。同时，社工举例说明在服务中需要注意倾听、鼓励等沟通技巧，避免批评和替他人做主等现象，坚持平等、尊重、自我决断等价值。组员们对此纷纷表示了认同，对社工的服务也有了进一步了解。通过关于社区活动的讨论，组员们确定了人员分工等重要事项，社工邀请组员注意此次活动将按照讨论的内容开展，提示组员注意观察，以作反思。讨论结束后，社工邀请组员进行互动，以缓解紧张的讨论氛围。随后，在中心主任的指导与见证下，社工与组员们共同讨论确定了社区义工队的成立。社区义工队确定了人员分工，沈阿姨为队长，陈阿姨、刘叔叔为副队长，其他几位组员为联络员，此后义工队的发展将根据需要进行调整。中心主任对社区义工队的成立表示热烈欢迎，同时将会与社区党群服务中心做好服务链接，促进资源的有效利用。组员对于服务纷纷表达了积极的认同。如吴阿姨表示："很满意，有了义工队之后，做活动有保障，也很高兴参与进来。"刘叔叔说："确实很高兴，这次是参加了服务，以后还可以多参加。"其他几位组员也进行了表达，认可此次服务。

最后，社工与组员们共同分享了整个小组的感受。组员们纷纷表达了对小组的积极认可，对社工服务给予积极评价。社工也表示，看到居民参与的热情越来越高，作为服务提供者很高兴，同时也表达了期望义工服务队会更好。与此同时，社工说明小组将解散，并说明无论组员以何种身份都可以参与到社区服务中来。

此次小组活动，社工更多的是扮演引导者的角色，引导组员思考如何开展服务。社工在小组中对组员的肯定，也是社工对组员积极参与的肯定。同时，社工链接外部资源，协调小组与外部资源的关系和协调小组内部的有关社区活动的相关准备等，确定相关服务内容。

2. 社区服务

开展社区服务的主要目的是能力提升，并通过实践融合意识的增强，通过活动让组员体会开展社区服务时需要注意的内容、事项，意识的引导和能力的运用等，发现服务中的可取之处和问题以进行反思。

第一次活动。义工服务队成员在活动前一小时到达党群服务中心。活动开始前，社工对义工服务队的组员进行了任务说明，参与观察服务过程、发现服务中存在的问题等。同时，资源提供者结合服务内容对义工服务队进行指导。社工与义工服务队协调任务安排，进行服务场域管理。活动伊始，社工简短介绍了社区和社区党群服务中心对服务开展的支持，简短介绍了服务的提供者，即资源支持者，之后介绍了服务内容等，并邀请资源提供者开展此次活动。活动中，资源提供者进行艺术油画服务，由外部资源提供专业技术指导，义工服务队与其他居民接受专业指导服务。艺术油画服务主要分为三个阶段：第一阶段是画法技巧讲解，第二阶段是基础画法学习，第三阶段是艺术油画绘画。社工在介绍完此次服务内容后，油画老师进行了具体的绘画教学内容。此次服务面向社区居民，居民存在零基础者，画法讲解主要是讲授具体运用的线条、点、圆，如何起笔等内容。在讲解完内容之后，社工询问居民是否掌握了基础的画法，并问询难度是否能够接受。居民普遍表示没问题后，社工与义工服务队给其他居民介绍画简单的基本图形。义工服务队也参与到绘画过程中。居民对基本画法进行了初步的学习，油画老师进行了技术指导。基础画法结束后，在社工的安排下，居民根据自己喜欢的内容，画社区内标志物体，如党群服务中心、社区广场舞台、小区海豚雕塑等。此过程时间较长，持续将近一个小时。在绘画中，社工进行观察与指导。绘画结束后，社工邀请居民说明参与服务的感受。大家都很认可这样的服务，希望社区能够多开展这类服务。

绘画结束后，社工与义工服务队成员进行了讨论，总结此次服务的经验、问题与改进措施等。并与义工服务队成员说明下次服务内容，并进行了服务分工。如沈阿姨负责统筹、陈阿姨负责宣传、招募，吴阿姨负责人员安排，刘叔叔准备物资，其他几位组员进行协助等。

第二次社区服务过程与第一次服务流程一样。内容以剪纸服务为媒介展开，服务也进行了三个阶段，分别是剪纸的发展、剪纸技巧介绍、剪纸活动。不同的是，此次服务主要是义工服务队主持进行，包括人员招募、与资源方协调、人员分工等内容，社工在其中主要发挥协助作用。

通过社区服务活动可以看到，义工队成员们在服务过程中越来越熟悉，对于自己要准备的工作、进行的内容也越来越清晰，队员之间的默契程度也越来越高。通过小组服务和社区服务，社工运用视频、图片、案例等多种形式为开展服务提供支持，并链接社区工作站进行了正式支持，链接外部资源提供非正式支持。在服务中运用了倾听、陈述、肯定等多种技巧。同时，社区老年人彼此之间通过共同的情感进行支持。社区义工服务队的培育是在多种支持下进行的。义工服务队的成立也获得了社区工作站、社区党群服务中心等的支持。但由于实践条件限制、社区服务限制、社工自身能力不足等因素，对义工服务队的培育还存在着不足，仍需要改善。

（四）服务评估

本研究通过过程评估和结果评估验证服务效果。评估主要使用观察、访谈、问卷等方式进行。其中主要观察社工、服务对象在其中的表现，如语言、体态、积极性、参与互动行为等内容。访谈内容主要是对于服务的满意情况，通过问卷具体量化对服务内容、社工、服务效果等的评价。

1. 过程评估

（1）社工评估

社工在实践研究中主要用文献资料查阅法、观察法、访谈法等方式了解社区情况和开展具体服务，主要对社工在开展服务中作用的方式、方法和可能存在的问题进行具体评估。

服务开展前，社工运用访谈等形式进行调查。通过访问同工、社区工作站、社区老年居民等建立联系，了解社区、社区自组织、社区关于老年人服务及自组织培育政策等信息。服务过程中，也积极发挥着引导者、支持者等主导角色。积极运用引导、支持、肯定、鼓励、倾听等技术提供表达性支持和工具性支持。如服务中对组员的表现给予积极肯定，提升组员的信心。社工也积极探寻通过社区共同体、义工服务与规范等内容增强组员的参与意识、规范意识和服务意识。实习过程中，社工坚持尊重、平等、自决等专业原则，肯定组员的表现，给予正面支持，协助组员树立信心，积极参与。同时，社工整合资源，链接社区组织资源提供社区服务。

服务期间，社工综合运用了观察法、文献查阅法、小组活动等方法开展服务，运用了沟通、倾听、观察、引导等技巧，遵守了尊重、平等等价值伦理和专业原则。开展小组和社区服务比较顺畅。当然，也有因天气、人员协调因素、资源配置与使用等因素一定程度上干扰了服务。同时，社工实务经验不足，相关准备工作做得不充分，实务能力不强，如专业技术、沟通经验、危机处理等能力，一定程度上影响了服务的顺畅。

（2）服务对象评估

服务对象评估是服务评测的重要尺度。过程评估中，通过评估服务对象在服务中的变化、参与度以及服务满意程度等内容，发现服务中存在的问题，以促进提升服务质量。具体从服务内容，社工工作方式、方法、态度等进行评估，采用访谈、观察进行。

①访谈反馈。在服务过程中，社工随机进行了访问。综合反馈，他们认为开展小组、社区活动服务是好的，愿意接受这样的服务，成立一个属于他们的自组织很高兴。既可以通过自组织让自己有事情做，也能够服务社区，这个服务是很好的。社区老年人自组织骨干陈阿姨、沈阿姨、吴阿姨等人是小组开展活动的活跃分子，热心于社区事务，愿意帮助社工们以及社区开展服务，曾经参与了很多社区组织的服务活动。此次社区老年人

自组织培育服务他们也积极参与。几位阿姨也给社工反馈这样的服务不再像以前那样，他们只是被动参与，没有发挥自己的能动性，只是因为社区活动有礼品才来参加而已。尽管也在其中学了些东西，但是热情劲一过就结束了。相反，开展这样的服务，既可以持续参与，还能让自己真正的动起来，有劲头。

服务对象也反馈社工在提供服务时可以考虑场地、物资等的支持变化。尤其是场地资源。F社区党群服务中心的地点距离偏远，在具体服务中，社工可以多增加些娱乐性的内容，少一些简单说教，可以通过娱乐方式促进讨论、互动，这样大家积极性能够更高。

②观察反馈。在具体的服务过程中，社工观察到组员的参与程度是变化的。从首次参与的拘谨到后来逐渐的熟络、热情参与，再到后来积极主动询问是否可以通过一些其他活动让他们提供帮助等，整个服务过程中组员的态度在一点点地变化。并且，在社区活动服务中几位骨干的情绪也带动了其他组员的情绪。在小组服务中，由于社工的实务经验不足，几位老年人能够积极担当领导者角色，协助社工带动小组服务，社工也从他们身上学习了不少。

（3）其他方面

运用社会支持理论指导社会工作参与社区老年人自组织培育，还涉及一些他方支持与资源运用、服务顺畅、服务中的其他问题等。服务期间，社工运用F社区党群服务中心的资源为社区老年人自组织培育提供支持。其中链接了其他社区公益组织资源在党群服务中心开展服务，社区老年人自组织利用链接的资源开展活动服务。社区老年人自组织培育也获得了社区党群服务中心的支持，获得同工们的支持。服务过程中也有一些其他问题，如服务秩序稍差、服务时间控制不好、服务内容缺乏生动性、服务灵活性不足等问题。

2. 效果评估

（1）小组评估

效果评估通过问卷、访谈、观察等方式进行反馈。小组评估采用问卷和观察评估，社区活动采用访谈和观察评估。为了描述服务效果，本研究将选取第一、三、五次小组活动和第一次社区活动予以说明。

问卷反馈具有可量度和客观性。问卷反馈结合党群服务中心工作内容要求进行设计。问卷评估分为服务满意评价和服务成效评价。其中服务满意评价是对整个服务的评价,包括服务对象对社工评价和对服务的评价、服务对象自我评价;服务成效评价与小组目标、内容有关。评价采用平均分数制,平均分算法是分数×份数/总份数。例如,服务满意度评价第一个调查项目"本次小组活动对我很有帮助"的评价算法是（1×0＋2×0＋3×1＋4×2＋5×4）/（0＋0＋1＋2＋4）＝4.43。

通过开展小组服务增强组员的参与意识、规范意识和服务意识。在小组的不同阶段对于三种意识各有侧重。其中,第一次小组服务是建立关系和营造社区共同体意识和共同的志愿服务意识,促进组员增强参与意识;在第二次小组服务中通过志愿服务意义的理解进一步增强参与意识。同时,后面小组活动中,分别以规范意识和服务意识为侧重。

服务满意度是组员对于社工提供服务的一个重要评价内容。通过组员对小组的评价可以看到,组员是比较满意社工提供的服务的。通过第一、三、五次小组测评可以看到,服务对象对小组的评分分别是4.63分、4.88分和5.0分。在服务对象对社工的评价方面,综合而言,服务场地的选择是组员们普遍不满意的地方,在这一选项的评分上,三次评分均是4.25分。可见,场地的客观限制影响了居民参与服务的热情。从服务对象对社工的评价可以看出,服务对象是比较认可社工的,尤其在社工服务态度方面更为认可,如三次评分分别为4.88分、5.0分、5.0分。在服务的技巧方面,社工明显存在不足,第1次评分4.25分。当然,在第三、五次评分有所提升,分别为4.88分和5.0分。此外,服务对象对于服务流程的评价也反映了小组在设置中存在着需要改进的地方,三次评分分别为4.63分、4.75分和5.0分。在小组服务中组员的参与和投入程度,既可以反映组员的参与程度也能够间接反映服务的可靠程度。可以看到小组对于组员的帮助是比较好的,三次评分分别是4.43分、4.63分和4.88分。这也说明小组服务还是存在着些许的不足。组员对小组是比较投入的,随着小组的开展,组员的投入程度越来越高,如三次评分分别为4.38分、4.63分和5.0分。通过服务满意情况的调查可知,服务对象对于服务组员是比较满意的。当然在一些方面还有提升的空间,如社工实务经验的提升,实务经验的提升能够更好地促进服务的开展。综合而言,可以看到经过小组服务,组员参与小组的程度总体是较好的,并且经过多次小组服务后,组员更为乐意参与,也间接反映了组员参与意识的增强。（见表2－3、表2－4、表2－5）

第一次小组服务围绕关系建立、社区共同体意识和共同志愿服务意愿展开，促进组员形成团体意识，以增强组员的参与意识，在第二次小组服务中进一步强化。在小组服务中，经过组员反馈，组员是比较认可社区共同体，认为社区需要共同维护的评分 4.38 分。组员对于志愿服务的认可更高一些，是 4.71 分。对于小组的认可是 4.38 分。可以看到组员是比较认可小组的存在，也愿意参与到社区中。当然因初次服务，组员间认可还有提升的需求和空间，这在后面小组中有所强化。（见表 2-3）

表 2-3　　　　　　　　第一次小组服务满意度与反馈

	调查项目	1分	2分	3分	4分	5分	平均分
服务满意度评价	1. 本次小组活动对我很有帮助			1	2	4	4.43
	2. 我对小组活动的投入程度			2	1	5	4.38
	3. 我认为社工的带领技巧			1	4	3	4.25
	4. 我认为社工的态度				1	7	4.88
	5. 我觉得小组活动的时间安排				1	7	4.88
	6. 我觉得小组活动的场地安排			1	4	3	4.25
	7. 我满意小组活动的流程内容安排				3	5	4.63
	8. 我对本次小组活动的总体评分				2	6	4.75
服务成效评价	1. 我认为社区需要共同维护			2	1	5	4.38
	2. 我认为志愿服务很有意义				2	5	4.71
	3. 我认可小组成员的存在			1	3	4	4.38
	综合评价度						0.91

小组服务中，社工在服务的不同阶段各有所侧重。第三次小组服务中侧重于规范意识的增强。经过组员的反馈，可以看到，整体上服务对象是认可义工服务需要义工规则进行引导。经过服务之后，服务对象认为义工服务需要引导的评分为 4.63 分。同时，服务对象认为对小组中所讲解的活动规则和关于义工的相关礼仪的评分分别为 4.88 分。可以看到服务对象较认可小组服务，同时小组服务比较满足了服务对象的需求。当然，也可以看到，服务中还是存在着欠缺，影响了组员的满意情况。如相关知识的讨论与学习，可能由于社工经验的欠缺和方式缺乏趣味化影响了组员对于相关内容的理解。（参看表 2-4 第三次小组服务满意度及成效测评表）

表2-4　　　　　　　第三次小组服务满意度及成效测评

	调查项目	1分	2分	3分	4分	5分	平均分
服务满意度评价	1. 本次小组活动对我很有帮助				3	5	4.63
	2. 我对小组活动的投入程度				3	5	4.63
	3. 我认为社工的带领技巧				4	4	4.50
	4. 我认为社工的态度					8	5.00
	5. 我觉得小组活动的时间安排				1	7	4.88
	6. 我觉得小组活动的场地安排			1	4	3	4.25
	7. 我满意小组活动的流程内容安排				2	6	4.75
	8. 我对本次小组活动的总体评分				1	7	4.88
服务成效评价	1. 我认为义工服务需要规范指引				3	5	4.63
	2. 我了解了义工礼仪				1	7	4.88
	3. 我了解了活动规范				1	7	4.88
	综合评价度						0.94

第五次小组服务与第四次小组服务联系密切，主要是从服务的角度开展服务。经过小组服务，可以看到，服务对象是比较认可小组服务的。同时小组服务效果也基本达到了服务要求。经过服务，服务对象是认可开展义工服务需要有服务意识，此项评分4.88分。同时服务对象也认为，拥有良好的服务意识可以促进服务效率的提升。服务对象对服务意识影响服务效果的评分为5.0分。经过小组服务和评价可以看到，义工服务需要服务意识。同时，服务意识不仅反映在义工服务当中，在日常生活、各行各业都需要有服务意识。义工服务是注重人的服务，更加需要拥有服务意识，良好的服务意识能够影响接受服务者的体验。在服务中，社工邀请社区工作人员的参与，通过小组服务，组员们感受到社区对于志愿服务的支持。通过社区工作人员支持志愿服务的态度，组员们明显提高了参与志愿服务的信心。经过评测，服务对象认为社区的支持有助于自己为社区提供服务，此项评分5.0分。可以看到，服务对象的服务意识是比较好的，既认可志愿服务需要服务意识，同时也反映了外部支持也有力支持着服务对象服务意识的提升。（参看表2-5第五次小组服务满意及成效测评）

从上述数据可以看出，服务对象是比较认可接受服务的。无论是对于小组整体评价，还是服务对象对于小组参与程度、服务对象对社工的评价和服务对象对服务的评价等都是比较满意的。当然，在服务流程、服务场地、时间等方面还是存在一些不足，仍然需要调整。服务成效方面，服务对象对于社区共同体的认可、志愿服务、义工规范、服务态度等是积极认可的。整体来看，服务对象比较认可社工提供的小组服务，小组服务的效果也基本达到了服务要求，小组活动内容基本满足服务要求，基本符合社区义工服务队培育的要求。

表2-5　　　　　　　　第五次小组服务满意度及成效测评

	调查项目	1分	2分	3分	4分	5分	平均分
服务满意度评价	1. 本次小组活动对我很有帮助				1	7	4.88
	2. 我对小组活动的投入程度				0	8	5.00
	3. 我认为社工的带领技巧				1	7	4.88
	4. 我认为社工的态度					8	5.00
	5. 我觉得小组活动的时间安排				0	8	5.00
	6. 我觉得小组活动的场地安排			1	4	3	4.25
	7. 我满意小组活动的流程内容安排				0	8	5.00
	8. 我对本次小组活动的总体评分				0	8	5.00
服务成效评价	1. 我认为参加义工需要有服务意识				1	7	4.88
	2. 我认为社区支持有助于我服务社区				0	8	5.00
	3. 我认为良好的服务能够提高效果					8	5.00
综合评价度							0.98

（2）社区活动评估

社区活动对小组服务进行补充，同时通过社区活动能够促进服务对象在具体活动中增强意识和提升服务对象参与志愿服务的能力。社区活动是面向整个社区居民开展的，小组成员在社区活动中承担着重要角色。通过社区活动让服务对象具体感受参与意识、规范意识和服务意识的意义。社工与服务对象的互动参与，具体认识活动流程、人员职责、服务等内容。社区活动评价主要对小组成员进行评价。问卷计算方法与小组中问卷评估计算方法一样。通过问卷反馈可以看到，服务对象对活动认可、社工服务等内容满意情况较好。在具体服务流程上、活动场地选择等方面还是存在一定问题的。还有服务对象认为社工服务技巧存在欠缺，这与社工实务能力存在一定的关联。对于社区活动有无促进组员能力的变化，通过问卷反馈可以看到组员们对于服务认识比较清晰，也通过服务提升了能力。当然也有组员对此不是很满意，社工在以后服务中仍需要进行努力完善。（见表2-6 社区活动服务满意度及成效测评）

社区老年人自组织经过小组服务在参与意识、规则意识、服务意识与自我服务意识上有了增强，服务开展能力也有了提高，社区老年人自组织凝聚力、发展动力得到了激发。从服务中期和服务后期的比较，可以看到自组织的存在获得了社区工作站、社区党群服务中心的支持，也得到了老年人自身的肯定。服务后期社区老年人自组织能够适应社区活动开展服务，但完全独立开展服务仍需要继续加强自组织能力建设。从相关反馈看，老年人认可了自组织存在，并且他们相信自己能够发挥能力促使自组织运行下去。

表2-6　　　　　　　　社区活动服务满意度及成效测评

	调查项目	1分	2分	3分	4分	5分	平均分
服务满意度评价	1. 本次活动对我很有帮助					8	5
	2. 我对活动的投入程度					8	5
	3. 我认为社工的带领技巧				2	6	4.75
	4. 我认为社工的态度					8	5
	5. 我觉得活动的时间安排					8	5
	6. 我觉得活动的场地安排					8	5
	7. 我满意活动的流程内容安排				2	6	4.75
	8. 我对本次活动的总体评分				2	6	4.75
服务成效评价	1. 我认为参加活动锻炼了我的能力			1	2	5	4.5
	2. 我认为参加活动了解服务过程			1	2	5	4.5
	综合评价度			•			0.97

（五）服务总结与反思

社区义工队是在社区工作站、社区党群服务中心和社区居民的共同努力下成立的，社工整合了小组工作和社区工作培育社区义工服务。小组工作的开展从组员参与意识、规范意识和服务意识增强入手，并通过社区活动提升组员能力。小组服务中，也对社区工作站相关人员进行了邀请，既是为了增强工作人员服务居民的意识,也是通过工作人员的政策解读为组员参与社区义工队提升信心。同时,社工做好与社区工作站的链接工作,以获取相关支持。当然,在进入社区时就已经寻求获取社区的支持。小组服务中通过意识的增强以促进社区义工服务队具有凝聚力和发展动力,进而促进社区义工服务队能够持续发展。开展的社区活动,是经过社区工作站、社区党群服务中心链接的公益资源进驻社区开展服务,组员通过社区服务体验义工服务。经过社会工作的实践,认识到服务本身存在的一些不足,以及通过服务总结一些经验。

1. 服务不足

尽管社区义工服务队经过小组服务和社区服务进行了培育,取得了一定的效果,但是在服务中仍然存在着不足。

(1) 服务对象的选取不够严谨,需要拓展服务范围,均衡服务对象比例。F 社区有 16 个小区 4000 余名老人。小组服务选取的服务对象是从访谈、调查中进行选取的,服务对象选取的人员比例、男女比例等不够均衡。开展社区活动时吸纳了其他社区老年居民,一定程度上拓展了服务范围,拓展了服务内容的影响,但是社区活动参与人员较为集中在 F 社区公园处的几个核心小区,以及党群服务中心所在小区,其余边远小区影响小。

开展服务前需要拓展了解各个小区情况,如人员构成、男女比例等,将服务真正覆盖到整个社区。可以进行分层抽样,拓展服务范围和服务对象,均衡服务对象比例。

(2) 服务内容不够丰富、生动,需要做足准备工作,提升服务内容品质。培育 F 社区义工队的过程中,尽管通过实例讲解,但是内容不够丰富。同时在讲解过程中过于照本宣科,内容讲解缺乏生动性,社工与服务对象的互动比较单一。这与社工准备不够充分有关联,也与社工没有深入了解老年人特征有所关联。

开展服务前应当做好准备工作,充分准备服务素材,可以通过图片、视频、案例等形式进行讲解,也可以将服务内容设置成娱乐互动形式进行,避免服务的单调。

(3) 服务环节、内容与时间控制不足,需要熟悉服务,总结经验。在小组服务中,由于社工实务能力和实务经验的欠缺,对于小组控制不够好。例如,需要调动小组成员情绪,活跃小组氛围时,由于社工随机应变的能力不足，存在一定程度的尴尬场面，出现了短暂的沉默。后来是因为服务对象中几位积极活跃的阿姨的主动发言，带动了小组的氛围。在服务中，社工的专业能力的欠缺也使小组服务、社区活动的开展出现部分环节时间缩短或时间延长，影响服务对象的参与兴致。

社工专业知识和实务能力的不足，致使服务过程或长或短，社工应当做好服务预案，加深对服务方案的了解。同时，应当加强学习，总结经验，提升能力。

综合而言，提升社区老年人自组织培育的服务效率和效果，归根结底在于社工继续努力学习专业知识，加强实务锻炼，提升实务技巧，增长实务经验。社区义工队中存在的问题是可以在社工提升实务经验的基础上避免的。因而，社工在进行服务过程中，应该具体对服务对象、服务内容做更为深入的了解，同时做好相应服务预案的准备，考虑服务中可能出现的问题和突发情况。从开展的服务来看，只有社工增加实务经验和对服务的理解，才有可能避免出现一些问题。同时，社工应当注意一些客观问题的实时变化，以适应服务的开展。总之，从服务的角度看，社工自身经验影响服务开展的效率与效果。

2. 服务反思

经过在社区实习，可以看到社工在服务中欠缺的地方，也能够看到社工充分发挥作用的经验。

(1) 建立支持网络，整合资源。本研究运用社会支持理论指导社区老年人自组织培育的实践。社会支持理论为社工提供了一个支持手段与方法、资源分析与建构的过程。社工运用社会支持理论分析围绕自组织存在的资源，并通过网络建立，促进相关资源的链接，为社区老年人自组织培育建立支持。支持网络的建立既是为了服务对象资源体系的建立，促进服务对象运用资源解决问题，也是通过支持网络促进提升服务对象的能力，通过能力提升促进服务对象形成解决问题的经验。在网络建立过程中，社工也需要积极运用表达性支持和工具性支持。通过支持为服务对象建立情感支持、物质和非物质支持等。积极链接网络资源，如社区工作站资源、社区其他组织资源等，提供正式支持和非正式支持。

(2) 相信服务对象。社会工作的目的是助人自助。助人自助的内涵之一是提升案主的能力。在服务过程中，社工既需要满足案主需求，也需要通过服务促进案主变化。社工在培育社区老年人自组织过程中，无论是建立资源网络还是提供支持,最终目的是提升社区老年人的能动性。自组织是一个平台,为社区老年人提供一个能够发挥自己能力的平台。社工始终是一个推动者,只有在提供服务中相信服务对象有着改变的能力,让服务对象感受到尊重,服务对象才能够主动去改变。在自组织培育中相信老年人,激发老年人的能动性,给老人赋权,让老年人能够自决,老年人才能更好地感受到其中的意义与价值,更好地去维护自身所处的团体。

(3) 社工承担多种角色。社工在服务过程中会遇到多种多样的问题,也会根据培育老年人自组织实践的变化进行角色转换。如在资源分析、资源获取的过程中,社工主要承担着资源链接者角色;社区老年人在协商讨论时,社工可以一个是引导者、协助者等角色。因而,社工在培育社区老年人自组织过程中需要做好角色功能的转化。社工在提供服务中,角色功能的不断转化既是自身成长的机会,也关系着社区自组织的发展。资源链接者、培育者、引导者、协调者等角色的变化,在社区老年人自组织培育中不断切换,这种角色功能的转化可以提高老年人的能动性,为老人进行赋权,通过自组织这个平台为老年人提供建言献策的机会,甚至是政策的具体执行者。当社区老年人通过社工获得资源支持,并能够自我运用资源为自组织发展、社区发展提供助力时,社工转化为陪伴者,不再进行任何的干预。

(4) 社工的实务经验影响着服务效果。社工是社会工作的要素之一,社工实践中具备的实务经验会影响服务的提供。本研究以社会支持理论为指导。社会支持理论特征之一是社会整合,因而,整合功能是社工的实务指导原则之一。尽管社工整合了相关资源为社区老年人自组织培育提供支持,但是社工实务经验的不足,在一定程度上影响了社会工作实践。社工在运用相关理论指导实务时,由于实务的多样性,坚持一种理论的指导,可能无法为社工提供较为全面的和适切的指导,此时,社工同样需要发挥整合功能,需要实务与指导理论有机结合,以及适当补充相应理论给予支持。当然指导社会工作实践的理论不宜多用,容易限制和影响社工的思考与发挥。理论知识的获取,不仅是书本上的内容,督导、同工资源是社工获取服务经验快速有效的来源,能够促进社工直接开展服务。此外,本研究中,尽管受到了机构、中心、社区工作站的支持,但是,由于各方目的不同,以及社会工作机构的投标制度等,促使社工在实务中更多的是考虑社区自组织培育的成功与否,一定程度上也影响了社工对于自组织持续发展的考虑。

（5）社会工作容易忽略人文关怀。社会工作实践中注重社会工作本身，容易忽略其他外在资源的存在。社会工作在实践中有着不同于社区和其他非政府组织独特的人文关怀的思维。在实践中，社工容易突出强调社会工作的价值存在，这也导致社工往往容易忽略社会工作之外的优势资源的存在。尽管社会工作有着整合资源的功能，但社工往往仅是能够看到有利于服务资源的存在，与服务无关的资源容易被忽略。并且，人文关怀的社会工作往往会受到缺乏人文关怀的干扰，如政府的干预。这与社会工作属于政府购买服务的性质有关联。在社区实践中，尽管社工首先考虑社会工作应当遵循的价值观念，但是当利益相关方即服务购买方的政府出现时，社会工作首先需要考虑的是政府的利益，此时社会工作实践容易忽视作为居民的服务对象的人文关怀。社会工作属于第三方部门，相较于社区而言，社会工作是辅助社区发展的重要支持者。社会工作实践中尽管受到了社区工作站即政府的支持，但是，社会工作实践仍然要处理好与政府的关系，尤其是社区工作站这一直接对接社会工作服务的基层组织。社会工作整合相关关系，既是获取支持，也是为了社会工作本身发展的需要。

三　社会工作服务参与老年人自组织培育的建议

培育社区老年人自组织是为了促进自组织持续健康发展。社区老年人自组织是社区老年人参与社区治理的平台或途径。社区老年人通过参加自组织，形成一个稳定的团体，参与到社区中来，通过自组织平台促进社区发展。同时，社区在发展过程中，通过社区自组织提供服务满足社区发展的要求。社会工作支持社区老年人自组织培育仍然是较为新颖的实践，经过实践，能够较为清晰地认识与理解社会工作如何发挥支持功能。社会工作支持培育社区老年人自组织，整合了社会工作方法，注重人的发展，这与政府或其他组织培育自组织相区别。社会工作支持社区老年人自组织培育整合了小组工作方法和社区工作方法，积极挖掘与利用围绕自组织的可利用资源。社工积极挖掘服务对象资源、社区工作站资源、社区党群服务中心资源、同工资源等多方面资源提供支持。既建立服务对象之外的外部支持，也为服务对象之间建立内部支持等。社区老年人自组织培育中，尽管社会工作积极运用专业知识、发挥专业价值,坚持以人为本,注重人的发展,但是社会工作参与社区老年人自组织培育过程中仍有待提高之处。

(一) 坚持社会工作的价值伦理

社会工作涵盖了多个要素,就社会工作本身而言,在社会工作支持自组织培育的过程中,需要坚持以人为本,注重人的发展。这一点也是社会工作显著区别于政府直接培育或其他组织进行培育的特征。社会工作在进行自组织培育中仍需要坚持助人自助,坚持尊重、平等、自决等价值原则,这样不仅能够给服务对象充分的尊重,也能够让服务对象感受到服务的价值与意义,同时也能够有效地促进和提升服务对象的信心和参与意愿。例如,自决。自决是社会工作伦理原则之一。坚持自决是坚持要案主进行自我判断、自我决断。自组织区别于他组织之处,在于自组织内部是能够自我管理、自我发展、自我维系。自主性与独立性是自组织的特性之一,也是自组织能够持续发展的重要因素。社工在培育自组织时,应当坚持自决原则,让自组织成员自我决断,鼓励自组织成员积极发表对于自组织的期待和自组织发展的看法,社工应积极倾听自组织成员的意见,并适当采纳。自组织在发展中遇到的问题,社工应当注意由自组织成员判断产生问题的因素,并思考和解决自组织发展中面临的问题。这样既能够鼓励自组织成员的参与性,也能够促进自组织成员能力的提升。

(二) 社工应发挥整合功能

从社工角度提出发挥整合功能,在于社工是服务的直接提供者。社工发挥整合功能是社工在开展实务中发挥的必要功能,也是社会工作发展的一种趋势。社工发挥整合功能可以体现在两个方面,一是对于社会工作相关方法的整合;二是与服务相关资源的整合。

1. 社会工作方法的整合

社会工作有三大工作方法,以往的社会工作实践中,往往运用单独的某种方法开展服务,将社会工作三大方法进行了割裂,社工在开展服务中单独运用一种工作方法,如小组工作。然而在社会工作支持社区老年人自组织培育的实践中发现,单独依赖小组工作法不足以更好地进行服务,需要结合社区工作法进行工作。在方法的整合过程中,需要不同方法开展的服务具有内在的逻辑关系。这需要社工能够熟悉社会工作专业方法、理论知识等，同时也需要社工根据需要整合相关工作方法的知识运用，并补充到服务中。多方法的有机整合，不仅从服务上能够促进服务效果，提升服务对象的意识和能力，也是对社工本身的知识与能力的提升。

2. 相关资源的整合

社工整合资源是为了更好地开展服务。社工进行资源的整合，包括社会工作机构的资源、社区工作站的资源，也包括社会资源。这些资源的整合可能来自政府等机构的正式支持，也可能来源于社会、民间的非正式支持，既可能是物质支持，也可能是知识支持、经验支持、情感支持等。社区老年人自组织培育是一个复杂且系统的工作，不仅需要社工从意识上进行培养，也需要在能力上进行提升。在服务中，社工作为直接支持者，单纯以自身力量进行培育难以推动自组织的生长与发展，也需要借助自组织外部力量的支持。这包括来自社会工作机构的督导和同工甚至专家学者的知识与经验支持，社区党群服务中心提供的必要场地资源，社区工作站提供的政策支持等。其中社区工作站提供的支持属于正式支持，这是自组织存在的直接条件也是必要条件，否则自组织的存在面临着法律困境。当然，社工还需要整合服务对象自身的资源。社区工作站的支持主要是肯定了社区老年人自组织的存在，自组织的成长更需要从自组织的内在要求出发。社工整合自组织内部资源，是为了建立自组织内部的支持，激发自组织的能动性，从意识到能力的提升，这样才能更好地推动自组织前进。

（三）社会工作机构需要资源拓展与整合

社会工作机构是社会工作能够开展各项服务的管理机构。通过社会工作机构管理社工，并为社工提供理论支持、技术支持、财物支持等。这些支持能够有效地为社工开展服务提供帮助。但是，社会工作机构拥有的资源较为有限，并且社会工作机构提供的服务属于政府购买服务，社会工作机构进驻社区时需要签署合作协议。在服务周期内，社会工作机构要承担多个领域多个项目，社会工作机构有限的资源被分摊。此外，社区自组织培育周期通常较长，机构资源有限和服务周期内的服务项目可能发生变化，影响了自组织培育。

社会工作机构在有限的服务期内，根据社区实际情况开展相关工作，积极为社区自组织培育链接可用资源，尤其是链接社区工作站的资源，这将会为社会工作机构撤出后，社区自组织在有需要时能够获得支持。有限的资源、可能变化的项目、社区的发展等可能影响了自组织培育的初衷，自组织的建立是为了能够持续发展，而不是发展成为僵尸组织甚至消解。自组织建设的重要之处在于自组织的意识建设和能力建设，能力的提高有助于自组织的持续发展。自组织成立后，社会工作机构应该继续跟进自组织，尤其是机会的提供，社会工作机构可以积极链接社会资源，结合社会资源提供的服务开展相关工作，让自组织能够通过参加活动等方式，提高自组织的实践能力。此外，社区会获得社会组织、高校资源等的进驻服务，社工可以引介其他资源，尤其高校资源等对自组织的帮助，为自组织的能力提升提供助力。

（四）政府积极支持社会工作参与社区自组织的发展

社区老年人自组织根植于社区，活动的主要范围也在社区，社区是自组织活跃的主要平台。国家已经从政策上鼓励和支持了社区自组织的大力发展，基层政府在执行中应当将政策落实到位，坚持公平公正的原则，鼓励社区居民参与社区自组织。政府在鼓励社区自组织发展的同时，积极根据社区情况，提供适当的物质资源、资金资源等进行支持。社会工作作为为社区服务的第三部门，政府需要积极运用社会工作资源，鼓励社会工作机构、社工参与到社区自组织培育中去，并在政策、物质、资金等方面提供支持。同时，目前社区社工存在着专业技能不足、社会工作服务机构人员不足，以及基层政府资源又相对欠缺等现象。政府应该考虑在现有状况下，利用现有资源为社工提供相关培训。政府也应当在规划领导社工行业发展的同时，加大对社工的资金支持，如建立奖励制度等，以鼓励社工留在行业内，保证社工队伍的稳定性，在为社区提供服务过程中，保持连续性，也保证社区自组织培育中社工人才的稳定性。

四 本章小结

老年人群体是社区的重要组成部分，关注老年人的发展是社区发展的重要内容。社区自组织作为一个平台，发展社区自组织是社区老年人的需求，也是基层政府（社区工作站）推动居民参与社区治理的需要。通过自组织平台调动社区老年人积极、有序参与社区公共事务，共同促进社区的发展。当然，社区老年人自组织也面临着持续健康发展的问题，可以通过培育的方式给予解决。

为了解决社区老年人自组织持续健康发展问题，本研究从社会工作服务出发，探究如何培育社区老年人自组织。通过文献研究和实地调查了解社区老年自组织的发展现状。在实地调研中，通过访谈和问卷的方式了解社区自组织的发展现状和老年人的需要，并结合社区的需要，进行社区义工队的培育。

在社区老年人自组织培育中，将小组工作和社区工作有机结合，积极链接资源支持，开展小组活动和社区活动。社区义工队培育过程中，社工链接资源开展小组活动和社区活动，结合志愿服务、共同体、规范、服务等内容开展服务，增强组员的参与意识、规范意识、服务意识和能力提升。经过社区义工队的培育，不仅提高了自组织的生存力，社区居民积极参与志愿服务，同时社区也拥有了一支义工队伍，为社区治理提供了重要的参与力量。

社会工作支持社区老年人自组织培育是可行的。社会工作关注着人的发展，坚持专业价值伦理，如平等、尊重等价值，能够给予服务对象积极的认可和肯定，具有人文关怀精神。政府推动社区老年人自组织培育更多的是为了完成上级要求进行的行政性的机械的任务工作，在培育中存在着控制与被控制、管理与被管理、非平等、不尊重等价值取向，缺乏人文主义精神。当然，这与政府所扮演的社会管理者角色有关，尽管政府在寻求并建立服务型政府，但是这一转变任重道远，是需要政府各级官员、公务人员全面的思想转变。

社会工作支持社区老年人自组织培育以专业理论为指导，整合运用专业方法，扮演多重角色，促进服务质量的提高。在社区义工队培育中，社工以社会支持理论为指导，综合运用小组工作法和社区工作法，积极承担引导者、支持者、协调者、资源链接者等角色，开展小组和社区活动，从意识到能力促进社区义工队的持续健康发展。理论的指导、方法的整合、多重角色的转变等有效地提高了服务效果。在服务中，社工根据服务内容和对象的需要进行调整，以便促进服务对象持续参与服务和提供更好的服务。资源链接者是社工的重要角色，资源链接者需要有整合思维，发掘相关资源，建构资源支持网络，通过支持网络建构，链接支持促进服务素质的提升。当然，角色的多重转变，也考验着社工的知识储备、能力水平等。

　　社会工作机构的支持能够极大地鼓励社工开展服务和鼓励社区居民参与服务。社工是服务的直接提供者。社工是社区老年人自组织培育的直接支持者，社工参与社区自组织培育，需要来自社会工作机构提供的物质支持，如场地、活动道具等，也需要提供政策方面的支持。社区义工队的培育是社会工作机构在签署服务协议时的内容之一，这也说明政策上对社工开展社区自组织培育服务的鼓励。社区居民是社会工作机构的服务对象，因而社会工作机构提供的物质支持、政策支持能够鼓励社区居民参与社工提供的服务。

　　社会工作支持社区老年人自组织培育不只是需要社会工作一家力量。社区是社区自组织生存的土壤，社区自组织的培育需要社区工作站（也就是基层政府）的支持。具有公信力的政府提供的支持属于正式支持，其中政策将会影响自组织的发展。获取社区工作站的政策支持，能够为社区自组织提供坚定的信心。同时，社区工作站也可以适当地向自组织提供物质支持，弥补自组织发展中的一些不足。

　　综上，社会工作支持社区老年人自组织培育需要有整合思维，整合方法、资源等，从意识到能力上提升社区老年人自组织。社区老年人自组织培育需要社工运用专业理论指导，坚持专业价值伦理，整合运用专业方法，承担引导者、协调者、资源链接者等角色，整合资源，建构支持体系，从意识到能力上培育社区老年人自组织。同时，需要社会工作机构、社区工作站提供政策支持、物质支持等。社区老年人自组织培育需要社区、社会工作机构、社工的合力。

第三章

城市老年人参与志愿服务的
社会工作支持

　　1999 年发布的《中国老年社会福利事业发展报告》指出：老年人积极参与社会公益活动，已经发展为社区服务中最具有活力的志愿者队伍。[①]国务院 2017 年印发的《"十三五"国家老龄事业发展和养老体系建设规划》强调，"培育积极老龄观，加强老年人力资源开发，发展老年志愿服务"[②]。我国鼓励老年人积极参与志愿服务活动，希望通过老年志愿服务的发展，实现积极老龄化。虽然从 1999 年至今，我国老年志愿服务已经发展了近 20 年，但仍处在起步阶段，存在一些影响其发展的因素，如针对老年人志愿服务的政策较少，老年人参与志愿服务的意识不强，老年人参加服务存在很大的随意性和不稳定性，老年志愿者的服务技巧不足等，这些都导致我国老年志愿服务的发展受阻。

　　社会工作与老年志愿服务有一定的相似性。二者都是通过发挥自己的优势及能力去帮助有需要的人，而二者的差别在于，社会工作是在专业理论和科学方法指导下进行的实践活动，老年志愿服务却缺乏一定的理论指导，具有很大的随机性。[③]因此，用社会工作的专业理论和技巧去支持老年志愿服务，对于解决老年人参与志愿服务中存在的技巧缺乏，随意性大，质量较低等问题有一定的实践意义。一是能丰富城市老年人的生活，发挥其自身价值。城市老年人退休后人际交往减少，会产生一定的空虚

　　[①] 时正新：《中国社会福利与社会进步报告 1999》，社会科学文献出版社 2000 年版，第 22—24 页。
　　[②] 中华人民共和国中央人民政府：《"十三五"国家老龄事业发展和养老体系建设规划》，http://www.gov.cn/zhengce/2017-03/15/content_5177770.htm，2017 年 3 月 6 日。
　　[③] 王思斌：《社会工作导论》，高等教育出版社 2007 年版，第 5 页。

感、寂寞感，而社会上往往又把老年人视为服务的接受者，这更会让老年人产生"无用感"。本研究尝试从城市老年人的时间及经验优势出发，让老年人认识到自身的价值及资源，鼓励他们积极参与志愿服务，提升他们的自我效能感并建构社会支持网络，真正实现老有所为。二是有利于和谐社区的建立。老年人退休后大多回归社区，社区是他们生活和参与志愿服务的主要场所。老年人通过参与志愿服务活动，不仅有利于自身适应退休后的生活，促进身心健康，更有利于社区中问题的解决，促进社区的良好发展，同时有利于社区中尊老爱老风气的弘扬，构建和谐社区。三是有利于积极应对人口老龄化。目前我国老龄化程度持续加深，面对数量庞大的老年人口，我们需要让老年人积极参与社会、融入社会。志愿服务鼓励老年人走出家门，利用自身的资源及优势去帮助有需要的人，这不仅可以扩大老年人参与社会的机会，更可以合理利用老年人的资源，实现积极老龄化。

基于此，本研究把60周岁及以上的城市老年群体作为服务对象，通过实证研究，探讨目前我国城市老年人参与志愿服务的现状及老年人在志愿服务方面的需求，根据老年人参与志愿服务存在的问题及需求，运用社会工作的理念、方法，提升老年人参与志愿服务的意愿，增强老年人参与志愿服务的能力，改善老年人参与志愿服务的环境，以此促进城市老年人积极参与志愿服务，提升社区志愿服务水平。同时，通过参与志愿服务，提升老年人自我效能感以及建构老年人的社会支持网络，通过服务，探索"老有所为"的实践路径，丰富积极养老的实践经验。

一 城市老年人参与志愿服务的现状及需求评估

（一）样本选取

本研究选取了东营市S社区开展实地调研。S社区成立于1992年，占地面积约为1.44平方公里，位于东营市中心地带，毗邻胜利油田、区人民政府、油田第一中学、区第三中学、万达广场、市中心医院等，交通、购物及就医方便，S社区现有社区资源详见表3-1。

表 3-1　　　　　　　　　　社区资源

设施类型	设施名称	个数
购物及商业设施	1. 小卖部	57
	2. 水果、肉、菜市场	8
	3. 小餐馆	53
	4. 大型超市	9
	5. 银行	6
教育设施	6. 幼儿园	4
	7. 小学	3
	8. 初中	3
	9. 高中	1
	10. 职业学校	1
	11. 老年大学	1
医疗卫生设施	12. 药店	13
	13. 社区医疗服务中心	2
	14. 大中型医院	4
体育与娱乐设施	15. 健身、体育活动场地	3
	16. 社区广场	18
	17. 社区活动中心	2
	18. 图书馆（室）	2
	19. 老年活动中心	2
	20. 公园	3
社会与文化设施	21. 理发店	12
	22. 社区服务中心	1
	23. 家政服务中心	2
	24. 物业管理公司	2
	25. 社会工作服务中心	4
	26. 老年自组织队伍	6

社区党委下设 13 个党支部，直管党员 38 人、流动党员 320 人。辖区有 2 个居委会、18 个居民小区。S 社区常住人口 2861 户、8332 人，男女比例约为 1∶1.2。社区中 60 周岁及以上老人共有 1100 余人，且多为退休老干部、退休教师以及油田退休职工。他们的收入较高且稳定，物质生活

有保障，闲暇时间较多且自身素质较高，具备参与志愿服务良好的自身条件。但长期以来，由于社区内工作人员工作量大，人手不足，且缺乏必要的组织引导、资源辅助，社区中仅从老有所养、老有所乐出发，如设置了专门的老年人活动室，组织了吕剧、舞蹈、葫芦丝等老年人活动小组，定期安排老年人进行查体，社区工作人员定期对空巢老人进行入户等。

在对S社区现有资源的数量进行统计后，社工进一步对其中与老年人活动密切相关的老年大学、老年活动中心以及老年自组织队伍进行了解。社区老年大学由东营市政府出资筹建，主要开设了书画摄影、养生保健、声乐舞蹈、戏曲器乐四个班级。社区老年活动中心配有棋牌室、乒乓球室、舞蹈室以及羽毛球场，每天都有社区中的老年人前来活动。S社区老年自组织队伍主要包括：吕剧自组织、舞蹈自组织、二胡自组织、葫芦丝自组织、太极自组织、歌唱自组织，自组织成员们定期组织活动。

S社区是一个典型的城市社区，社区中的老年人数量较多且文化生活丰富，但在参与志愿服务方面却存在不足。本研究选择该社区的老年人为服务对象，运用社会工作的专业方法，开展一系列活动，以更充分、更有效、更深入地进行社会工作介入城市老年人参与志愿服务的研究。

(二) 现状分析

为更好地了解S社区老年人参与志愿服务的基本情况，本研究利用问卷与访谈的方式对社区中60周岁及以上的老年人随机进行调研。共发放调查问卷250份，回收有效问卷186份，有效率达74.4%，对回收的有效问卷利用SPSS 20.0社会统计软件进行数据处理与分析，并且在发放问卷的过程中结合部分访谈，以保证调研的信度和效度。

1. 现状描述

(1) 老年人参与志愿服务的条件

年龄、政治面貌、文化程度、物质保障、闲暇时间以及健康状况是影响老年人参与志愿服务的重要因素，首先对S社区老年人进行这几个方面的调查。

①性别、政治面貌。根据调查数据统计（表3-2），调查对象中男性89人，占比47.8%，女性97人，占比52.2%，这基本符合S社区男女1:1.2的比例。被调研群体的政治面貌中，党员31人，群众155人，比例达到1:5，可看出该社区老党员的数量还是较多的，这有利于发挥党员

第三章　城市老年人参与志愿服务的社会工作支持　　**67**

的带头作用，促进该社区老年人积极参与志愿服务。

表3－2　　　　　　　　样本基本情况（N＝186）

自变量	类别	频次	百分比（%）
性别	男	89	47.8
	女	97	52.2
政治面貌	党员	31	16.7
	群众	155	83.3

注：N为调研样本总数。

②年龄段。从年龄段来看，此次调查对象为年龄在60周岁及以上的老年人，且60—69岁老年人所占比重最高，达到76.8%，而75岁以上的老年人所占比重较少，仅占7.5%。学者们通过研究指出，低龄老年人参与志愿服务的可能性较高，而S社区老年人口的分布结构较好地满足了这一条件。

③文化程度。老年人的文化程度越高，参与志愿服务的可能性越高。在186名调研对象中，初中及以下学历的老年人仅41人，剩余145名老年人的文化程度均在中专及以上，更有16名老年人的文化程度为大学本科及以上。可以看出，S社区老年人的文化程度普遍偏高，这为他们参与志愿服务创造了良好的前提条件。

④物质保障。老年人只有在物质生活得到保障的前提下，才会积极参与志愿服务。根据调研数据可知，有155名老年人的月收入在3000元及以上，在调研样本中所占的比重高达83.3%。并且目前我国企事业单位退休金、社会养老保险机制比较完善，较高的收入水平及完善的养老机制为S社区老年人提供了物质保障，从而提高了参与志愿服务的可能性。

⑤身体健康状况与闲暇时间。老年人在拥有充足的闲暇时间及身体健康状况良好的情况下会踊跃参与志愿服务。根据调研分析得出，仅10.8%的老年人表示自己几乎没有闲暇时间，而大部分老年人表示自己有充足的空闲时间。在老年人身体健康状况方面，仅5.2%的老年人认为自己的身体情况较差，大部分老年人认为自己的身体是比较健康的。可以看出，S社区的大部分老年人身体健康状况良好，闲暇时间较多。

通过以上分析可知，S社区中的老年人以中低龄为主，他们的文化程度较高、党员所占比重高、物质生活有保障、闲暇时间多且身体健康状况良好，具备参与志愿服务良好的前提条件。

（2）老年人参与志愿服务的现状

在对S社区老年人的基本情况进行了解后，进一步从老年人志愿服务参与率、参与形式、参与积极性以及对志愿服务技巧的了解程度进行调研，以了解S社区老年人参与志愿服务的现状。

①参与率。根据表3-3可知，在186名调查对象中，仅有20名调查对象表示自己在退休后参加过志愿服务活动，占调查总数的10.8%；而其余166名调查对象则表示自己在退休后没有参加过任何形式的志愿服务活动，占调查总数的89.2%。通过访谈进一步了解到，这20名参与过志愿服务的老年人多为老党员或退休前在社区工作过的社区工作人员。

表3-3　　　　　　　　退休后是否参加过志愿服务（N=186）

	类别	频次	百分比（%）
是否参加过	是	20	10.8
	否	166	89.2
合计		186	100.0

注：N为调研样本总数。

②参与形式。为了解老年人参与志愿服务的形式，对20名参与过志愿服务的老年人进行进一步的调研。调研数据表明（表3-4），有18名老年人表示跟随社区团体组织参与的志愿服务，占比高达90%，而仅仅2名老年人表示自己参加的志愿服务活动。可以看出，S社区老年人基本都跟随社区团体组织参加志愿服务活动，仅少数老人自己参与。

表3-4　　　　　　　　参与志愿服务的形式（N=20）

	类别	频次	百分比（%）
参与形式	跟随社区团体组织参加	18	90
	自己参加	2	10
合计		20	100

注：N为调研样本总数。

③参与积极性。在对老年人志愿服务参与率及参与形式有了基本认知后，进一步探讨老年人参与志愿服务的积极性。根据表3-5可知，调研对象中，15.6%的老年人表示愿意参与志愿服务活动，22.6%的老年人表示不愿意参与，而大部分老年人表示视情况而定。

表3-5　　　　　是否愿意参与志愿服务活动（N=186）

类别	频次	百分比（%）	累计百分比（%）
愿意	29	15.6	15.6
不愿意	42	22.6	38.2
视情况而定	115	61.8	100.0
合计	186	100.0	

注：N为调研样本总数。

④服务技巧。志愿服务技巧是参与志愿服务的专业方法。在对S社区老年人的调研中了解到，仅34名老年人对志愿服务的技巧有所了解，其中表示非常了解的仅4名老年人，而其余152名调查对象则表示自己完全不了解参与志愿服务的相关技巧，占调查总数的81.7%。

（3）社区志愿服务的管理现状

①志愿服务宣传。调研数据表明（表3-6），仅21名老年人认为社区中定期进行志愿服务宣传，占调查总数的11.3%，而剩余88.7%的调研者表示没有或者不清楚社区中是否定期对志愿服务进行宣传。同社区工作人员的交流中了解到，社区若需要举行老年志愿服务活动时，往往是给社区中比较活跃的几位老年人打电话，邀请他们参加，并未在整个社区中开展过大规模的宣传活动。

表3-6　　　　　社区是否定期进行志愿服务宣传（N=186）

是否经常宣传	频次	百分比（%）	累计百分比（%）
是	21	11.3	11.3
否	119	64.0	75.3
不清楚	46	24.7	100.0
合计	186	100.0	

注：N为调研样本总数。

②志愿服务管理。为更好地了解 S 社区志愿服务管理现状,对社区中是否有专门的人员及平台管理老年志愿服务工作进行调研。调查结果显示(表 3-7),12.9% 的调查对象认为社区中有专人管理老年志愿服务工作,7.0% 的调查对象表示社区中有专门平台管理老年志愿服务工作,而大部分调查对象则表示社区中没有或者不清楚是否有专门管理志愿服务的人员及平台。

2. 存在的问题及成因分析

经过 20 多年的发展和探索,我国老年志愿服务的领域不断扩大,老年志愿者的数量也在逐渐增加。但随着时间的推移,我国老年人在参与志愿服务方面也表现出一系列问题,如缺乏系统的政策支持、奖励机制不健全等。通过前面的分析,我们对 S 社区老年人参与志愿服务的现状有了基本的了解,在此基础上,我们进一步总结 S 社区老年人参与志愿服务的问题,并分析问题的成因。

表 3-7　　　　社区老年志愿服务管理基本情况（N = 186）

自变量	类别	频次	百分比（%）
专门管理人员	有	24	12.9
	没有	92	49.5
	不清楚	70	37.6
专门管理平台	有	13	7.0
	没有	105	56.5
	不清楚	68	36.5

注：N 为调研样本总数。

(1) 存在的问题

①参与率低、参与意愿薄弱。从 S 社区的调查来看(表 3-3 和表 3-5),社区中老年人在退休后仅很少一部分参与过志愿服务,大部分老年人并没有参与过,并且社区中的老年人对于志愿服务的参与意愿并不强,很少的一部分人会选择主动参与,大部分老年人对于参与志愿服务抱有观望的态度,并不积极参与其中。由此看,S 社区老年人在参与志愿服务方面存在参与率低、参与意愿薄弱的问题。S 社区老年人多为退休职工,他们的物质生活可以得到满足,社区中的休闲娱乐活动也比较多,但在志愿服

务方面参与率低,不能够满足社区中老年人对于老有所为的需求。通过参与志愿服务活动,可以帮助老年人更好地适应退休后的生活,增强他们的社会价值感及自我效能感。同时,在参与志愿服务的过程中增加了老年人参与社会的机会,帮助他们拓宽了人际交往圈,有利于他们重构社会支持网络。因此增强老年人参与志愿服务的意愿,提高他们的志愿服务参与率是必不可少的。

②专业服务技巧缺乏。大部分调查对象表示对参与志愿服务的相关技巧完全不了解。笔者通过访谈进一步了解到,参加过志愿服务的老年人也并未接受过专业培训,他们在志愿服务过程中存在很大的随意性。因此,S社区老年人在参与志愿服务方面普遍存在专业技巧缺乏的问题。志愿者具备专业服务技巧,不仅可以提高参与志愿服务的质量和效率,取得更好的志愿服务效果,更可以挖掘志愿者自身的潜能,让他们可以参与到更多的志愿服务活动中,所以对S社区的老年人进行志愿服务技巧培训是至关重要的。

③宣传不足,管理松散。根据调查数据(表3-6、表3-7)可知,S社区没有定期在社区中宣传志愿服务活动,也并未设有专人及平台管理志愿服务工作,在志愿服务方面存在宣传不足,管理松散的问题。社区是老年人参与志愿服务的主要场所。一个社区如果缺少对志愿服务的宣传及管理工作,就会导致老年人参与志愿服务的积极性不高、参与混乱。多渠道的宣传机制、完善的志愿服务管理制度不仅可以加强老年人对志愿服务的理解,更可以促进志愿服务的可持续性发展。

(2)成因分析

①认知层面。首先,老年人自身对志愿服务的认知不足。S社区老年人虽然文化程度较高,但他们在志愿服务方面的知识却比较匮乏。调查数据表明(表3-8),9.1%的老年人对志愿服务非常了解,30.1%的老年人表示比较了解。从调研数据看,老年人对志愿服务的了解程度并不高。S社区的老年人多出生在中华人民共和国成立之初,他们理解的志愿服务就是"服务他人,奉献社会",认为志愿服务就是付出,完全忽视参与志愿服务还可以给自身带来积极影响。其次,社区认知存在偏差。S社区中的社区工作人员及社区居民,都深受传统观念的影响,认为老年人就应该颐养天年。因此社区中的老年人在退休后,大多只是进行照料家庭及参加娱乐活动,社区也把较多的精力放在"老有所养""老有所乐"方面,他

们忽视了老年人还可以继续为社会做贡献。S社区及社区老年人对志愿服务的认识不足，严重影响了老年人参与志愿服务的积极性，导致他们参与志愿服务的意愿不高、参与率低。

表 3-8　　　　　　　对志愿服务的了解程度（N=186）

了解程度	频次	百分比（%）	累计百分比（%）
非常了解	17	9.1	9.1
比较了解	56	30.1	39.2
有点了解	100	53.8	93.0
完全不了解	13	7.0	100.0
合计	186	100.0	

注：N为调研样本总数。

②能力层面。城市老年人在参与志愿服务方面，具有时间多、经验广、资源丰富等优势，但根据表3-9的调研数据来看，仅有12.9%的老年人认为自己具有参与志愿服务的优势，而87.1%的老年人表示自己不清楚或者不具有参与志愿服务的优势。城市老年人不能正确认识自己在参与志愿服务方面所具有的优势，忽视自身具有的能力，严重削弱了老年人投身于志愿服务的积极性。

表 3-9　　　　　　　您具有参与志愿服务的优势吗（N=186）

是否有参与优势	频次	百分比（%）	累计百分比（%）
有	24	12.9	12.9
没有	126	67.7	80.6
不清楚	36	19.4	100.0
合计	186	100.0	

注：N为调研样本总数。

③环境层面。首先，我国为积极应对人口老龄化，促进老年人积极参与社会，颁布了相关的政策措施，如《中华人民共和国老年人权益保障法》，提出"老有所为"政策理念等，在促进老年人参与志愿服务方面具有积极的引导作用。根据表3-10可知，仅8.6%的调查对象表示了解这

些方面的相关政策及措施，91.4%的调查对象则表示对相关方面的政策根本不了解。本研究根据调研访谈了解到，对政策信息的不了解，阻碍了老年人积极发挥自身的价值、拓展新的参与社会的相关渠道。其次，信息公布平台可以帮助居民了解志愿服务活动开展的具体信息，同时有利于社区对志愿服务进行管理，促进志愿服务活动达到理想效果。根据调查数据（表3－11），S社区中仅11.3%的老年人认为社区中有志愿服务信息公布平台，而88.7%的老年人表示社区中没有或者不清楚是否有信息公布平台。信息的不畅通在很大程度上制约了S社区老年人参与志愿服务。最后，在影响老年人参与志愿服务因素方面，激励措施是重要的一项。根据调研结果可以看出，S社区缺乏对参与志愿服务的老年人的激励措施。仅有4.84%的老年人认为社区中有完善的激励措施，而高达54.84%的老年人认为社区中并没有激励措施。S社区老年人缺乏对政府鼓励老年人参与志愿服务相关政策的了解，社区志愿服务活动的宣传渠道单一、缺乏信息公布平台，缺乏激励老年人参与志愿服务的相关措施等，这些方面的问题都导致了社区志愿服务宣传不足、管理混乱。

表3－10　　是否了解参与志愿服务的相关政策措施（N=186）

是否了解	频次	百分比（%）	累计百分比（%）
了解	16	8.6	8.6
不了解	170	91.4	100.0
	186	100.0	

注：N为调研样本总数。

表3－11　　社区是否有志愿服务信息公布平台（N=186）

是否有平台	频次	百分比（%）	累计百分比（%）
有	21	11.3	11.3
没有	119	64.0	75.3
不清楚	46	24.7	100.0
	186	100.0	

注：N为调研样本总数。

3. 需求评估

目前在鼓励城市老年人参与志愿服务的研究中，更多地将视角聚焦于城市老年人自身，但社区是老年人参与志愿服务的主要场所，我们在把目光聚焦于老年群体本身的同时，也应该把关注点放在社区。在对S社区老年人参与志愿服务存在问题及成因的研究中也发现，社区中的老年人在参与志愿服务方面存在参与率和参与意愿较低、专业服务技巧缺乏、宣传不足、管理松散的问题。因此本研究认为，影响城市老年人参与志愿服务的因素主要包括主观层面的参与意愿、参与能力，以及客观层面的宣传管理。综合上述分析，本研究从社会工作实务角度出发，主要从参与意愿、参与能力以及参与环境三个方面进行需求评估。

（1）提升参与意愿

意愿是志愿服务参与和推广的关键，提高城市老年人参与志愿服务的意愿是本研究需要重点解决的问题。

S社区属于城市社区，社区中的老年人属于典型的城市老年人，他们本身具备参与志愿服务良好的社会结构因素、生活方式及健康条件，他们的知识较为丰富，对志愿服务也有自己的一定理解。但从访谈及问卷调查的过程中发现，S社区中的老年人对于志愿服务的特征、精神，参与志愿服务的方式以及专业服务技巧方面的知识都很匮乏。这些方面知识的匮乏造成了他们较低的参与意愿。

> 对话1：
> 社工：阿姨，您可以和我说说您理解的志愿服务吗？
> 任阿姨：志愿服务，不就是自己有时间的话，去免费帮助打扫卫生、维护治安或者干什么的，有点免费劳动力的意思呗。
> 社工：阿姨，那咱社区有宣传参与志愿服务的活动，或者组织你们参与过志愿服务吗？
> 任阿姨：咱社区之前不知道有没有，我从退休后回到社区，没看见过咱社区举行过类似的活动。退休以前，我们单位组织过参与志愿活动，当时是为了学习雷锋的奉献精神，我还记得我们一起拿出自己家不穿的衣物啥的捐给贫困户。退休后，就没有再参加过类似的活动了，也没看见咱社区有这样的活动。

任阿姨退休之前在市政府工作，通过和任阿姨的对话可以看出，任阿姨对于志愿服务方面的知识了解很片面，她把参与志愿服务仅仅看作免费劳动力，忽视了志愿服务不仅可以给他人带来温暖，也有利于自身的发展。同时，社区中缺乏宣传，导致任阿姨退休后就接触不到志愿服务方面的信息，阻碍了她对于志愿服务的了解及参与。

因此，在S社区进行宣传，帮助社区中的老年人了解志愿服务的具体含义，了解参与志愿服务对自身及社会的积极影响，在一定程度上可以提升城市老年人参与志愿服务的意愿。

（2）增强参与能力

参与意愿的提升是从思想层面入手促进城市老年人参与志愿服务，但仅仅思想层面的改变并不会切实提高志愿服务的参与率，需要进一步从参与能力方面进行调整。

城市老年人参与志愿服务缺乏具体的服务技巧学习，他们没有接受过专业培训，并且忽视自身具有参与志愿服务的优势及资源，这些参与能力方面的不足阻碍了他们参与及提供有质量的志愿服务。第一，根据调研数据（表3-12），162名调查对象表示在参加志愿服务活动前需要接受相关服务技巧培训，占调查总数的87.1%。因此，对S社区老年人进行志愿服务技巧培训是必要的。第二，大部分城市老年人并没有正确认识自身具备的参与志愿服务的相关优势及资源，这影响了他们对自己的准确定位，影响了参与志愿服务自身能力的评估，协助老年人挖掘其具有参与志愿服务的优势及资源，是不可或缺的。

老年人本身缺乏志愿服务技巧方面的知识，缺乏对自身优势及资源的正确认识，这对他们提供有质量的志愿服务提出了挑战。学习专业服务方法，挖掘自身优势与资源，可以帮助他们更准确地为服务对象提供服务，从而帮助他们更好地实现自身价值。

表3-12　参加志愿服务前是否需要接受相关服务技巧培训（N=186）

是否需要	频次	百分比（%）	累计百分比（%）
需要	162	87.1	87.1
不需要	24	12.9	100.0
合计	186	100.0	

注：N为调研样本总数。

(3) 改善参与环境

参与志愿服务属于社会性活动，它是多种因素综合作用的结果，其中，环境因素在其中发挥着举足轻重的作用。从城市老年人参与志愿服务环境角度出发，影响他们参与志愿服务的因素主要包括政策环境和社区环境两个方面。

①政策环境。政府颁布的政策措施是指导性文件，在促进城市老年人参与志愿服务中处于核心位置。S社区老年人对于这类政策缺乏了解，社区也没有对这些文件进行宣传，导致老年人对政策支持方面的信息匮乏。加强相关政策的宣传，增强老年人对政策的了解，是城市老年人参与志愿服务的迫切需求。

②社区环境。城市老年人从原先的工作岗位退休后回归社区，由"单位人"变成"社区人"，社区成为他们参与志愿服务活动的主要场所。社区在促进老年人参与志愿服务方面，主要包括良好的志愿服务氛围、便捷的志愿服务信息平台以及合理的激励措施。

社区氛围：环境影响人，良好的社区志愿服务氛围，会让更多的人参与志愿服务活动。从前期访谈中了解到，社区对志愿服务信息宣传较少，并且志愿服务活动多趋于形式，这严重阻碍了S社区志愿服务的发展，也导致了较少的老年人参与志愿服务活动。因此，在社区中营造良好的志愿服务氛围是必不可少的。

志愿服务平台：志愿服务平台是一个公布志愿服务活动、招募志愿者以及宣传志愿服务风采的平台，社区居民可以通过平台了解到社区的志愿服务活动，方便报名参加自己感兴趣的活动。S社区并没有相应的志愿服务平台，社区中的老年人不了解社区中的志愿服务活动，不能够及时报名参加，同时社区也不了解哪些老年人具有参与志愿服务的意愿，导致活动不能高质量地开展。

对话2：

社工：主任，咱社区有专门的老年志愿服务平台吗？

何主任：咱社区平时有志愿服务活动的时候，一般给经常参加社区活动的几位老年人打电话，专门公布志愿服务消息的平台还真没有。主要我们社区一直也没有志愿服务方面的专业工作人员，而且你也看到了，社区就我们7个人，要管整个社区的事情，事多人少，真的没有时间也没有能力搞这些事情。

社工：现在社区的事情很多，加上人手不足，这种活动还真的不好开展。主任，如果我实习期间在咱社区建一个志愿服务平台，您觉得怎么样？

何主任：这个挺不错的，你刚好是学这方面的，咱社区老年人的生活水平又比较高，他们在吃和玩方面基本没有需要社区帮助的。但他们退休后赋闲在家，让他们参加咱社区的志愿服务，不仅让他们觉得老了还可以继续为社区做贡献，更有利于咱社区的发展呀。

从社工与何主任的交谈中可以发现，何主任也希望社区中的老年人可以更好地参与志愿服务。但由于社区中缺乏专业工作人员组织，加上社区人手不足，就一直疏于组织和管理。

对话3：

社工：叔，您知道怎样参加咱社区的志愿服务活动吗？

张叔叔：这个还真不知道。平时也没见咱社区宣传呀，也没看见有专门的部门呀。

社工：您觉得设立一个专门的平台发布志愿服务信息，展示志愿服务风采怎么样呀？

张叔叔：那太好了呀。我这退休后也没事干，也没有什么兴趣爱好，孩子也都不在身边，整天挺无聊的。自己是真的想找点事情干呀，如果有一个这样的平台，自己看着有自己感兴趣的志愿服务活动可以参加，还可以帮助有需要的人，多好呀。

张叔叔是一名退休老师，两个孩子都在北京发展，物质生活水平较高，自己没有特别的兴趣爱好，平常就和老伴两个人养养花，精神生活方面比较匮乏。从社工与张叔叔的交谈中可以看出，张叔叔迫切地希望社区可以建立相关的平台，不仅可以丰富精神生活，更可以体现自身的价值。

激励措施：志愿服务虽然强调奉献、不求回报，但不求回报不意味着不需要激励措施，一定的精神奖励或者物质奖励可以保持参与志愿服务的持续性，提高参与志愿服务的积极性。并且根据学者们的研究及S社区的调研可以看出，我国老年人在参与志愿服务方面存在激励机制缺乏的问题。

调研数据显示（表3-13、表3-14），在是否希望通过参与志愿服务获得奖励中，有122名调研对象表示希望获得奖励，其中，希望获得荣誉称号奖励的个案百分比高达91%，口头奖励的达86.9%，而希望获得金钱奖励的个案百分比仅2.5%。据了解，参与志愿服务的老年人多希望通过获得精神奖励，让别人认可自己的价值，同时提升自我效能感。因此，增强城市老年人参与志愿服务的动力，对他们进行志愿服务培训，给予其一定的精神及物质激励，是促进城市老年人持续、有质量、有效率地参与志愿服务必不可少的条件。

表3-13　　　　　样本需求基本情况（N=186）

自变量	类别	频次	百分比（%）
是否希望获得奖励	是	122	65.6
	否	64	34.4

注：N为调研样本总数。

表3-14　　参加志愿服务希望获得奖励者的奖励类型（N=122）

类型	频次	百分比（%）	个案百分比（%）
奖品奖励	21	7.0	17.2
金钱奖励	3	1.0	2.5
口头奖励	106	35.6	86.9
授予荣誉称号	111	37.2	91.0
受邀参观旅游	30	10.1	24.6
社会政策方面的优惠	23	7.7	18.9
其他奖励	4	1.3	3.3
总计	298	100.0	244.3

注：N为调研样本总数。

二　促进城市老年人参与志愿服务的社会工作实践

根据前期城市老年人参与志愿服务的现状及需求评估，我们策划了社工服务项目。项目从小组实践和社区实践两个部分出发，以"益路同行：城市老年人参与志愿服务"为名称，探索社会工作服务对城市老年人参与志愿服务的促进作用。

（一）服务目标与策略

1. 服务目标

根据前期调研与分析，本研究认为社会工作需要在城市老年人参与志愿服务方面提供多角度、多层次的介入服务。在提供服务的过程中，城市老年人是直接的服务对象，并且社工需要为老年人生活的社区提供相应的服务。因此，本项目的目标可以分为过程目标和结果目标两个部分。

过程目标：提升城市老年人参与志愿服务的意愿，增强参与志愿服务的能力，同时为他们营造良好的参与环境，从而让城市中更多的老年人参与志愿服务。

结果目标：通过参与志愿服务活动，提升老年人的自我效能感以及建构老年人的社会支持网络，鼓励他们积极参与社会，实现老有所为。

2. 服务策略

（1）社工以多种角色介入服务

在本项目中，社工需要同时扮演服务提供者、支持者和资源链接者三种角色。在"益路同行：城市老年人参与志愿服务"项目中，城市老年人是直接服务对象，首先，社工需要为他们提供关于志愿服务的基础理论知识及专业服务技巧，从基础层面满足他们参与志愿服务的需求，因此服务提供者是社工在本项目中的主要角色。其次，社工还要扮演支持者的角色。社工不仅仅为老年人提供服务，帮助他们学习参与志愿服务的相关知识，同时社工也要鼓励、支持老年人发现自己的优势，自己决定参与何种类型的志愿服务活动，社工在这个过程中要支持、鼓励老年人，并在可能的情况下让他们自我决策。最后，社工要扮演资源链接者的角色。为了更有效地让城市老年人参与志愿服务，社工需要发挥专业特性，将社工、社区党群服务中心以及社区中的老年人联合起来，更好地促进城市老年人参与志愿服务的可持续发展。

（2）社工运用专业方法介入服务

在"益路同行：城市老年人参与志愿服务"项目中，要求社工要综合运用小组工作和社区工作的方法，帮助城市老年人积极参与志愿服务。小组工作方法在本项目中主要是加强老年人对于志愿服务的了解，帮助他们学习参与志愿服务的专业技巧，认识自身参与志愿服务的优势，增强小组成员间的凝聚力与合作意识，同时在小组中发掘小组领袖。社区工作方法首先需要在社区中对志愿服务相关知识以及小组活动内容、目的及意义进行宣传；其次为鼓励老年人积极参与志愿服务，需要在社区中建立相应的宣传平台以及激励机制；最后开展一次社区志愿服务活动，让小组成员及社区中的老年人参与到活动中，让他们从理论走向实践，更好地参与志愿服务，更好地为社区服务，真正地提升自我效能感，丰富精神生活，实现老有所为。

（3）社工运用专业理论介入服务

"益路同行：城市老年人参与志愿服务"项目中，社工综合运用活动理论、增能理论与社会学习理论三种专业的社会工作理论对其进行指导。第一，在活动理论的指导下鼓励老年人参与志愿服务。城市老年人退休后，他们的工作角色丧失，部分老人的活动水平会降低，活动理论认为帮助老年人寻找新的可替代性角色、提高他们活动水平及增强生活满意度是必要的。而老年志愿者是帮助退休老年人与社会融合的一个恰当角色，不仅可以帮助老年人积极参与社会，更可以帮助他们继续发挥自身价值，建构新的社会支持网络，增强自身认同感，实现老有所为。第二，在增能理论的指导下增强老年人参与志愿服务的能力。老年人在参与志愿服务方面持观望态度，有很大一部分原因是对自己的能力表示怀疑。社工运用增能理论，从个人层面帮助老年人发掘自身的优势及资源，通过他们自己的能力，解决他们在小组和志愿活动中所遇到的问题；从人际层面出发促进老年人之间的交流与合作，探索出更好的志愿服务技能。第三，在社会学习理论的指导下促进老年人参与志愿服务的可持续性。老年人只有持续性地参与志愿服务活动，才能最大限度地发挥志愿服务所带来的积极作用。因此，从社会学习理论出发促进老年人参与志愿服务是必要的。首先，社工要加强老年人对志愿服务的认知，规范老年人参与志愿服务的行为，改善老年人参与志愿服务的环境；其次，社工要让老年人观察优秀志愿者在志愿服务中的行为，同时邀请社区优秀老年志愿者同组员交流，为小组中的老年人提供榜样示范作用；最后，社工要对表现优秀的小组成员及时进行表扬与奖励，在活动过程中要发现每位老人自身独特的优势，增强他们参与志愿服务的信心，增强老年人的自我效能感。

（4）项目服务内容

根据前期对 S 社区的调研分析，结合本项目的目标，将服务内容分为三个部分：提升参与意愿、增强参与能力、改善参与环境。

提升参与意愿主要是针对城市老年人参与志愿服务意识薄弱而提出的。第一，社工在社区中对志愿服务相关知识进行宣传；第二，社工在小组活动中对小组成员进行志愿服务相关知识的讲解，让小组成员对志愿服务的基础知识有一个充分的了解，同时认识到参与志愿服务对自身及社会的积极影响；第三，邀请社区优秀老年志愿者分享参与志愿服务的经历及收获，提升小组成员参与志愿服务活动的意愿。

增强参与能力主要从发掘老年人自身的优势和学习参与志愿服务技巧两个方面入手。在小组活动中，社工充分挖掘每位老年人在参与志愿服务方面所具有的优势及资源，让每位老年人了解自身具备参与志愿服务活动的能力；同时志愿服务活动同小组活动一样，是群体性活动，所以有必要帮助小组成员学习沟通、合作、倾听等参与志愿服务的专业技巧，增强小组凝聚力。通过小组凝聚力的增强，组员之间互相信任、互相合作，可以高质量、高效率地参与志愿服务活动。

改善参与环境是从政策支持和社区支持两个方面入手。政策支持方面主要是社工通过小组活动和志愿服务信息平台对国家颁布的鼓励老年人参与志愿服务的相关政策进行宣传；社区支持主要是在社区中进行志愿服务宣传、搭建志愿服务信息平台与建立合理的激励机制，以营造良好的志愿服务氛围。

（二）服务方案

在"益路同行：城市老年人参与志愿服务"项目的培育目标和培育策略指导下，将项目分为五个阶段：第一阶段，通过调研了解 S 社区及社区老年人参与志愿服务的现状及需求评估，然后根据调研结果，设计社工服务项目；第二阶段，在社区中宣传志愿服务并招募"增能—学习"老年志愿服务小组成员；第三阶段，开展"增能—学习"老年志愿服务小组，提高小组成员参与志愿服务的意愿，增强小组成员参与志愿服务的能力；第四阶段，社工邀请社区负责人、社区骨干以及社区中的老年人共同协商，为 S 社区建立志愿服务信息平台，同时为老年志愿者建立相应的激励机制，促进整个社区志愿服务的可持续发展；第五阶段，鼓励小组成员独立策划、开展社区志愿服务活动，以锻炼小组成员的自我管理、自我服务能力，让他们真正参与志愿服务活动，同时增强小组成员的自我效能感，为他们建构和强化社会支持网络，真正促进"老有所为"。

（三）服务实施

1. 社区宣传及小组成员招募

根据前期调研了解到S社区老年人参与志愿服务的现状及需求，决定通过社区外展活动、张贴海报以及社区微信群的方式，在社区中宣传志愿服务及老年人参与志愿服务活动所带来的积极作用，同时借此机会宣传"益路同行：城市老年人参与志愿服务"项目，并为"增能—学习"老年志愿服务小组招募组员。

表 3–15　　　　　　社区宣传与老年志愿服务小组成员招募

社区宣传名称	社区宣传内容
目的	加强社区居民尤其是社区中的老年人对志愿服务的了解； 宣传"益路同行：城市老年人参与志愿服务"项目； 为"增能—学习"老年志愿服务小组招募成员
时间	2019年2月25日—3月15日
活动	社区外展活动宣传志愿服务； 在社区宣传栏张贴海报对志愿服务基础知识进行普及； 通过社区微信群鼓励社区居民积极参与志愿服务活动
小组招募名称	小组招募内容
小组目标	加强S社区老年人对志愿服务的了解，提升参与志愿服务的意愿； 充分挖掘从事志愿服务自身的优势及资源，增强参与志愿服务的能力； 学习参与志愿服务活动的技巧，提升老年人参与志愿服务的质量与效率
小组性质	以志愿服务为导向的成长性和服务性小组
招募对象	S社区60周岁及以上社区居民
报名时间	2019年2月25日—3月15日
报名地点	S社区党群服务中心三楼QJ社会工作服务中心

在经过三周的宣传后，有32位社区老年人报名参加"增能—学习"老年志愿服务小组，考虑到小组的服务质量及效果，社工从中选取了10

第三章　城市老年人参与志愿服务的社会工作支持　83

位老年人成为小组成员。

表3-16　　　　　　老年志愿服务小组成员个人信息

序号	姓名	性别	年龄	工作状态	政治面貌
1	潘阿姨	女	69	退休社区工作人员	党员
2	丁叔叔	男	74	退休教师	群众
3	薛阿姨	女	64	退休职工	群众
4	崔阿姨	女	68	退休职工	群众
5	任阿姨	女	68	退休政府工作人员	党员
6	薄阿姨	女	69	退休职工	群众
7	李阿姨	女	66	退休教师	群众
8	王叔叔	男	68	退休职工	群众
9	刘阿姨	女	63	退休职工	党员
10	焉阿姨	女	72	退休职工	群众

2. 实施过程

在"益路同行：城市老年人参与志愿服务"项目的实施过程中，为提高服务效果和服务质量，项目分为小组实践和社区实践两个部分，下面重点对这两个部分进行描述。

（1）小组服务

"增能—学习"老年志愿服务小组主要分为5次活动，活动方案及活动过程如下。

①第一次小组活动（准备期）：相逢一家人

活动方案

本次小组活动的目标为帮助组员与小组、社工及其他组员建立专业关系，了解每位组员对小组的期待并制定小组契约，对小组成员参与志愿服务进行政策支持。活动开场首先通过破冰小游戏帮助小组成员与社工互相认识，建立专业关系；其次社工向组员介绍小组的内容及目标，每位组员分享对小组的期望；再次社工同组员一起制定小组契约；最后社工向组员宣传政府颁布的鼓励老年人参与志愿服务的相关政策措施。

活动过程

此次活动为小组的第一次活动，社工首先向组员们介绍了小组活动开展的目的及小组活动的内容。由于组员们第一次见面，大家都很拘谨，部分老人还表现出紧张的状态，社工便通过"练练看"的小游戏使组员之间相互熟识，并打消组员们的紧张感与顾虑感。通过破冰游戏的开展，小组的气氛活跃起来，组员们也开始融入小组。

在"政策宣传"的过程中，社工首先向组员们介绍了积极老龄化的含义，由此引出老年人在退休后要积极参与社会，实现老有所为。然后向组员们介绍志愿服务是老年人实现"老有所为"的重要途径，并对政府颁布的鼓励老年人参与志愿服务的相关政策进行宣传。在这个环节中，老人们聚精会神，社工讲解完后，邀请组员表达了自己的看法。崔阿姨表示，我以前只知道政府鼓励中小学生积极参加志愿服务，像我孙子他们现在有志愿服务学时，每位学生一个学期要做50个小时的志愿服务，而关于老年人参与志愿服务的政策这真的是第一次了解。既然国家都鼓励我们老年人积极参加志愿服务，我们一定要踊跃参与，并且向中小学生学习，每年也给自己设定一个志愿服务目标。李阿姨说，之前我了解的志愿服务大多是志愿者为老年人服务，而老年人成为志愿者感觉离自己很遥远。但今天学习了这些政策后，让我对参与志愿服务有了新的看法，自己要在后面的小组活动中好好学习，争取早日成为一名合格的老年志愿者。（摘自第一次小组活动记录）

老人们通过此次活动对小组的目的、内容以及政府颁布的相关政策都已了解，组员与社工也初步建立了专业关系。社工在活动过程中语速减慢，让老人们有足够的时间思考、反应，部分组员通过政策的了解也表现出参与志愿服务的热情。但在小组契约的制定过程中，社工更像一个决策者，没有真正做到与小组成员平等协商，小组成员发言也不积极，仅在社工的邀请下才表达自己的感受及想法。

②第二次小组活动（形成期）：了解志愿服务

活动方案

本次小组活动首先带领小组成员回顾上节活动内容，然后通过小游戏帮助小组成员融入小组。在活动内容方面，社工先让每位组员分享自己眼中的志愿服务，在组员们分享完毕后，社工邀请S社区优秀老年志愿者分享参与志愿服务的经历及收获，然后社工播放关于介绍"志愿服务"的视频，最后社工同组员一起总结志愿者、志愿服务、志愿服务精神的定义及重点内容。开展社区优秀老年志愿者分享以及视频播放的活动，目的主要是帮助组员们学习志愿服务的相关理论知识，了解老年人参与志愿服务可以给自身及社会带来的积极影响，了解志愿服务的领域，加强组员对志愿服务的进一步认识，提高小组成员参与志愿服务的意愿。

活动过程

在第二次小组活动过程中，社工主要让组员对志愿服务的相关知识有一个比较全面、系统的认识。在"放声歌唱"环节，社工计划自己带领组员们歌唱，但薄阿姨主动和社工说："让我带领大家吧，我退休之前代表我们单位参加过全国中老年人合唱比赛，我的歌唱水平还是挺不错的。并且我对《学习雷锋好榜样》这首歌曲的旋律也很熟悉，我会和大家一起把这首歌唱好的。"社工便热情邀请薄阿姨带领组员们一起唱歌，在薄阿姨的带领下，大家声音洪亮，热情高涨。在分享感受环节，薄阿姨首先举手同组员们分享："这首歌是为了纪念雷锋同志而创作的，每年的3月5日是学习雷锋的日子，在这个日子大家会做志愿服务，这首歌曲渐渐地就成了志愿服务的主题歌曲了。"在薄阿姨的带领下，组员们纷纷表达了自己对这首歌的感受，丁叔叔说："我喜欢唱歌，没事的时候自己在家就哼哼。这首歌曲自己也练过，但今天在小薄的带领下，和大家一起唱的感觉不一样，感觉有气势，有激情。而且自己心里冒出像雷锋同志学习的热情，真的想做一颗哪里需要哪里拧的螺丝钉。自己虽然70多岁了，但身体硬朗呀，咱社区有什么事情，我还是可以帮忙的。"

在热身环节，可以看出部分组员已经初步具备小组意识，他们为小组更好地发展主动发挥自己的才能，同时像丁叔叔似的参与志愿服务的热情被挖掘出来，为在小组中更好地学习奠定了基础。社工通过小组活动前的热身，把小组成员的注意力转移到小组活动中，更有利于帮助成员融入小组，以便小组活动取得预期效果。

"榜样的力量"环节中，社工邀请了优秀老年志愿者武叔叔同组员们分享参与志愿服务的经历、感受以及收获。

"年轻人忙着工作，很多的志愿服务活动他们没有时间参加。咱老年人退休后没有工作的限制，闲暇时间多，但这时间不能浪费呀，所以我们几位关系比较好的老同志退休后便商量着一起参加志愿活动。刚开始我们就跟随社区参加，社区举办志愿活动时我们几个人就会踊跃参与。但社区组织的志愿服务活动比较少，而且具有很强的形式性，不能真正给我们社区带来实际利益，参加过几次后，我们便商量着自己开展活动。我们小区的小广场环境比较差，而且光秃秃的，一到夏天，连个乘凉的地方也没有，居民意见比较大，我们就主动向社区反映群众的意见。在社区的主导下，过去那脏乱差的小广场被改造成花园广场，还铺上了跑道。现在一到晚上，小区里的居民就会到小广场上跳舞、跑步，我看着心里可开心了呢。为了维护广场的卫生，我们几个老同志每天早上轮流打扫卫生，到花园里浇水、拔草，即使很辛苦，但看到小花园里的花开得旺盛，听到居民称赞这些花美的时候，就跟自己的孩子受到别人夸奖似的，心里像吃了蜜一样甜。"（武叔叔，65周岁，退休于区人大常委会。摘自第二次小组活动记录）

在本研究中，社工邀请优秀老年志愿者同小组成员分享交流，为组员提供榜样。并且武叔叔同小组成员们的能力、水平相似，组员看到武叔叔成功地参与志愿服务，可以让他们相信自己也有参与能力，这种替代经验可以提高小组成员参与志愿服务的意愿。

在"志愿服务到底是什么？"环节中，社工用自己制作好的关于介绍"志愿服务"的PPT向组员们讲授志愿者、志愿服务及志愿服务精神三个方面的内容。在志愿者方面，社工向组员们介绍了志愿者定义和做志愿者的十大好处；在志愿服务方面，向组员们讲授了志愿服务的定义、特征、原则、对志愿服务的错误认识、参与志愿服务的意义五个方面的内容；在志愿服务精神方面，主要就志愿服务精神的定义、四大精神及志愿者在志愿服务过程中应有的素质进行讲解。在向组员们讲解了志愿服务的基础知识后，社工进一步向组员们介绍了志愿服务包括的领域以及老年人参与志愿服务对自身及社会的积极影响。

此次活动小组成员们投入度较高，并且开始积极在小组中发言，活跃性明显提高，并且通过社工对志愿服务基础知识的讲授及优秀老年志愿者的分享，进一步提高了组员们参与志愿服务的意愿。但小组活动过程中还存在不足：首先，整个小组活动中都对组员进行理论知识讲授，整个过程缺乏实践，组员们感觉比较枯燥，且大量的知识一次性向组员们讲授完毕，组员们也没有及时进行笔记整理，可能存在记忆混乱、模糊等问题；其次，社工没有及时让老年人表达自己的疑惑。

③第三次小组活动（发展期）：技巧大解析

活动方案

在小组活动开始之前，社工通过热身小游戏培养小组成员之间的相互理解，增强小组凝聚力，同时带领小组成员投入小组。本次小组活动的目标是帮助小组成员学习参与志愿服务的技巧，增强老年人参与志愿服务的能力。基于此，本次小组活动的内容主要是社工和社区优秀老年志愿者与小组成员分享参与志愿服务的专业技巧及注意事项。

活动过程

本次小组活动的重点内容是带领组员们学习参与志愿服务的专业技巧。社工首先向组员们介绍了为老年人提供志愿服务的技巧、为青少年提供志愿服务的技巧、为残疾人提供志愿服务的技巧以及开展社区活动的技巧。这些技巧之间既彼此独立又相互依存，运用合理的技巧可以提高服务的质量和效率。在社工讲解的过程中，老年人们听得格外认真，并且大部分组员都带着笔记本记录重点内容。

社工讲解完后，首先让组员们一起讨论刚刚学习的知识，然后社工进行提问。

> 对话4：
> 社工：如果我们为残疾人提供服务，我们需要注意什么问题呀？
> 潘阿姨：这个问题我知道，在为残疾人提供服务之前，我们首先要征得他们的同意，这个是最重要的。其次在和他们交流的过程中要放松，不要过度热情，也不要疏远冷漠，然后我们还要接纳、尊重他们。我之前跟随社区工作人员为残疾人提供过志愿服务，在服务之前根本没有接受过这方面的培训，以前就老感觉残疾人对我们不热情，以为是他们自身的原因导致的，经过今天的学习才发现是自己之前使用的方式不恰当。
> 社工：您这几点记得完全正确，太厉害了。阿姨，如果以后有机会再为残疾人提供服务，咱一定把今天学的这些技巧用上。
> 社工：沟通的要素包括哪些呀？
> 张叔叔：沟通的要素主要包括四个方面：感同身受、尊重、真诚、具体。我记得对不对呀？
> 社工：叔叔，您记忆力是真的好，一字不差的全对了呢，看来刚才我讲的时候，您听得很认真呢。（摘自第三次小组活动记录）

社会学习理论强调将学习的知识进行保持，认为语言是保持的一种重要途径。因此社工在组员们学习基础知识后，进一步对组员进行提问，以加深他们对知识的保持。同时社会学习理论注重自我效能感，认为良好的自我效能可以帮助服务对象树立较强的自信心。所以在提问的过程中，社工及时对回答问题的老年人进行表扬，增强老年人的自信心，增强他们的自我效能感。

本次小组活动过程中，组员们沟通交流较多，并且有不懂的问题及时向社工提问，小组学习氛围浓厚。但老年人在讨论的过程中秩序有些混乱，部分组员还存在发言时间过长及偏离小组主题的问题，社工及时运用聚焦的技巧，帮助小组活动正常开展。但社工在对小组成员进行表扬时，仅用语言进行引导、鼓励，缺乏肢体动作方面的鼓励。

④第四次小组活动（功能期）：我能做什么

活动方案

在小组成员们学习了志愿服务的理论知识和参与志愿服务的相关技巧后，需要进一步帮助组员们了解自身参与志愿服务的相关优势及资源，增强老年人参与志愿服务的热情。在此次小组活动中，社工首先通过热身小游戏培养小组成员之间的合作意识，同时带领组员投入到小组活动中。然后，社工邀请每位组员分享自己参与志愿服务的优势，其他组员对该组员的优势进行补充。最后，组员们一起讨论他们可以参加的志愿服务活动及在参加过程中应注意的事项。

活动过程

通过前面三期小组活动的开展，组员们对志愿服务已经有了一个较专业的认识，也掌握了参与志愿服务的相关技巧。因此在本次小组活动中，社工主要协助组员们了解自身参与志愿服务的优势与资源，一起探讨在参与志愿服务中的注意事项。社工在本次活动中主要扮演支持者的角色。

对话5：

任阿姨：我对咱社区中的基本情况比较了解，而且社区中的人我也都熟悉，他们会比较信任我，开展服务会方便一点儿。我时间也比较多，外孙子由他奶奶照顾，我平时除了做家务外，基本没有别的事情。还有就是我身体硬朗，我能抱着一大桶矿泉水一口气爬到四楼呢。所以参加社区志愿活动的话，我具有这几个方面的优点。

社工：阿姨，您这么厉害呀！我这平时自己爬到四楼都累得直喘气,更别说还抱着一大桶矿泉水呢,您身体条件可太好了。别的叔叔阿姨还有没有要夸夸我任阿姨的呢?

薛阿姨:任姐可真谦虚,夸自己都不好意思夸呢。你热心,每次参加活动,你都带各种点心和花茶给我们品尝,而且你很照顾别人的感受。记得第一次来这个小组时,我谁都不认识,你主动和我聊天,还跟我坐在一起,让我感觉很温暖。咱第二次活动的时候社工就和我们讲过,热心和照顾别人的感受是参与志愿服务不可缺少的因素呢。

任阿姨:都是些小的事情,而且我们每位小组组员都有这方面的优点呀。(摘自第四次小组活动记录)

组员们一起讨论完任阿姨的优势后,社工依次邀请每位组员对自己的优势进行分享,并请其他组员进行补充。在分享的过程中,可以看出每位小组成员都非常开心,特别是其他组员对自己的优点进行补充的时候,大家嘴上虽然说应该的,大家都一样,但是脸上都洋溢着开心的笑容。

增能理论认为一个人处于弱势的主要原因是对自己的能力缺乏正确的认识,因此本次小组活动中,社工引导组员进行优势分享,对组员的潜能进行挖掘,让组员正确认识自己的能力,同时感受到别人对自己的认同,增强组员们参与志愿服务的能力和信心。

在此次小组活动中,组员间的凝聚力和信任关系明显提升,在分享环节,连平时比较沉默的组员也积极发言,小组关系越来越融洽。同时,组员们在分享的过程中,社工运用自我披露技巧,将自己从事社会工作的经验与组员们分享,打消组员们自我怀疑的焦虑,并对组员们及时进行鼓励。

⑤第五次小组活动(结束期):不说再见

活动方案

本次活动是小组的最后一期,小组活动内容主要分为四个方面:第一,社工同小组成员一起回顾了前面四期小组活动,并通过"瞎子走路"热身小游戏,增强小组成员之间的信任感与合作意识;第二,社工邀请每位组员分享参加此次小组活动的感受及存在的问题,小组成员共同解决;第三,社工和组员一起商量成立自组织,确定自组织名称、架构、组织规则等;第四,社工向小组成员表明小组活动结束,以后由组员们自我管理、自我服务。

活动过程

在前面四次活动过程中，组员们已经对志愿服务的基本知识、志愿服务技巧、自身参与志愿服务的优势以及参与志愿服务的领域有了了解。最后一次小组活动中，社工除了带领组员们对前面的活动进行回顾，还要鼓励他们在具备了志愿服务的理论知识后，要积极参加志愿服务活动。同时考虑到我国目前老年人在参与志愿服务方面存在组织度不足的问题，社工决定让"增能—学习"老年志愿服务小组发展为自组织，让他们自我管理、自我服务，以便他们以后有自己的组织参与志愿服务活动。

在成立自组织环节，社工让组员自己商量，自己制定相关的事宜，包括自组织名称、简介、组织架构、职能职责等。组员们在社工让自己讨论具体事宜的时候，明显有些不适应，经常问社工怎么办、怎样制定，但社工仅仅进行引导，主要让组员自己决策。

首先在确定组织架构的时候，组员们比较依赖社工，队长大家都推荐潘阿姨担任，但副队长和指导员的位置大家不知道选择谁，一直想让社工帮忙指定。但社工一直引导大家，让大家一起商量，一起回顾小组活动过程中感觉哪位组员比较有担当，组员们在社工的引导下，选择了丁叔叔为副队长，任阿姨为指导员。经过确定组织架构的环节后，组员们在制定组织的职能职责时，就大家一起讨论、决策，不再过分依赖社工。在这个过程中，社会工作以小组组员为中心，真正地做到与服务对象发展为伙伴关系，真正为他们进行增能。

"增能—学习"老年志愿服务小组活动虽然结束了，但组员们成立了"益路同行"老年志愿服务自组织，并且定期还会聚到一起商量参与志愿服务的具体事项，一起参加志愿服务活动，因此组员们之间还会经常见面，组员们之间并没有出现不舍、依赖、逃避等离别的情绪。而社工也还继续在社会工作机构实习，并且向小组成员们承诺，有不懂的问题还可以找社工。因此，对于小组结束后的离别情绪，社工没有着重处理。

（2）社区服务

在社区实践方面主要以地区发展模式为指导，进行老年志愿者激励机制建立、信息服务平台搭建以及开展社区志愿服务活动。

地区发展模式注重社区骨干精英的作用，鼓励社区居民要积极表达自己的态度及观念。因此在激励机制与信息平台的制定过程中，为更好地与社区及社区老年人的需求相契合，社工邀请S社区工作人员、S社区骨干精英及S社区老年人共同协商制定。

①建立老年志愿者激励机制

在前期的需求分析中得出，S社区大部分老年人希望通过参与志愿服务活动可以获得相关奖励。社工在此基础上同社区工作人员以及社区老年人共同商议制定"S社区老年志愿者激励制度"。

协商一开始，在社区骨干程叔叔以及社区工作人员的带领下，大家积极讨论。首先就激励机制要不要包括补贴费用展开了讨论，部分老年人认为参与志愿服务主要是想获得精神奖励，如果有补贴费用的话，志愿服务是不是有点"变质"，而有的认为一定的补贴费用可以吸引更多的老年人参与志愿服务。每个人都踊跃表达自己的观点及看法，真正地做到民主参与。经过大家的商议，最终把激励机制分为物质奖励和精神奖励两个部分。

物质奖励：为老年志愿者提供交通补贴、餐饮补贴，购买人身意外保险；在中秋、端午、春节等中国传统节日时，为老年志愿者送上节日祝福与礼物；为老年志愿者提供统一志愿服务服装。

精神奖励：老年志愿者的优秀事迹将会在志愿服务平台进行宣传；每半年一次的社区总结表彰大会对优秀老年志愿者进行表扬并颁发证书。

表3-17 激励机制建立与信息平台搭建参与人员

序号	姓名	性别	年龄	工作状态	政治面貌
1	方姐	女	42	S社区工作人员	党员
2	薛阿姨	女	68	退休职工	群众
3	程叔叔	男	57	退休职工	群众
4	李阿姨	女	56	退休职工	党员
5	张叔叔	男	62	退休职工	群众
6	朱叔叔	男	64	退休政府工作人员	群众
7	王叔叔	男	63	退休教师	群众
8	何书记	女	38	S社区书记	党员

②搭建志愿服务平台

前期调研显示，S社区缺乏志愿服务信息宣传渠道，且社工工作人员及社区老年人对这方面的需求比较迫切。因此，在S社区搭建志愿服务平台是必不可少的。

在搭建志愿服务平台的过程中，社工同社区工作人员、社区骨干以及社区老年人共同交流，一起协商制定平台的具体事宜。考虑到老年人由于年龄问题，接受新鲜事物比较慢，可能存在智能手机以及网络使用较少的情况，我们首先同老年人商量是否需要将志愿服务平台由线上网络宣传转变为线下社区宣传。

对话6：

社工：叔叔阿姨们，你们觉得咱这个志愿服务平台是把信息放在网上，咱们通过手机就可以了解志愿服务活动的各种信息，还是在咱社区建立一个宣传栏，直接在宣传栏中发布志愿信息呀？

李阿姨：我觉得，把志愿服务信息直接放在网上比较好，这样我们在家里就可以了解这方面的信息了，也比较方便。建立宣传栏的话，还要到社区工作站才可以看到，有点麻烦，而且很多不常到工作站活动的人不能及时了解到这方面的信息。

张叔叔：但是像我们老年人，有很多不会上网，还有部分老年人，根本就不使用智能手机。如果把志愿服务平台建立在互联网上，那么这部分不会上网、不使用智能手机的老年人就了解不到这方面信息了呀。

朱叔叔：我们这几个人也都接近70岁了，但是我们都有自己的智能手机并且整天上网，还经常使用微信同家人还有朋友聊天呀，咱社区大部分老年人还是可以使用微信的。

老人们各抒己见，讨论得热火朝天。最后，社工综合考虑老人们的建议，打算建立网络宣传和宣传栏宣传两个宣传渠道，将线上宣传与线下宣传相结合，努力满足社区中各类老年人的需求。

宣传渠道的问题已经确定，下一步，大家一起讨论志愿服务平台中应该包括哪些方面的内容。

对话7：

王叔叔：咱这个志愿服务信息平台，肯定得包括活动信息公布和报名渠道这两个部分。我觉得，还应该加上"往期志愿活动展示"的部分，这样不仅可以宣传志愿服务，让我们的活动更有说服力，还可以鼓励我们社区中更多的老年人参与其中。

何书记：平台上是不是也可以把参与志愿服务的激励措施加上呀，在平台上加上这方面的内容，可以激励社区中的老人们积极参与志愿服务活动，也有利于咱社区更好地发展。

在经过社工、社区书记以及社区老年人的交流讨论后，初步把志愿服务平台的内容确定为七个部分：注册登录、服务信息发布、活动报名渠道、志愿者之星、志愿风采、政策法规、奖励机制。

志愿服务平台的具体内容确定后，社工联合社区工作人员着手平台的搭建问题。虽然社区中大部分老年人都会上网，但他们使用最多的软件就是微信。因此，在网络志愿服务平台的搭建上，社工选择建立微信公众号及微信群，微信公众号的内容包括以上七个部分，微信群仅包括服务信息发布及活动报名。社区志愿服务宣传栏的搭建存在的问题较多，首先需要选择一个醒目的地方，可以让社区中更多的老年人关注到它，其次宣传栏的尺寸有限，七个部分的内容不可能全部展示。社工在征求社区老年人的意见并综合考虑各种因素后，决定同时建立三个宣传栏，社区工作站及两个活动中心各一个，宣传栏里的内容缩减为：服务信息发布、活动报名渠道、志愿者之星、志愿风采四个部分。

表3-18　　　　　　　　　　志愿服务信息平台

平台类型	平台名称	内容	负责人
网络宣传	S社区志愿服务平台——微信公众号	注册登录、服务信息发布、活动报名渠道、志愿者之星、志愿风采、政策法规、奖励机制	社区工作人员：方姐
	S社区老年志愿者之家——微信群	服务信息公布、活动报名渠道	社区工作人员：方姐
社区宣传	S社区志愿服务宣传栏	服务信息发布、活动报名渠道、志愿者之星、志愿风采	老年志愿服务自组织队长：潘阿姨 社区工作人员：方姐

在建立老年志愿者激励机制及搭建志愿服务平台的过程中，社工发挥老年人的能动性，同老年人一起协商具体事宜，这不仅可以使机制与平台更契合老年人的需求，更可以让老年人感觉自己是有价值、被需求的。建立激励机制与搭建平台是从环境角度出发促进老年人积极参与志愿活动，社会学习理论中的三元交互理论强调行为、认知与环境三者是相互影响、密不可分的。所以为鼓励老年人参与志愿服务，不仅仅要加强老年人对志愿服务的认知，更要为老年人营造良好环境氛围以及让老年人真正地参与到志愿活动当中，这样才可以达到学习的最好效果。

③"全民大扫除"社区活动

经过前面各种活动的开展，小组成员们掌握了志愿服务的相关知识，社区也为老年人参与志愿服务活动创造了良好的环境支持，在老年人自身参与志愿服务的条件和社区参与志愿服务的环境都具备的情况下，需要让老年人进行志愿服务实践。

活动背景

S社区在6月准备参加东营市文明社区评选活动，"益路同行"老年志愿服务自组织的成员们听说后，便组织了一次简短的会议，成员们一起讨论怎样为评选文明社区贡献自己的一份力量。在会议上，队长潘阿姨提议说："要不我们组织一场大扫除活动吧，既可以让更多的居民参与到文明社区的评选活动中，还可以给大家创造一个舒适干净的生活环境。"潘阿姨的提议得到了大部分成员的赞同，但也有成员提出异议说："我们是不是有点多管闲事？"潘阿姨回答道："社区是我们共同生活的地方，也是我们的家，再说，我们志愿服务自组织的目标就是更好地为社区贡献自己的力量，我们这么做怎么能算是多管闲事呢？"大家听了之后纷纷表示赞同。于是，成员们开始商量具体的计划、方案，同时也询问了社工的意见，社工为他们提供了一些指导性建议。经过大家的协商，活动的地点、时间、内容以及分工都确定下来。会后，由副队长丁叔叔负责活动计划书的撰写，最终的活动计划书经过社区居委会和社工的同意。

活动方案

时间：2019年6月23日　周六下午2:00—6:00

地点：S社区的Z小区

目的：为评选文明社区贡献自己的一份力量，改善社区的环境状况，给居民营造一个温馨、清洁的居住环境；吸引更多的老年人参与到活动中来，提升老年人的社区归属感和责任感，改善邻里关系，培育社区共同体意识，促进社区的发展；让"益路同行"成员参与志愿服务活动，实现志愿服务理论与实践的真正结合，切实提高成员们自主设计并开展志愿服务活动的能力，同时通过参与志愿服务活动提升老年人的自我效能感并为他们建构社会支持网络。

准备：取得社区居委会的支持并申请活动经费和资源；利用志愿服务平台对活动进行宣传，招募老年志愿者。

内容：本次活动主要是改善社区的环境，由"益路同行"老年志愿服务自组织自主策划，以社区老年人和自组织的成员为主体实施，解决 Z 小区乱扔垃圾、楼道乱堆乱放、共享单车乱放等现象，改善居民的居住环境，营造一个优美的社区环境，为评选"东营市文明社区"做准备。

流程："益路同行"老年志愿服务自组织队长潘阿姨简单介绍活动的内容及意义，并将参加活动的人员分为三队，由老年志愿服务自组织的队长、副队长、指导员带领，分别负责解决小区乱扔、楼道乱堆乱放、共享单车乱放问题；成员在各领队的带领下领取各自的工具，活动正式开始，成员也分别奔赴自己的负责区域；将 Z 小区清扫完毕后，大家在党群服务中心集合，此次活动圆满结束。由"益路同行"老年志愿服务自组织队长宣布活动结束并做活动总结，成员进行交流与分享，社工进行最后的总结。

社工角色：协调者、服务提供者、支持者。

注意事项：虽然本次活动由"益路同行"老年志愿服务自组织主导，他们有自行策划、组织、开展活动的能力，但是在一些具体细节上还是把握不到。社工要充分承担协助者的角色，帮助处理活动中的紧急情况，避免意外事件的发生，保证活动的顺利完成。

活动过程

下午 2 点，大家在 Z 小区前进行集合。由于活动宣传得比较到位，有 20 多名社区老年人前来参加，加上"益路同行"老年志愿服务自组织成员，一支由 30 多人组成的清洁小分队诞生了。首先潘队长对大家的到来表示了感谢，并简单介绍了本次活动的内容和具体的安排。之后，成员们进行了分组，各组领取了自己的工具之后，"全民大扫除"活动就正式开始。

在解决社区乱扔垃圾问题的小组中，成员中的几个人推着垃圾箱，其他人拿着扫把，把乱扔的垃圾及时地放进垃圾箱。大家就这样在小区里转，相互之间有说有笑，不一会儿就把小区里乱扔的垃圾清扫完毕，社区变得更加美观，每个成员的脸上也都露出了笑容。在解决共享单车乱放的小组中，成员就"共享单车应集中停在哪里"的问题展开了激烈的争论。有的人认为应该放在小区门口，整齐划一，有的认为应该放在居民家门口，方便居民出行。经过大家协商，最终决定把它们集中放在小区广场上，这样既显得规整，又方便居民。有了方案后，大家就开始行动，他们把小区中所有的共享单车都集中放到小区的广场边上。对于那些存在问题的单车，他们就给相关的公司打电话，让他们运回公司维修。为了避免以后共享单车乱放的现象再次发生，成员们还在旁边立了一个牌子提醒居民。解决楼道乱堆乱放的小组在活动中遇到了比较大的问题，在清理楼道卫生的时候，成员让居民把摆放在楼道里有需要的物品放回到自己家中，部分居民表示自己家里没有地方，只能放在楼道里。为此，部分成员与居民发生了争执。这时，社工及时介入，运用同理心对居民和成员进行劝说，居民开始对我们的行为表示理解并配合我们的工作，成员也反省自己的语言及方法欠妥，需要进一步改进。

此次活动引起了小区中其他老年人的注意，一开始他们不知道此次活动，当了解了之后，许多老年人对我们的活动竖起了大拇指。部分老年人一开始不想参加这次活动，认为这是在"作秀"，又没有任何好处，当他们看到干净的社区、整齐的楼道、排列有序的共享单车后，他们也想加入其中。社工观察到了这一点，就引导志愿服务队成员对这部分老人进行邀请。不一会儿我们的队伍就从30人扩大到将近50人。在社工的协助下，队长对计划进行了调整，对人员进行了重新分配，也重新安排了任务。成员之间有说有笑，关系十分亲密，大家也相互配合，团结协作，比计划提前了一小时完成任务。最后，在大家强烈的要求下，所有参加活动的人员在社区进行了合影留念，此次活动也宣告完满成功。

活动理论认为老年人应该寻找新的社会角色，并积极融入社会。而此次"全民大扫除"活动不仅加强了S社区老年人与社会的联系，而且也为他们增添了"老年志愿者"这一社会角色。并且在本次活动中，不管是活动的策划、准备，还是活动的开展，都是由志愿服务自组织的成员负责完成，这让他们更好地认识到自己的价值与潜能，也为他们以后继续参与志愿服务活动奠定了良好的基础。

(四) 服务评估

评估的主要目的是检验一个项目是否达到预期目标。本项目主要通过对服务对象参与度评估、服务对象满意度评估和目标达成度评估等方面，了解小组实践活动与社区实践活动对于老年人在参与志愿服务方面所达到的效果。

对于小组活动的评估，主要采用观察法、问卷调查法和访谈法三种方式进行过程评估与效果评估。在过程评估中，对活动的阶段性资料进行搜集，依据成员在活动中的出勤情况、满意情况来进行评估；同时，在每次活动结束后，及时与小组成员、社区工作人员进行沟通，进一步了解他们接受服务的情况及对活动的建议。在效果评估的过程中，主要是通过问卷的形式对参与活动的小组成员进行评估，主要依据小组成员前后测对比情况、社工自我评估来衡量小组工作在促进城市老年人参与志愿服务效果方面所发挥的作用。

社区活动的评估主要通过访谈和问卷的形式进行，从活动形式、活动内容、活动吸引老年人参与志愿服务的程度、活动的目标达成度以及活动表现五个方面进行评估。

1. 小组活动评估

（1）过程评估

①服务对象参与度评估

在过程评估中，首先需要对小组成员的出勤率进行评估。根据表3-19可以看出，在小组活动开展过程中，所有成员都准时参加，参与度高达100%。成员们积极参与活动，可以体现出小组成员们对社工所组织的小组活动的满意度较高、认同感较强。

表3-19　　　　　　　　　参与度统计表

场次（次）	1	2	3	4	5
出席人员（人）	10	10	10	10	10

②服务对象满意度评估

对于服务对象的满意度评估，笔者主要从服务对象对活动形式、活动安排、活动内容以及工作人员表现这四个方面的满意度进行评估。小组成员根据量表对每个项目进行评分,每个项目的单项分为 5 分,总分共 50 分,分值越高,表示满意度越高。

根据表 3-20 可知,组员们对活动形式的满意度还是比较高的,其中"志愿者分享"的满意度达 100%。组员们表示"通过优秀老年志愿者的分享,我们变得更有动力了,一样都是退休老年人,别人可以在志愿服务领域做得那么好,自己也是可以的"。能够看出同辈群体的激励作用对增强老年人参与志愿服务的动力是非常有效的。而"视频学习"的形式得分最少,部分成员表示,观看视频虽然很生动,但由于自己上了年纪,记忆力有所衰退,在观看视频的环节中,虽然当时能够记住,但忘得很快,不如社工进行细致的讲解,手把手教他们记得牢。还有部分成员反映,观看视频的教室中灯光较暗,影响了自己的学习效果。

表 3-20　　　　　　　　活动形式满意度统计表

内容＼人员	1	2	3	4	5	6	7	8	9	10	总计	占比（%）
小游戏	5	4	5	5	5	4	5	3	4	5	45	90
志愿者分享	5	5	5	5	5	5	5	5	5	5	50	100
视频学习	4	2	5	3	4	4	5	4	4	5	40	80
社工分享	5	4	4	5	5	4	4	5	5	5	46	92
优势分享	3	4	3	5	5	5	4	5	5	4	42	84
小组讨论	4	4	5	5	5	4	5	5	5	4	46	92
社工引导	5	5	4	3	5	5	4	4	4	4	43	86
总计	31	28	31	31	33	31	32	31	32	32	312	89.1
占比（%）	88.6	80	88.6	88.6	94.3	88.6	91.4	88.6	91.4	91.4		

根据表 3-21 可知,成员们对活动的流程安排和场地安排的满意度较高,时间安排的满意度相对较低。部分成员表示每次活动的时间有点早,活动是从下午 1 点半开始,他们有午睡习惯,改成下午 2 点较合适,还有部分组员表示小组的活动时间较短,应适当延长活动时间。

根据表 3-22 可知,成员们对活动内容的满意度比较高,这表明社工设计的活动内容适合老年人,并且对于他们帮助比较大,他们也能从中对参与志愿服务的知识进行较好的学习。

第三章 城市老年人参与志愿服务的社会工作支持

表 3-21 活动安排满意度统计表

内容＼人员	1	2	3	4	5	6	7	8	9	10	总计	占比（%）
时间安排	3	4	3	5	4	5	3	4	3	4	41	82
流程安排	5	5	4	4	4	4	4	5	5	5	46	92
场地安排	4	5	4	3	4	5	5	5	5	5	45	90
总计	12	14	11	12	13	14	12	14	13	14	116	89.2
占比（%）	80	93.3	73.3	80	86.7	93.3	80	93.3	86.7	93.3		

表 3-22 活动内容满意度统计表

内容＼人员	1	2	3	4	5	6	7	8	9	10	总计	占比（%）
志愿服务相关知识学习	5	5	4	5	4	5	5	5	4	4	47	94
参与志愿服务技巧学习	5	5	4	5	5	4	5	5	4	5	45	90
自身优势分享	5	4	5	4	4	5	5	4	5	5	47	94
总计	15	14	13	12	13	14	15	14	13	15	139	92.7
占比（%）	100	93.3	86.7	80	86.7	93.3	100	93.3	86.7	100		

根据表 3-23 可知，成员们对社工在此次活动中的表现满意度较高，社工在活动中注意观察每位成员的表现，及时为组员们解答疑惑，同时对表现优秀的成员及时从语言和肢体方面对他们进行表扬鼓励，增强成员的自我效能感。

表 3-23 社工满意度统计表

内容＼人员	1	2	3	4	5	6	7	8	9	10	总计	占比（%）
协助成员融入小组	5	4	5	4	4	5	4	5	4	5	45	90

续表

人员\内容	1	2	3	4	5	6	7	8	9	10	总计	占比（%）
尊重成员	5	5	5	5	4	5	4	5	5	5	50	100
协助成员学习志愿服务相关知识	5	4	5	5	5	5	5	4	5	5	42	84
鼓励成员	4	5	5	5	5	5	5	4	5	5	47	94
协助成员解决困难	5	5	5	4	5	5	4	5	5	5	42	84
总计	24	23	25	23	23	24	23	23	23	25	236	94.4
占比（%）	96	92	100	92	92	96	92	92	92	100		

③服务对象自我评估

为对项目进行更好的评估，在小组活动结束后，社工组织了一次成员聚会，邀请每位成员分享参与小组活动后自己的改变以及感受。

对话8：

潘阿姨："我参加这个组织的初衷，就是更好地参加志愿服务活动。以前呀，我也在社区的邀请下参加过几次，但多数情况下都是跟着社区中的工作人员走个形式，自己也没有觉得有什么收获。通过这段时间在小组中的学习，我更加了解了志愿服务。那些志愿服务的技巧呀，自己也能很好地掌握了。不仅如此，我在小组的过程中也渐渐明白了小组领袖的责任，不仅仅是自己在小组中要表现优秀，更要带领小组中的其他成员也积极投入小组。"

王叔叔："我感觉参加这个活动真的很有意义，不仅认识了这么多兄弟姐妹，而且自己现在对志愿服务也越来越了解，这比我之前参加的娱乐活动有意义多了。我之前参加过二胡小组，成员们聚在一起就拉拉二胡、说说话，也没有别的意思。咱这个组织可不一样，不仅可以和兄弟姐妹们聚在一起，还可以学习新的知识，并且在生活上遇到困难的时候我们还互帮互助。更重要的是，咱这老了，发现自己还有力量可以为社区做贡献，真的很有意义。"

第三章　城市老年人参与志愿服务的社会工作支持

何书记："老年志愿服务小组让我们看到了社区中老年人对于志愿服务的热情，之前我们一直没有时间和精力去管理老年人参与志愿服务这方面的工作。这次多亏了社工，调动了咱社区老年人参加志愿服务的积极性，让我们社区中的老年人在退休后还能继续发挥力量，真正实现他们的价值，实现老有所为。这不仅仅对社区老年人有重要意义，对我们建设和谐社区也格外有意义。"

通过服务对象的自我评估，可以看出通过小组活动的开展，小组成员和社区负责人都比较满意，小组成员们参与志愿服务意愿得到提升，参与能力得到增强，还得到社区负责人的支持及好评，预期目标基本完成。

（2）效果评估

①目标达成度评估

为对成员参与志愿服务小组的目标达成度进行评估，笔者主要采用前后测量对比方式。社工在小组活动开始前，让每位小组成员填写对志愿服务了解程度的相关量表，在小组活动结束后，再对每位小组成员进行了解程度测量，以此进行前后测量对比。该量表主要采用记分方式，以"1"至"5"代表"非常不了解""比较不了解""一般了解""比较了解""非常了解"，组员们根据自身情况作答。分值越高表示小组成员对志愿服务的了解程度越高。（量表详情见附录）

根据图3-1、图3-2、图3-3、图3-4、图3-5可知，10位小组成员的后测数值较前测数值相比，均呈现正增长趋势，增长值最大的为12，最小的为10。可以看出，通过小组活动，小组成员对志愿服务的相关

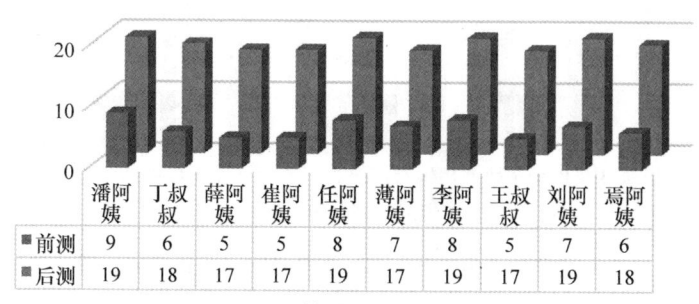

	潘阿姨	丁叔叔	薛阿姨	崔阿姨	任阿姨	薄阿姨	李阿姨	王叔叔	刘阿姨	焉阿姨
前测	9	6	5	5	8	7	8	5	7	6
后测	19	18	17	17	19	17	19	17	19	18

图3-1　"增能—学习"小组成员对志愿服务了解程度前后测总对比结果（单位：分）

政策、相关知识、参与技巧、自身参与优势及资源的了解程度都得到显著提升，小组目标基本实现。

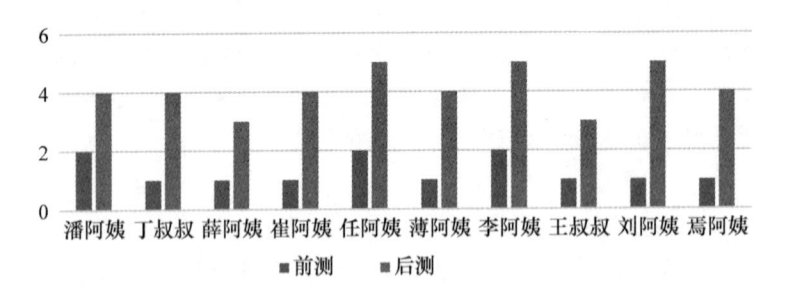

图3-2 "增能—学习"小组成员对政策了解程度前后测（单位：分）

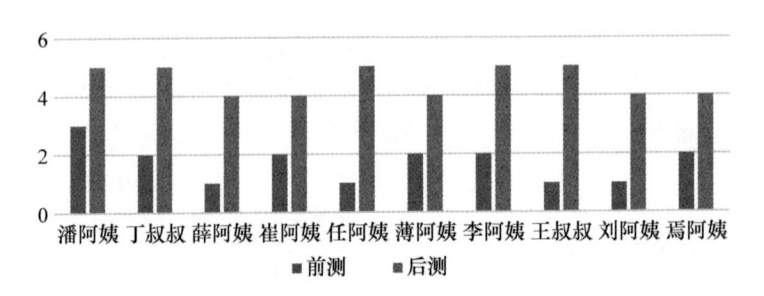

图3-3 "增能—学习"小组成员对志愿服务知识了解程度前后测（单位：分）

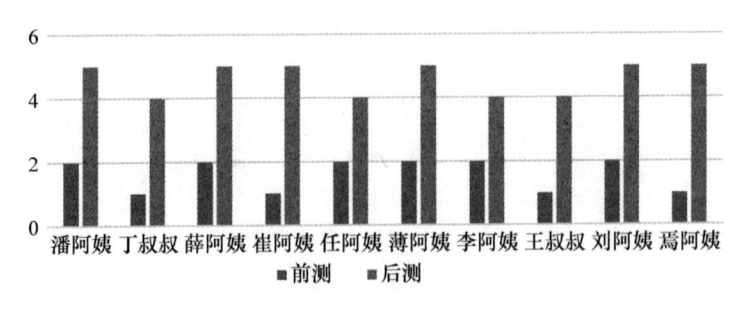

图3-4 "增能—学习"小组成员对志愿服务技巧了解程度前后测（单位：分）

②社工自我评估

社工的自我评估是检验一个项目是否达到预期目标的重要环节。从小组活动前期的准备工作，到小组后期结案，社工每一步都参与其中，对每

第三章 城市老年人参与志愿服务的社会工作支持　　103

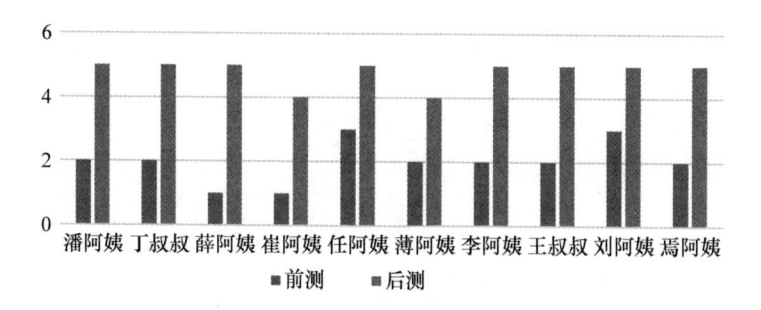

图 3-5 "增能—学习"小组成员对自身参与志愿服务优势及资源
　　　　了解程度前后测（单位：分）

位成员的表现以及目标的完成情况有一个明确认知。

在刚刚进入 S 社区，与社区中的老年人接触的时候，笔者发现很多老年人对社工存在抵触心理，当邀请他们参与志愿服务小组时，大部分老年人并没有表现出强烈的兴趣，而且有的老人还对小组持怀疑态度。但经过笔者在小组中与组员共同学习，及时为他们解决问题，切实满足他们的需求后，组员们对社工的信任感明显增强，他们会主动向社工表达自己的感受及疑惑，遇到困难的时候会及时请工作者帮忙。

虽然活动的预期目标基本完成，但笔者认为在活动的过程中还存在很多的不足。首先对社会工作的理论知识掌握不扎实，不能熟练地运用理论知识帮助成员解决问题；其次缺少实务经验，遇到突发事件不能及时运用专业的社会工作方法和技巧进行合理解决。这些方面是笔者应该反思和改进的。

2. 社区活动评估

在对社区工作进行评估的过程中，笔者主要采用问卷调查和访谈的方式对社区活动的参与者及社区老年人进行评估。

第一，笔者从参与社区活动的老年人中随机选取了 20 人从活动形式、活动内容以及吸引参与志愿服务程度三个方面对激励机制制定、志愿服务平台搭建、"全民大扫除"活动的开展进行评估。（每个项目的每人单项分为 5 分，项目单项总分共 100 分，内容单项总分为 300 分，得分越高，表示满意度越高。）

通过表 3-24 可知，S 社区老年人对社区志愿服务中激励机制、服务平台以及"全面大扫除"活动的总体认可度均达到 86% 以上，尤其通过这三项活动的开展，吸引社区老年人参与志愿服务程度的比例高达91.3%。

表3-24　　　　　　　　　　　社区工作评估表

内容＼项目	活动形式	活动内容	吸引参与志愿服务程度	总计	占比（%）
社区志愿服务激励机制	86	83	90	259	86.3
社区志愿服务平台	92	94	89	275	91.7
"社区大扫除"活动	91	86	95	272	90.7
总计	269	263	274	806	89.6
占比（%）	89.7	87.7	91.3	89.6	

第二，在目标达成度上达到了预期的效果。S社区在社工、社区工作人员以及社区老年人的共同努力下，制定了老年人参与志愿服务的激励机制及服务平台，满足了前期调查中老年人对这方面的需求。同时，通过"全民大扫除"活动的开展，S社区的环境得到了改善，社区老年人为评选文明社区贡献了自己的一份力量；"益路同行"老年志愿服务自组织成员认识到社区存在的问题，能够自主策划活动解决社区问题，组员们的自主能力得到进一步增强，他们的社区归属感和责任感得到加强，组织凝聚力得到提升；此次活动吸引了更多的社区老年人参加，培养了老年人的社区参与感，经过"全民大扫除"活动，社区中越来越多的老年人积极参与志愿服务活动，他们的自我效能感提升，并且通过参与社区活动扩大了人际交往圈，构建了社会支持网络，有利于老有所为的实现。

第三，在活动表现上社区老年人表现良好。在老年志愿者激励机制制定及志愿服务平台搭建的过程中，社区中的老年人积极表达自己的意见，同社工积极协商，为机制制定及平台搭建提供了明确的方向指引。在"全民大扫除"活动中，参与活动的老年人尽职尽责，没有丝毫的倦怠，即使衣服脏了、手受伤了、满头大汗了，大家也没有抱怨，"参加志愿服务活动真的很有意义，苦点、累点没有关系的，重要的是心里面开心"，一位老人说道，可见S社区老年人参与志愿服务意识得到显著增强。在整个活动过程中，成员之间相亲相爱、互帮互助，"益路同行"老年志愿服务自组织的成员们发挥了榜样作用，带领社区老年人顺利完成了此次活动。

从小组工作评估和社区工作评估的结果来看，本项目的预期目标基本得到实现：第一，成员们通过参与小组活动和社区活动，对志愿服务的理论知识进行了学习，并通过优秀老年志愿者经验分享，提高了他们参与志愿服务的意愿；第二，成员们通过活动认识到自身参与志愿服务的优势，学习了参与志愿服务专业技巧，参与到社区志愿服务活动中，大大增强了参与志愿服务的能力，提高了老年人的自我效能感，并且实现了老有所为；第三，S社区老年人通过参加小组活动和社区活动，他们参与社会的机会得到增加，并且增加了同其他老年人的沟通交流，这为他们建构了新的社会支持网络，有利于保持他们的身心健康；第四，社区建立了志愿服务平台，为社区老年志愿者制定了激励机制，这为促进老年人参与志愿服务创造了良好的环境条件，有利于S社区老年人参与志愿服务的可持续发展。

（五）服务总结与反思

"益路同行：城市老年人参与志愿服务"项目为期三个月，在S社区工作人员、QJ社会工作服务中心及社工的努力下，为S社区的老年人提供了参与志愿服务的社工介入行动。该行动取得了一定的成效，但也存在不足及需要改进的地方。

1. 服务总结

本研究的主要价值体现在社工如何运用专业理论及方法促进城市老年人参与志愿服务。第一，对老年人参与志愿服务的相关文献及资料进行整理，为项目的开展进行指导；第二，对东营市S社区展开实地调研，采用问卷调查法和访谈法的方式对S社区的基本情况，尤其S社区老年人参与志愿服务的基本情况进行了解；第三，运用社会工作专业方法从参与意愿、参与能力、参与环境方面入手，促进S社区老年人参与志愿服务；第四，对活动达到的效果进行评估。

在本研究中，S社区老年人通过小组活动中志愿服务基础概念、内容的学习及优秀老年志愿者的分享，其参与志愿服务的意愿得到明显提升；社工在小组活动中向老年人讲授参与志愿服务的专业技巧，并带领组员正确认识自身的优势及潜能，使得老年人参与志愿服务的能力得到显著增强；通过社区中志愿服务的宣传，小组中相关政策的普及，社区老年人与工作人员协商搭建的老年志愿服务平台以及制定的激励措施，为社区老年人参与志愿服务营造了良好的环境氛围；社工还考虑到 S 社区缺乏老年人参与志愿服务的组织，直接把"增能—学习"老年志愿服务小组发展为自组织，并且让自组织成员独立策划、组织社区志愿服务活动，不仅让自组织成员真正参与志愿服务活动，并且扩大了自组织在社区中的影响力，可以让社区中更多的老年人加入志愿服务自组织，参与志愿服务活动。

2. 服务反思

（1）局限性

由于各种因素的影响及制约，项目在开展的过程中存在一定的局限性。

第一，服务对象选取的局限性。社工仅仅选取东营市 S 社区的老年人为样本进行研究，需求评估及活动开展仅仅针对 S 社区中的老年人；并且由于项目周期短、机构人员较少且资金不足，仅以 186 份调查问卷及部分老年人的访谈结果作为城市老年人参与志愿服务现状分析及需求评估的资料，这在一定程度上影响了研究的科学性与准确性。

第二，工作人员的局限性。S 社区及 QJ 社会工作服务中心的工作人员大部分为非专业社工人员出身，他们对社会工作的专业理论、方法掌握有限，并且开展服务能力也有限，这就会对活动的预期效果产生影响；并且 QJ 机构人员较少且变动较大，这在很大程度上限制了活动开展的频率及效果。

第三，介入层面的局限性。在"益路同行：城市老年人参与志愿服务"项目中，社工仅从老年人自身及社区两个层面进行介入，而忽略了老年人家庭层面。很多老年人的子女或其他家庭成员认为老年人退休后就应该把重心放在家庭，并且认为参与志愿服务存在一定的风险性，他们不愿意自家的老年人参与志愿服务活动。家庭成员的不认可导致了部分老年人不能够积极参与志愿服务，这就造成了社会工作作用的局限性。

第四，督导及跟进的局限性。本项目中，社工对城市老年人进行提升参与志愿服务意愿、增强参与志愿服务能力、改善参与志愿服务环境的服务，并且让老年人真正参与到志愿服务的实践中。但是，社工却疏忽了对老年志愿者的督导及跟进。老年人在参与志愿服务活动后，需要对参与的过程及效果进行反思，需要有专业人士对他们进行专业督导，只有这样，老年人才能及时发现自己的长处及不足，以便及时改进，提供更有效的服务。

针对项目存在的以上四个问题,我们提出了相应的调整方案。

第一,社工应调动多方资源,推广服务项目。仅依靠一家社会工作机构为服务对象提供服务,存在很大的局限性,应积极与政府、社区及其他社会组织合作,尤其应注重与其他社会工作机构合作,扩大项目的服务区域及对象。

第二,要定期组织社区及机构工作人员进行专业知识的学习,并邀请专业督导定期到机构进行评估,提高工作人员的服务能力及效果;同时也要制定合理的人员管理制度,尽量避免工作人员流动较大的问题。

第三,社工在开展服务时,不仅要从老年人自身及生活的社区入手,更要对老年人的家庭成员进行介入。要让老年人的家庭成员也了解老年人参与志愿服务对老年人自身及社会都可以带来各种积极影响,让老年人参与志愿服务得到家庭成员的理解及支持。

第四,要建立完善的督导及跟进机制。城市老年人在参与志愿服务的过程中,要有专业人员对其服务过程进行跟进,并监督其服务质量,同时活动完成后要及时对老年志愿者进行督导,以提升城市老年人专业的志愿服务技能,扩大服务的社会影响及服务效力。

(2)可持续性

"益路同行:城市老年人参与志愿服务"项目具有一定的可持续性,主要体现在三个方面:服务意义、活动形式与活动内容。

第一,意义在于鼓励城市老年人积极参与志愿服务活动,更好地实现老有所为。城市老年人退休后,从忙碌的工作岗位回归休闲的社区,社会角色从"单位人"变为"社区人",往往会出现不适应,通过鼓励他们参与志愿服务,不仅可以丰富他们的退休生活,适应退休后的角色,而且可以发挥余热,继续为社会做贡献,提升他们的自我效能感,并且对退休后失去的社会支持网络进行补充,推动老有所为的实践。

第二,活动形式丰富多样。老年人随着年龄的增长,开始出现视力衰退、记忆力下降、反应迟钝等迹象,社工根据老年人的阶段特征,设计了多种活动形式,如工作人员讲授、同辈群体分享、视频观看、小组讨论、社区活动实践等形式,吸引老年人积极参与活动,避免老年人在活动中感到枯燥、乏味,加强老年人在活动中的投入度,以便更好地实现预期目标。同时,多样的活动形式可以提高老年人对活动内容的记忆,以便更好地运用到志愿服务实践中。

第三，活动内容合理。鼓励城市老年人参与志愿服务，第一，需要让城市老年人对志愿服务的基础概念进行学习，社工首先从志愿服务的基础概念入手，帮助老年人对志愿服务进行了解。第二，通过同辈群体的经验分享，提高参与志愿服务的意愿。第三，进行志愿服务技巧的学习，为参与志愿服务奠定实务基础；同时认识自身参与志愿服务存在的优势，为参与志愿服务增强自信心；然后社区建立志愿服务激励机制及搭建志愿服务信息平台，以促进城市老年人参与志愿服务的可持续性。第四，通过"全民大扫除"社区志愿服务实践，不仅帮助小组成员巩固前期所学习的理论知识，并且吸引社区中更多的老年人参与志愿服务活动。

三 社会工作服务促进城市老年人参与志愿服务的建议

前期通过"益路同行：城市老年人参与志愿服务"项目的实践发现，社会工作在促进城市老年人参与志愿服务方面具有一定的推动作用，但仅仅依靠社会工作自身的力量是不可能促进城市老年志愿服务高质量、高效率、可持续发展。因此，我们以社会工作服务为切入点，结合社工实践的经验，从政府、社区及社会工作机构层面出发，对促进城市老年人参与志愿服务的路径进行探索。

（一）政府层面

我国政府虽然在老年志愿服务方面出台了一些政策，采取了一些措施，但这些政策措施多把志愿服务作为一种老年人参与社会、实现积极老龄化的途径，并没有真正从老年人参与志愿服务角度出发。并且在志愿服务方面对青少年的关注度明显高于老年人，这就迫切需要我国政府及有关部门给予城市老年人参与志愿服务足够的重视。

第一，政府要为城市老年人参与志愿服务制定完善的政策措施。政府颁布的政策在促进老年人参与志愿服务方面起着引导作用，但目前我国关于老年人参与志愿服务的政策还不完善，导致很多老年人不愿意参与志愿服务。所以，政府应该尽快补充完善与老年人参与志愿服务相关的政策措施，从老年志愿者的招募、管理、服务方式、服务内容、服务评价机制及服务督导，都要建立系统的制度保障。

第二，政府要提供相应的资金及物质支持老年人参与志愿服务。志愿服务在开展的过程中需要一定的资金及物质支持，但目前我国政府在这方面拨付的资金较少，部分志愿者甚至出现"自掏腰包"的现象，这严重阻碍了老年人参与志愿服务的积极性。为此，国家财政应该为老年人参与志愿服务提供一定的资金支持，并且要对老年志愿服务项目进行宣传，吸引社会上的爱心人士或者企业为老年志愿者提供资金及物质支持。

第三，政府要切实保障老年人在志愿服务中的安全。老年人随着年龄的增长，他们的身体机能会出现各种问题，所以在选择是否参加志愿服务方面，他们会综合考虑各种因素，尤其是安全因素，然后决定是否参加志愿服务活动。在此基础上，我国政府要采取多种措施保护老年志愿者的安全，例如，提前进行风险评估与规避、为老年志愿者购买人身保险等，让城市老年人安心、放心地参与志愿服务。

(二) 社区层面

社区是城市老年人生活的主要场所，在促进城市老年人参与志愿服务方面，社区也需要积极做出响应。

第一，社区要定期对老年志愿服务政策进行宣传。目前我国在鼓励老年人参与志愿服务方面颁布了一些政策措施，但很多老年人对这些政策还不了解，导致他们参与志愿服务的意愿较低，这就需要社区及时对相关政策进行宣传。

第二，社区在提供志愿服务时要切实从居民的需求出发。很多社区在提供志愿服务时多趋于行政化和形式化，他们没有从社区居民的真正需求出发，而是为完成任务才开展志愿服务活动。这些活动的开展不能解决社区居民的切身利益问题，所以很难吸引社区居民尤其是社区中的老年人积极参与。因此，社区在开展志愿服务活动时应真正做到为社区居民服务，这样才会让社区中的老年人感受到志愿服务带来的积极作用，促进他们积极参与。

第三，社区要为老年志愿者建立完善的管理机制。志愿服务管理机制有利于志愿服务开展的规范化和合理化，而目前我国大部分社区并未建立完善的老年志愿服务管理机制，这在一定程度上阻碍了老年志愿服务的发展。基于此，社区应建立包括老年志愿者档案、激励机制、服务平台在内的老年志愿服务管理机制,促进城市老年人参与志愿服务的可持续性。

(三) 社会工作机构层面

第一,社会工作机构要提升老年人参与志愿服务的意愿。由于传统观念的影响,常常把老年人当作"无用人",把研究重点放在"老有所养"而非"老有所为",限制了老年人在退休后发挥自身价值。从老年人的意识入手,社工对老年人进行志愿服务相关知识讲解,加强老年人对志愿服务的认知;同时从社会整体层面进行宣传,加强社会认知,认识老年人参与志愿服务不仅可以为老年人自身带来价值,同时可以加强社会资源的合理利用,形成良好的社会氛围,这对于提升老年人参与意愿具有重要作用。社工还要通过优秀老年志愿者的示范作用,更好地提升城市老年人参与志愿服务的意愿。

第二,社会工作机构要增强老年人参与志愿服务的能力。能力的增强是参与志愿服务的动力,社工要从老年人的自身出发,帮助他们正确认识自身参与志愿服务的优势,带领他们学习参与志愿服务的专业技巧,增加参与社会的机会,让老年人通过自己的能力,积极地参与志愿服务活动。

第三,社会工作机构要为老年人进行资源链接和科学管理。老年人在参与志愿服务的过程中,只靠自身的能力是不可能保质保量地完成服务。因此,社会工作机构要及时为老年人链接各种资源,尤其注重资金及技术的链接,让老年人在志愿服务的过程中有物质保障及技术支持。个体具有差异性,老年人也不例外,每位老年人都会有自己独特的技能,社会工作机构要对其具有的才能进行具体分类,让每位老年人在志愿服务的过程中都充分发挥自身的能动性。

城市老年人作为一个特殊的群体,要促进该群体积极参与志愿服务,仅仅依靠社会工作机构自身是不够的。为此,社会工作机构要充分发挥专业特性,积极链接政府和社区资源,努力营造一个政府搭台、社区协调、社工机构配合的可持续发展路径,以此来保障城市老年人积极参与志愿服务,为"老有所为"助力。

四 本章小结

随着经济发展、医疗水平的不断提高,社会人口平均寿命显著延长,老龄化成为当今社会需要共同面对的现实问题。如何丰富城市老年人的退休生活，有效推动老年人参与志愿服务，提升其自我效能感，实现"老有所为"，是摆在各个层面的管理者和服务者面前的现实问题。

本研究通过调查发现，目前我国城市老年人有一定的文化水平，物质生活有保障，闲暇时间多且身体健康状况良好，具备参与志愿服务良好的自身条件，但他们在参与志愿服务方面却存在参与率低、参与意愿薄弱，专业服务技巧缺乏等问题。社区也存在志愿服务信息宣传不足、管理松散等问题。这就造成城市老年人在参与志愿服务方面具有提升参与意愿、增强参与能力以及改善参与环境的需求。而目前我国现有的政策设计以及社区服务实践并没有充分满足老年人这三个方面的需求。基于此，我们设计并开展了"益路同行：城市老年人参与志愿服务"社会工作服务项目。为更好地满足老年人参与志愿服务的需求，我们把项目分为小组实践和社区实践两个部分。小组实践部分主要通过开展"增能—学习"老年志愿服务小组带领小组成员学习志愿服务的基础理论知识及专业服务技能，回应了城市老年人提升参与意愿和增强参与能力的需求；社区实践部分通过建立老年志愿者激励机制、搭建志愿服务平台、开展"全民大扫除"活动，不仅回应了改善老年人参与志愿服务环境的需求，更让老年人从理论走向实践，真正参与到志愿服务活动中。由于社区是城市老年人参与志愿服务的主要场所，因此通过社工服务项目的开展，不仅促进了城市老年人积极参与志愿服务，更提升了社区的志愿服务水平。

通过对社工服务项目的总结与反思，可以看到通过社工服务的开展，改变了城市老年人对志愿服务的认知，提升了他们参与志愿服务的意愿，而且参与志愿服务的能力也得到增强，还进一步为他们创造了良好的参与环境。所以社会工作专业服务具有形式多样、针对性强、效果明显等优势，但也存在服务对象偏少、对工作人员专业性要求较高等局限性。实践证明，社工服务可以成为推动老年人参与志愿服务的一种有效路径，但在这个过程中，首先需要充分了解服务对象存在的问题，从服务的需求出发，还要及时链接各种资源，让服务对象可以更好地接受服务。

在研究过程中可以发现，单纯地通过社会工作是不能从根本上解决、促进城市老年人参与志愿服务。实际上，城市老年人能否有效地参与到志愿服务当中来，除了社会工作对他们的意愿、能力和环境的提升外，还涉及政府和社区的支持。政府方面主要依据政策的支持。在我们国家现有的政策中，认为老年人参与志愿服务是实现积极老龄化及老有所为的重要途径，鼓励老年人积极参与志愿服务活动，实现自己的人生价值，政策的支持为促进城市老年人参与志愿服务提供方向指引，成为社工服务的重要补充。社区方面主要依据需求的满足。社区是居民进行自我管理、自我服务的场所，居民的需求通过社区可以得到有效地满足。在老年人参与志愿服务方面，社区从老年人的需求出发，为他们设计合理的活动，提供完善的管理，为老年人参与志愿服务提供了坚实的后盾。

城市老年人通过参与志愿服务活动，有助于发挥自身的特长，在服务社会中实现自身的价值，不仅增强了自我效能感，更赋予了生命新的意义。同时志愿服务缩小了老年人与社会的距离，让老年人体会到自身的劳动被认可和尊重，并且在服务中可以认识更多的同龄人，不仅学习了新的知识和技能，更帮助老年人建构了新的社会支持网络，促进了"老有所为"的实现，丰富了积极养老的实践经验。因此，我们应该积极探索各种服务路径，合理地运用各种社会资源，以充分调动城市老年人参加志愿服务的积极性。

第四章

退休老人参与社区公共事务的社会工作支持

退休老人参与社区公共事务，是推进"老有所为"的具体实践方式，也是在老年人口持续上升背景下推进积极老龄化的有力手段，更是适应社区发展变化，积极开展社区治理的有益尝试。退休老人参与社区公共事务，在资源、潜力方面具有一定的优势，利于其发挥晚年余热，实现自我价值。本研究通过调查问卷、访谈、入户走访等形式了解退休老人参与社区公共事务的现状和问题，并进行需求评估。在深圳市C社工机构相关工作人员的协助下，设计具体服务内容，联合社区工作站和社区组织，运用社会工作专业理论和方法、技巧为退休老人提供服务，调整他们对社区公共事务的认知、提升他们的参与意识、提高他们的参与能力、拓宽他们的参与途径，并在此基础上推进参与积极者参加社区公共事务实践——社区"长者食堂"服务项目。服务结束时，通过服务对象满意度、服务对象改变程度、社区部分居民对参与者的评价来验证此次服务成效。研究发现，通过社会工作服务的介入，退休老人在认知、意识和能力方面有明显改变，社区参与环境得到有效改善，退休老人更愿意参与与他们利益相关的社区公共事务。并根据退休老人在参与社区公共事务实践中发生的改变，提出相应建议，为社区治理中的居民参与困境提出可行性建议，利用社会工作的专业性，推进社区治理的深入发展。

一 退休老人参与社区公共事务的现状及存在的问题

（一）样本概述

W社区隶属深圳市南山区，属于中高档小区。2018年该社区人口数据统计显示，总人口2万余人，60周岁及以上人口约为3650人，占总人口数的18%，老龄化高。该社区兴建于2004年，靠近海岸，属填海造陆小区，辖区总面积为3.2平方公里，辖区内共有五个住宅小区，其余属于高新技术园。社区文化氛围较浓，活动中心摆放着各种文化活动的海报，先后被广东省、南山区评为"先进社区""儿童友好型社区""宜居社区"等不同层次的荣誉称号。社区环境优美，绿化面积大，各种热带树木错落有致。基础设施齐全，社区内包含幼儿园、小学和初中，休闲学习器材俱全。社区尊老敬老氛围浓厚，街道不时开展关爱老年人活动，拜访社区弱势群体。社区内的社会组织活跃，有老年大学、老年协会、摄影协会、心灵驿站等12个社区组织。老年大学开设各种班级16个，满足老年人晚年学习需求，并外出参与各种赛事，多次获得广东省政府、南山区政府、社区党委的优秀奖。老年协会负责为社区内的老年群体举办各种文艺节目，满足老年人学习之外的文娱生活。心灵驿站负责帮助社区居民疏导心理、情绪问题，提供免费的心理咨询。书客厅引导社区居民欣赏文化典籍，观看优秀的文艺作品等。社区组织经常在社区中心开展各式各样的活动，内容丰富多彩，满足部分社区居民的休闲生活，陶冶其情操。

　　将该社区定为研究地点，是因为整个社区环境对促进退休老人参与社区公共事务有潜在的优势。从个人因素来讲，该社区退休老人知识水平高，对新生事物理解能力强。该社区退休老人多，且退休老人年龄多集中在60—70岁之间，身体、精神尚佳，有参与的潜力。该社区经济条件较好，退休老人都有较高的退休金，经济条件优越，不用考虑物质生活因素，有充足的参与时间，无后顾之忧。同时，在进行面谈时，发现社区部分退休老人对于基础公共事务需求比较强烈，独居和空巢老人比较多。就社区条件而言，该社区具有多样社区组织，可以给居民提供各式各样的服务，为退休老人参与社区公共事务提供了条件。社区党委将工作重心集中于社区治理，希望发挥社区居民的参与作用来改善社区环境，对社工的工作给予大力支持，将社工视为问题解决者，希望促进社区居民参与社区公共事务，解决社区参与不足的问题。社区建立了义工走访队，每月定期为社区孤寡老人进行走访慰问，参与社区志愿服务活动，社区存在浓厚的参与氛围。

　　1. 样本选取

　　为广泛了解W社区退休老人参与社区公共事务的现状，社工利用年初搜集居民需求,进行需求调查的机会,在社区住宅范围内采取简单随机抽样的方法调查社区50位退休老人,利用在社区摆点、偶遇的方式,一对一访谈,邀请退休老人填写,最后回收问卷50份,回收率100%,除去有些老人中途放弃填写导致问卷无效,最后样本有效率达90%。问卷题目清晰明确,从样本中发现退休老人参与社区公共事务现状及问题,进而对退休老人进行需求评估,依据需求评估,设计适合退休老人参与社区公共事务的实践活动。

2. 样本描述

(1)年龄结构分布

从45份有效问卷中,可以很直观地发现一些存在于数据中的基本特征,从年龄结构层面(表4-1)来看,参与问卷调查的退休老人年龄集中在60—70岁之间,占总调查人数的75.5%,其中60—65岁为20人,占总人数的44.4%,而76岁及以上的有4人。目前社区退休老人的年龄大部分都集中在60—70岁之间,属于退休不久、年龄较低的退休老人,身体和精神条件相对较好,有一定的参与潜力,在社区中比较活跃,愿意接受社工的服务。

表4-1 年龄结构分布

年龄分布(岁)	人数(人)	百分比(%)
60—65	20	44.4
66—70	14	31.1
71—75	7	15.6
76及以上	4	8.9
总计	45	100.0

(2)文化程度

从文化程度上(表4-2)来看,因此社区为高端小区,在小区中退休老人的知识水平较高,结合他们所处的年代来说,个人的知识水平远高于当时的平均受教育水平。表4-2数据显示,调查样本中,高中或高专及以上人数为38人,占据总人数的84.4%,可见该社区退休老人文化程度高,知识能力强,对新生事物的理解和接受能力强。

表4-2　　　　　　　　　　文化程度分布

学历水平	人数（人）	百分比（%）
小学及以下	3	6.7
初中或中专	4	8.9
高中或高专	9	20.0
大专	10	22.2
本科及以上	19	42.2
总计	45	100.0

（3）性别差异

在所采访的人中（表4-3），性别差异表现明显，受访的45人中，女性有29人，占比64.4%，男性16人，占比35.6%。女性比例明显高于男性。根据社工观察，女性更愿意在社区走动，参与社区活动，男性相对较少。

表4-3　　　　　　　　　　性别差异分布

性别	人数（人）	百分比（%）
男	16	35.6
女	29	64.4
总计	45	100.0

（4）居住状态

问卷调查时，与部分退休老人沟通中发现，尽管社区经济条件较好，但社区退休老人中，空巢和独居老人较多，因为这个原因，社区组建了义工走访队。但因信息了解有限、服务人手有限，以及居民熟悉度有限，有些老人不愿意接受服务，走访服务进行略显困难。根据表4-4可知，调查的45位退休老人中，有20位与配偶一起居住，其中包括空巢老人，子女出国工作，回家次数较少，占据44.4%。还有7位老人是独居状态，一个人居住。这两种居住状态的退休老人占据总调查人数的60%。针对这种居住状态，社区应采取相应措施，帮助这部分退休老人更好地适应社区生活。了解到部分退休老人的居住状态也为后面公共事务的选择提供思考，选择何种公共事务更容易让退休老人接受。

表4-4　　　　　　　　　　退休老人居住状态

居住状态	人数（人）	百分比（%）
与配偶居住	20	44.4
独居	7	15.6
与子辈孙辈居住	18	40.0
总计	45	100.0

（5）经济收入水平

根据对小区走访观察发现，社区老人退休前都有相应的工作，且都处于较高层次，退休后的收入决定着退休后是否有闲暇的时间来参与社区公共事务，是否还需要将重心关注于物质生活，因此，调查他们退休后的收入水平，有助于了解他们的参与条件。根据表4-5可以得知该社区中退休老人的收入水平，退休工资月收入水平在4000元以上人数有40人，占据总人数的88.9%，说明该社区退休老人的整体工资水平较高，退休后对金钱的依赖程度较小，更注重寻求精神满足。

表4-5　　　　　　　　　　　月收入水平

月收入水平（元）	人数（人）	百分比（%）
2000及以下	1	2.2
2001—4000	4	8.9
4001—6000	27	60.0
6001及以上	13	28.9
总计	45	100.0

通过对社区45位退休老人的基本信息调查，从年龄结构、文化程度、性别、居住状态和收入水平等五个维度来了解社区退休老人的生活状态，帮助社工了解服务对象的背景，结合社区的实际情况，设计具体的服务计划安排，挑选相应的可参与的公共事务，帮助解决退休老人参与社区公共事务中存在的问题，让社区退休老人有意愿、有能力、有条件参与社区公共事务。

(二) 现状分析

开展服务前，设计调查问卷，设置相应的变量，获得相应的数据，从数据中分析退休老人参与社区公共事务的现状。

1. 整体参与社区公共事务的人数少

目前该社区有2万余人，其中常住人口有15000余人，但是参与社区事务、关心社区事务发展的人相比较整体人数而言微乎其微。根据问卷数据显示，45份有效问卷中，表4-6显示，有28位退休老人没有参与过社区公共事务，占据总调查人数的62.2%。参与过社区公共事务的人有17人，占据37.8%。但是，在这其中不包括将社区参与认作社区公共事务参与者，如对其进行更细致的划分，参与社区公共事务的人数相对于社区退休老人来说，比例更少。

表4-6　　　　　　　　　　参与人数分布

参与社区公共事务	人数（人）	百分比（%）
参与过	17	37.8
无参与	28	62.2
总计	45	100.0

2. 社区文艺表演参与较多，社区服务活动参与较少

根据对退休老人参与社区活动的类型调查，结合以往的活动记录，社工将老年活动分为四类，主要是社区趣味性活动、社区公益讲座、社区文艺表演和社区志愿服务，并对这部分退休老人进行调查，其结果如表4-7所显示：有28位退休老人没有参与过社区活动，17位退休老人参与过社区活动。而根据17份已参与过社区活动的问卷显示，参与趣味性活动的人有14人，占据总人数的21.2%。而参与社区公益讲座和社区文艺表演的人合计21人，占据总人数的31.8%。相比于参与社区志愿服务的3人，参与社区文艺表演的人数是参与志愿服务人数的3倍。这说明在参与活动中，退休老人参与社区文艺表演和趣味性活动较多，社区服务性活动参与较少，应针对社区服务内容开展相应活动，促进其参与社区志愿性服务，进行社区服务参与。

表4-7　　　　　　　　　　　社区参与活动类型

社区参与活动类型	人数（人）	百分比（%）
社区趣味性活动	14	21.2
社区公益讲座	12	18.2
社区文艺表演	9	13.6
社区志愿服务	3	4.5
没有参与过	28	42.4
合计	66	99.9

注：因四舍五入加总后不等于100%。

3. 社区参与类型重复，参与角色单一

根据表4-7中的参与类型划分，总人数中有14人参与社区趣味性活动，占据总人数的21.2%。而根据社工对深圳部分社区长者领域的走访交流，发现关于老年人开展的活动，其活动内容以趣味性、娱乐性活动为主，这类活动因其环境轻松活跃，受到老年人的欢迎，活动趣味性浓厚，满足老年人放松心情、促进邻里感情的需求。但这种类型的活动存在一个极大的弊端，即参与类型重复，仅对部分人群有独特的吸引力，重复的趣味性活动逐渐失去其存在的价值，难以保持对参与者长久的吸引力。而且这种类型的活动组织者也主要是以社工为主，必要时招募义工进行活动协助，将老年参与者作为一个旁观者，并没有认识到服务对象也可以通过参与社区公共事务，作为服务提供者为社区其他居民提供服务，忽视了参与者的角色转变。

（三）存在问题

1. 退休老人对社区公共事务认知有误

在问卷中，社工根据社区公共事务实施的相关责任单位，将其划分为三个主体：政府、社区居民和社区工作站，对这部分退休老人进行询问，让他们挑选出心中认为社区公共事务实施的主体，结果如表4-8所示：调查的45人中，有14人认为社区公共事务的实施主体应该是政府，占总量的31.1%。认为社区公共事务的实施主体是社区工作站的有21人，占总数的46.7%。认为社区公共事务实施主体是社区居民的有10人，占总数的22.2%。根据以上数据可以得出很明显的事实，即调查的退休老人当中大部分认为社区公共事务的实施主体是政府或社区工作站,与社区居民自身关联度并不密切,这种认知没有意识到随着社会的发展,社区公共事务的实施主体已经由政府和社区工作站转移到社区居民,而仍然将自己作为旁观者。对于这种问题,需要调整退休老人对社区公共事务的认知,让其认识到社区居民才是社区公共事务的实施主体,应积极参与社区公共事务。

表4-8　　　　　　　　社区公共事务实施主体

社区公共事务实施主体	人数（人）	百分比（%）
政府	14	31.1
社区工作站	21	46.7
社区居民	10	22.2
合计	45	100.0

2. 退休老人参与意识低、参与能力弱

通过在问卷中询问退休老人是否愿意参与社区公共事务以及对社区公共事务的了解程度如何,其调查结果如表4-9所示,调查的45位退休老人中,有11位愿意参与社区公共事务,占总量的24.4%,有14位不愿意参与社区公共事务,占总量的31.1%,二者相差不大。只有20位退休老人要根据具体公共事务确定是否参与其中,占总量的44.5%。这说明部分退休老人对于参与社区公共事务意识低,需要根据具体的公共事务来促进他们参与其中。尽管如此,仍有接近1/3的人不愿意参与其中。

表4-9　　　　　　　退休老人是否愿意参与社区公共事务

是否愿意参与社区公共事务	人数（人）	百分比（%）
愿意	11	24.4
视事情而定	20	44.5
不愿意	14	31.1
合计	45	100.0

而在调查中还发现,这些退休老人对社区公共事务的内容了解有限,根据填写过程中退休老人对社区公共事务的疑惑以及问卷中显示出来的结

第四章　退休老人参与社区公共事务的社会工作支持

果，表明退休老人需要增强对社区公共事务的了解，提高其参与能力。了解程度如表4-10所示：所展示的五个选项中，选择"非常不了解"和"了解"的人数均为8人，各占总人数的17.8%，其中选择"不了解"的人数为12人，占总量的26.6%。选择"一般"的人数为17人，占总量的37.8%。将选择"非常不了解""不了解"以及"一般"的人数统计发现，其占总量的82.2%，庞大的比例显示了社区退休老人对社区公共事务了解有限。

表4-10　　　　　　退休老人对社区公共事务了解程度

是否了解社区公共事务	人数（人）	百分比（%）
非常不了解	8	17.8
不了解	12	26.6
一般	17	37.8
了解	8	17.8
非常了解	0	0
合计	45	100.0

3. 退休老人实际参与条件受限

与此同时，针对退休老人实际参与条件也有一个基本的调查，调查结果如图4-1所示：在所有的选项中，采用选项相反的形式对参与条件进行调查，从图4-1中可以看出，45位退休老人中，有15位选择"参与渠道固定"，占据33.3%，有17位退休老人选择"参与形式少"，占总数的

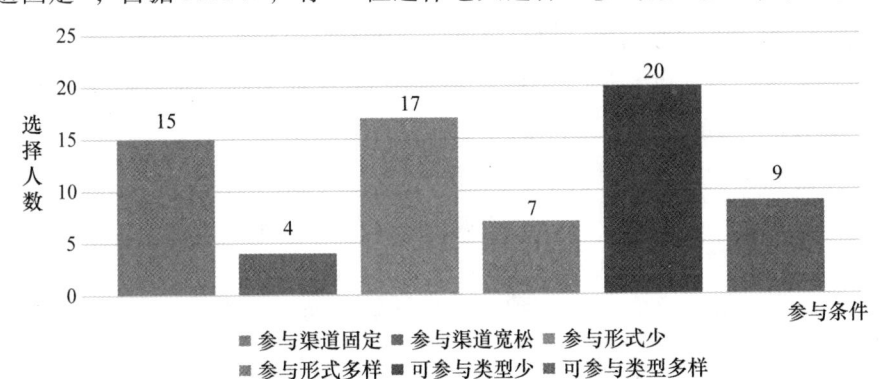

图4-1　退休老人社区公共事务参与条件调查

37.8%，有20位退休老人选择"可参与类型少"，占44.4%，这三个选项中，每一个选项都比相反的选项超出许多，这说明在退休老人心中，这三种选项中的条件限制了参与的可能性。推动退休老人参与社区公共事务，需要帮助退休老人解决这些潜在的障碍，改善参与条件，让他们有充足的机会参与其中。

（四）成因分析

针对退休老人在问卷中表现出来的参与问题，社工结合走访中居民提出的意见和自己在社区中的所见所闻，发现在这些问题背后，社区因素占据很大比例。

1. 社区宣传力度不够，动员形式单一

消息的扩散性对社区工作者来说特别重要，需要将社区中发生的事情尽量让每个居民知晓。传播重要信息时，将新媒体作为一种传播手段已成为主流的传播途径。在社区实习中发现，无论是进行招募还是宣传推广，普遍采用新媒体进行传播，一些重要的事情会在社区公告栏中张贴告示。这种行为忽略了两个很明显的因素，一是社区广阔导致大部分人不会来社区工作站附近观看社区公告栏，仅依靠这两种方式无法让广大居民了解。二是忽视了社区退休老人对手机的了解程度。在社区实习中发现，部分老人只了解手机的基本功能，能够使用手机拨打和接听电话，并不能很好地使用手机了解信息。这种宣传方式导致部分退休老人对社区公共事务认知存在误解，认为社区或政府包揽一切，居民不用关心任何事情。动员居民参与社区公共事务同样存在问题，一般采用被动参与模式，即直接邀请某些与工作站成员相熟的居民充当居民代表进行选举投票或提前向参与的人指定选举对象等，这种形式上的参与极大削弱了居民参与社区事务的积极性，导致部分居民对社区参与的不信任，不愿意参与社区公共事务。

2. 社区趣味性活动偏多，意识培养、实践类活动少且简单

进行居民需求调查时，社工通过入户走访、问卷访谈发现，退休老人以往参与的活动以趣味性活动为主，加以少量的手工活动。趣味性活动能够吸引来参与者，并在活动中辅以象征性的奖品，更容易招募活动对象，持续的奖品奖励行为容易让社区参与者产生固定的思维——参与活动就有奖品，甚至在活动报名时会询问社工参与是否有奖品。这种以利益吸引参与者的行为难以有效增强社区意识，还会削弱社区居民的社区责任感和归

第四章　退休老人参与社区公共事务的社会工作支持　123

属感，甚至当参与活动无礼品时，参与者会降低参与热情、降低参与积极性。而且这种趣味性活动与社区公共事务关联较少，无法对整个社区产生正面积极效应，不能满足社区老年人的真正需求，活动持续性难以维持。社区意识培养、实践类活动偏少，意识培养类活动主要是关注儿童健康成长，对于老年人侧重于健康讲座，受益人群有限。实践活动目前仅有社区义工走访队慰问社区老人，进行社区服务，没有发展其他类型的社区服务，无法让部分有参与需求的退休老人参与社区公共事务，难以提高退休老人对社区公共事务的了解。

3. 社区公共事务参与没有获得预期的效果

分析影响退休老人参与社区公共事务因素时，社工根据前期的了解，将影响因素分为：了解程度、利益关联度、参与效果、参与时间和参与内容。填写结果如图4-2所示：在五种因素中，选择"参与内容"者最多，占据总量的57.8%，之后依次为"利益关联度""参与效果""了解程度"，都在50%左右，表明这几种因素对于退休老人参与社区公共事务影响显著。参与内容与利益相关度之间由参与效果链接，参与内容作为退休老人参与的首要因素，当参与其中能引发良好的参与效果时，自然而然将参与者与参与事情联系得更加紧密。而目前参与不足的很大原因是参与其中并未取得良好的效果，特别是社区公共事务参与。作为影响社区的事情，参与其中若无法得到有效回馈，极大影响退休老人的参与积极性。这种情况在社工邀请退休老人填写问卷时，有退休老人表达过这种意见。

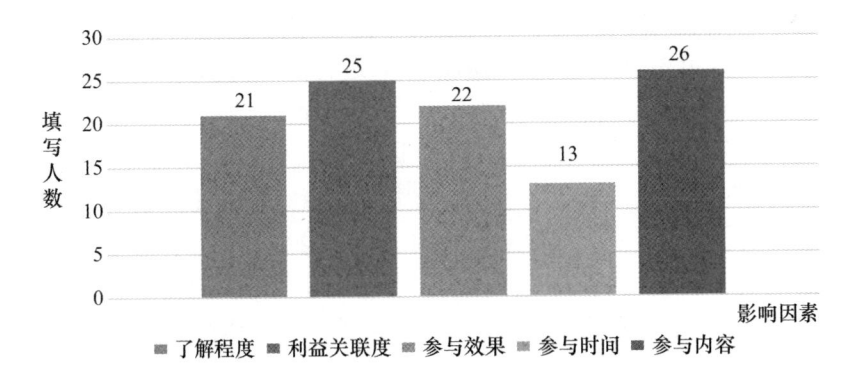

图4-2　退休老人参与社区公共事务影响因素

（了解程度21，利益关联度25，参与效果22，参与时间13，参与内容26）

4. 社区参与途径分散，未进行有效统筹

社区参与过程中，社区退休老人进行社区公共事务参与有着几种途径：参与社区工作站组织的活动、参与社区老年大学或老年协会组织的活动、参与社工举办的活动等，这些参与尚未形成统一的安排。社区组织开展活动，报备于社区工作站或者社工，负责安排场地设备等。参与者大多是其组织成员，自行在社区开展各种公益性活动，进行社区文化宣传，本质上是在进行社区文化参与。但在这个过程中，社区组织各自开展活动，尚未形成统一安排，社区工作站与社区组织、社工三者无法达成有效共识。社区工作站忙于对接政府各处职能，对于社区居民真正参与需求了解较少。社工疲于处理各类行政事务，工作内容受到社区工作站和机构管辖，无法为退休老人提供实践途径。社区各组织负责自己领域内的事情，满足不了退休老人多方面参与需求。这种单一的参与无法为整个社区环境带来明显的改变，非参与者无法感受到参与带来的作用。与此同时，社区工作站对个人参与社区公共事务存有顾虑，不愿意个人独立参与，担忧参与中出现问题，给工作站带来不利影响。

二 促进退休老人参与社区公共事务的社会工作实践

根据退休老人在参与中存在的问题，他们不仅个人自身存在不足，表现为对社区公共事务的认知有误、参与意识和参与能力不足。社区环境给他们的外在条件也束缚着退休老人参与社区公共事务，如参与渠道狭窄、参与方式固定。社区组织是一种非正式团体，单纯依靠社区组织无法帮助社区退休老人解决该问题，需要有外部专业力量进行介入。社会工作对于解决这种问题有极强的优势，它常用社区活动、小组活动或个案活动的形式来对服务对象进行"赋权"，在服务中运用自己的专业手法、技巧，以专业理论为支撑，调整服务对象的认知、增强意识和提高能力，而在促进退休老人参与社区公共事务中同样可以使用该手法，帮助服务对象解决个人自身问题，让他们有能力参与社区公共事务。对于服务对象的外在环境问题，社会工作进行资源链接或帮助服务对象挖掘周围存在的资源，就参与渠道问题，社区有不同的社区组织，社会工作利用链接资源方式协助服务对象链接社区组织，帮助服务对象建立与社区组织的联系，拓宽参与渠

第四章 退休老人参与社区公共事务的社会工作支持

道，让退休老人有机会有平台参与社区公共事务实践。

(一) 服务设计

1. 对象选取与需求评估

本次研究的服务对象主要是进行问卷调查时，填写问卷的退休老人。社工通过联系前期调查问卷中留下电话的退休老人。得知参与时间和参与内容后，共有35位退休老人表示可以参与。因此本次研究的服务对象为35位退休老人。

(1) 认知调整的需求

认知是社会存在在人脑的反映，在社区部分老人心中，将社区中的事务主体限定为政府或社区工作站，并没有认识到自己作为社区的一分子，对社区存在着责任感和义务感。这种认知明显表现在退休老人填写的问卷中 (表4-8)，认为社区公共事务的实施主体是政府或者社区工作站的较多。他们认为社区的一切服务都应该由社区进行提供，无论是个人吃饭问题还是出行难问题，都应该由社区承担，保证好退休老人的退休生活。这在一定程度上反映了那部分退休老人对社区工作的错误认识，对社会现实的快速发展和由此引发的主人翁意识反应并不强烈，导致对社区公共事务责任主体认识不清。在走访中发现，有退休老人表示：政府应该包揽退休后的一切生活，都是他们应得的，儿女都在国外，自己工作了一辈子，等到老了还要自己来照顾自己。老人将所有的事务都交由政府实行，没有意识到自己作为社区事务参与的主体，在社区治理中可以发挥主人公作用，需要改变这部分人的旁观者思维，让他们认识到社区公共事务责任主体在所有社区居民，调整这部分老人的认知，让退休老人转变参与观念，由旁观者变为参与者，由"看门人"变为积极参与者，减少搭便车者。

(2) 提高参与能力的需求

参与能力主要包括两个方面：一是对社区公共事务的了解程度；二是参与过程中的参与表现。对公共事务的了解程度，通过前期调查问卷的数据结果 (表4-10)，我们可以发现大部分退休老人对社区公共事务了解程度有限。有些老人没有听说过或者将社区参与和社区公共事务参与混淆，认为平时参与的趣味性活动就是参与社区公共事务，将社区公共事务与普通娱乐性活动等同，无形中显露出对社区公共事务的认识有待提升。参与过程中的参与表现包括与居民的沟通、解释说明、资料收集、指导等内容，不再是传统参与的被动式参与，而是将自己作为参与的主导者，在参与中服务社区居民，这无形中要求参与者需要更多的知识和技能，了解社区公共事务的具体内容和具体执行过程，尤其是在进入居民家中进行服务时，表明自己的身份以及正在进行的服务，对于获取居民的信任是十分必要的。

（3）拓宽参与途径的需求

在已有的参与现状中，针对退休老人的参与条件并不友好，主要表现在参与渠道固定、参与类型少、参与形式少等方面，如图4-1所示。因此，在促进退休老人参与社区公共事务过程中，需要为退休老人拓宽参与途径，改善参与环境，让他们有良好的参与条件。现有的居民参与社区公共事务的途径十分固定，居民需要成为业主委员会主要负责人或是某个社区社会组织主要负责人才能受邀参与社区居民议事会，如果居民没有意愿参与业主委员会，社区社会组织中又没有感兴趣的组织可以参与，社区居民基本没有参与社区公共事务的途径。且因为知识水平层次不同，个人自我意识有区别，有部分退休老人不愿意参与老年大学或老年协会，认为并不能帮助解决社区现实问题，它们的作用只是让老人晚年生活更加丰富，无法发挥个人作用。即使是讨论社区微实事的居民议事会，也仅仅是邀请居民代表和业主委员会代表参与，评议社区民生微实事项目的大概执行内容，居民自行参与的情况较少发生。

2. 服务目标及策略

（1）服务目标

入户调查和数据分析发现，在已调查的退休老人中，有部分老人对社区公共事务认知有误，认为事务实施主体应该是政府或社区工作站，导致参与意愿不强，还对社区公共事务缺乏了解，导致参与能力有差别，最后因社区参与环境导致参与条件受限。因此，在促进社区退休老人参与社区公共事务过程中，需要从退休老人和社区环境进行介入。在本次服务中，调整退休老人对社区公共事务的认知，让他们意识到自己作为参与的主体，通过参与实践感受的效果，提升其参与意愿；提高退休老人对公共事务的了解，增强其参与能力；拓宽退休老人参与社区公共事务的途径，为老人参与社区公共事务提供便利条件。并在此基础之上，联合社区组织和社区工作站，为退休老人参与社区公共事务提供具体参与内容，进行社区公共事务实践。

（2）服务策略

①社工在其中发挥的角色

基于服务的开展和过程，社工在推进退休老人参与社区事务的不同阶段扮演不同角色。第一，本次项目的首要目标是帮助退休老人调整对社区事务的印象，认识到社区参与的变化，提升他们的参与意愿。因此作为一个引导者，在活动中引导退休老人讲述社区公共事务的变化，并根据自己的需求涉及相关事情，提出自己的意见和建议，假如作为其中参与的一分子，该如何在服务中保证参与的质量，让社区广大居民满意。引导他们发现社区事务服务的主体从社区工作站的职能逐渐转移到社区居民，特别是社区服务内容。

第二，作为一个教育者的角色，目标是提高社区退休老人参与社区公共事务的能力，向服务对象讲述社区公共事务的相关内容，无论是已经在社区发生还是未来将要发生的事情，特别是社区公共事务具体内容，如经济上的社区事务、文化上的社区事务、社区服务等，并不仅限于物业管辖的小区卫生，还包括工作站管辖的社区卫生等。增加他们对社区公共事务的认识，进而知道该如何在实践中有效参与，以及在之后的实践中，如何向居民表达自己正在进行的服务，取得居民的认同，这样服务成果才会在社区得到凸显，因此在这部分的活动中，社工在其中主要扮演着教育者的角色，向他们传授一些相应的知识与服务技巧。

第三，在服务中，需要拓宽参与社区公共事务的渠道，为社区退休老人提供参与平台。联合社区工作站和社区组织，为退休老人链接社区资源，以社区组织为依托，申请具体的公共事务，让退休老人参与其中。在服务中后期，协助社区组织申请民生微实事，并培育积极参与者，让其参与其中。因此社工在这部分内容服务中主要是作为沟通协调者的角色。

②多层次介入服务内容

根据社区工作站对社区居民个人参与态度、社区组织分散参与状况和退休老人参与需求，在整个服务过程中，采用直接介入和间接介入的方式来满足社区退休老人对社区公共事务的参与需求。

退休老人作为社工直接服务对象，以满足他们的需求为工作重点。在满足退休老人的参与需求前，需要对退休老人自身在参与中存在的不足进行引导、改进，一是调整部分退休老人对社区公共事务的看法，将自己当作参与的主体之一，引导他们发现社区参与的变化以及未来发展趋势；二是向参与者传授关于社区公共事务的知识，包括具体的内容以及社区居民正在参与的事务，引导他们发现在参与中需要学习的内容；三是为参与者打通参与渠道、建立与物业和社区组织的关系，这部分属于直接介入内容。

间接介入主要是针对退休老人的参与环境进行介入。退休老人参与社区公共事务离不开社区组织和社区工作站的支持，除去自身条件之外，社区需要为他们进行社区服务提供支持和指导，为他们提供社区场地和社区经费以及政策性的引导，在社区进行宣传推广，以权威性向社区居民表明退休老人参与的事务具有真实性和公益性，减少参与过程中居民的阻力。社工负责沟通社区组织，让社区组织为退休老人提供依托平台，依托社区组织参与社区事务，减少工作站对个人参与公共事务的忧虑，发挥社区组织的平台作用。社工在实践中指导社区组织如何申请公共事务，为社区组织提供服务，间接改变服务对象参与环境。

③理论结合实际变化介入服务对象

社会工作的实务过程离不开理论的指导，退休老人参与社区公共事务运用理性选择理论和社会目标模式，通过理论假设和理论依据，不断调整服务过程和服务计划，让整个服务过程更加有序化和规范化。

服务开展前，根据理性选择理论的内容，利用问卷和走访信息了解到退休老人的具体需求，并结合问卷中显示出来的参与问题和参与意愿，了解不同退休老人对社区公共事务的参与意愿和参与态度，根据参与与回报的比例来确定退休老人最有可能参与的公共事务，探寻隐藏在服务对象背后的理性需求。发现社区退休老人对社区具体事务的依赖程度，以及可以进行的社区公共事务，结合社区工作站的工作重心安排，让服务对象参与社区公共事务实践活动，提升参与效果，以最小付出获得最大收益，并通过参与社区公共事务服务社区居民，将社区公共事务利益与社区居民共享。

服务开展前期，通过问卷和走访了解服务对象的需求，发现他们的参与现状，不仅表现在他们自身存在着不足，还表现在社区环境对他们的支持力度不够。因此社工计划采用社会目标模式，增强退休老人的社区意识和社区责任感。在具体服务中，社工首先帮助退休老人确立自己的目标即参与社区公共事务，在这中间需要确立团体成员和工作方案，该采用什么样的工作方法进行社区公共事务参与。其次了解参与者的具体信息，知道退休老人需要什么、能做什么、人际关系如何，挖掘服务对象的潜在资源，帮助建立团队协作。最后以社区组织为依托，进入社区参与具体事务，社工逐渐减少干预，让服务对象利用社区组织平台有序有效参与。

根据理性选择理论的内涵，提出以下理论假设：与社区居民利益关联度越高的社区公共事务，退休老人参与程度越积极，满意度越高。

3. 方案设计

根据数据分析和对社区现实情况的了解，帮助社工了解社区退休老人参与社区公共事务存在的问题。针对这些问题，社工设计了两种不同类型的活动，帮助服务对象解决问题，促进退休老人参与社区公共事务。针对退休老人对社区公共事务的认知有误和参与能力弱的问题，社工利用社区活动"参与，让社区更美好"和小组活动"奉献，让参与更有价值"的前三节，帮助调整服务对象的认知、提高他们对社区公共事务的了解，进而提高退休老人的参与能力。而退休老人参与渠道狭窄和参与意愿低的问题，社工利用社区活动"参与，让社区更美好"和小组活动"奉献，让参与更有价值"的后两节，帮助服务对象建立与社区组织的关系，依托社区组织参与社区公共事务。与此同时，为了让参与者见证服务的效果，利用社区活动和小组活动，让他们有机会参与到自己关心的社区公共事务中，提高退休老人的参与意愿。

（1）认知调整和能力提高活动

认知调整和能力提高活动主要依赖于社区活动和小组活动的前三节。社区活动邀请社区工作站员工和服务对象共聚一堂，讨论与退休老人相关社区事务的发展进度，就这些事情与工作站商量该如何实施解决。活动计划开展前半个月时间将活动计划书撰写完成，并提交给机构督导审核，之后进行修改再提交审核。活动开展前一个星期联系社区工作站员工是否有时间可以参与，开展一天前通知活动参与者，提醒参与时间，询问是否可以确定参与。通过社区活动，增进彼此的沟通，在沟通中确定退休老人关心的社区公共事务，并根据理性选择，确定目前适合参与和开展的社区公共事务，挑选出退休老人最愿意参与的社区公共事务。借助此类事情，向参与者讲解社区公共事务的内容，调整他们对社区公共事务的认知，增强他们对社区公共事务的了解，提升参与能力，促使退休老人有意愿有能力参与社区公共事务。小组活动的前三节主要是向组员讲述"为什么要参与社区公共事务""社区公共事务是什么"以及"社区公共事务怎样参与"

的内容，调整服务对象对社区公共事务的认知和提高他们对社区公共事务的了解，进而提高参与能力。

（2）参与渠道拓展和参与意愿提升活动

参与渠道拓展主要是依靠小组活动的后两节，帮助服务对象建立与社区组织之间的关系，依托社区组织参与社区公共事务。社工在社区活动开展之后，小组活动开展之前对服务对象进行间接介入，帮助社区组织申报社区公共事务，让社区组织顺利在社区开展社区公共事务。之后邀请社区组织加入小组活动，帮助组员熟悉社区组织，了解在社区组织平台中该如何参与社区公共事务。通过参与社区公共事务，验证整个服务的成效，从而提高退休老人的参与意愿。

（二）服务实施

根据对服务对象介入的先后顺序，首先调整服务对象对社区公共事务的认知、提高他们对社区公共事务的了解，因此首先开展"参与，让社区更美好"社区活动。其次帮助服务对象拓宽参与渠道和提升参与意愿，开展"奉献，让参与更有价值"小组活动。

1. "参与，让社区更美好"社区活动

座谈会中，社工将内容分为三个阶段。第一阶段是社区活动的前奏，社工的自我介绍和热身环节。在这个环节中，与社工预先的设想并不一样。在社工的预想中，社区退休老人应该是熟悉的人，都是在社区生活过多年的人，实际情况却是里面的参与者很多不相识，少有几个是熟悉面孔，相识度不高。因此老人自我介绍完之后，在热身环节利用的是"卡牌"小游戏，重新介绍自己。第一阶段作为一个铺垫，当热身游戏结束时，大部分老人之间已经相互熟悉。

第二阶段是活动的重点，主要是引导社区退休老人讲述自己关心的社区事务，以利益关联度来引导退休老人提出具体事务。开展这个环节时，参与者略显拘谨，并没有人主动讲述。社工发现这种僵硬的现场气氛，主动提出走访中老人们关心的长者食堂问题，借此引发参与者的思考，是否有同样的需求。一位R姓老人回应了社工的问题，他表示：我在社区已经退休好多年了，现在老伴和我身体都不是很好，今天参与这个活动，还是请那些义工帮我推行过来的，那我就来说一下我的问题。我和老伴行动都不便，以前为国家做了很多事情，现在子女都在国外，吃饭和出行都是问题,社区怎么不帮我解决这个事情,特别是社区长者食堂的问题,深圳一些社区正在实行,为什么我们这个这么好的小区都不能实行,到底是谁的问题,我现在都这样了,国家一直说要保障好退休老人的生活问题,可是我的问题从来没有得到解决过。老人的话引起了部分参与者的共鸣,表示吃饭问题是社区老人最关心的事情之一。话音刚落,一位72岁L姓退休老人表示:社区的无障碍通道损坏多年一直无人修复,老人们进出楼道特别不方便,社区是否有能力帮助老人解决这个问题,他向社区工作站反映过多次却一直得不到解决。还有W姓老人表示:社区义工走访队的服务得不到居民理解,时常遇见电话不接、敲门不应、不开的情况,特别打击义工的服务心态。

退休老人们提出了一系列关心的事情,但总结起来,即长者食堂问题、无障碍通道修建问题以及义工走访队出现的问题,需要得到及时解决。现场老人议论纷纷,社区工作站副主任当即表态:在社区开展长者食堂服务,但是具体细节仍要仔细思考,涉及食品安全问题,社区工作站执行起来需要有相应的实施流程。今天的参与者可以提出自己对这件事情解决的看法,社区工作站负责和物业与业主委员会进行沟通。社区无障碍通道修建问题目前属于业主委员会管辖,社区工作站无法介入其中,但可协助沟通。社区义工走访队遇到的问题,社区工作站即将定制社区特有的义工服和义工徽章,义工上门服务时需要佩戴义工徽章和穿着义工服。

话音刚落,社工明显感觉到现场的议论变得少了一些,参与者将话题的重点集中在长者食堂项目的开展中,不再抱怨事情的开展,转而讨论事情该如何开展,提出不同的建议。有参与者提议:是否可以在社区找一个地方集中就餐,将社区老人都聚集起来,利用快餐盒或者保温桶从社区外面给老人带餐,每天的午餐放在固定地点,等待老人来取。有老人提议是否可以进行有偿送餐,这样可以避免行动不便的老人取餐时出现问题。还有老人表示餐具摆放的地方如何确保卫生,如何保证这些午餐符合广大社区老人的爱好等。也有参与者提议招募社区志愿者进行服务,向行动不便的老人进行免费送餐服务。在场参与者几乎都有意报名午餐项目,因此对于这件社区公共事务的细节讨论更为仔细,到场的35位退休老人和社区组织负责人及工作站人员超过半数提出过自己的观点,特别是社区工作站的工作人员最后做的总结,她表示:接下来将会和物业与业主委员会沟通,在社区确定场地作为送餐地点,之后招募社区居民来为行动不便的老人提供免费送餐服务，推动更多社区居民来参与社区事务服务，减少不必要的矛盾。后期会进行志愿者报名和午餐人群报名，等待民生微实事的确定。

活动的第三个阶段为社工的讲解阶段，在这个环节中，由社工负责向参与者讲解社区事务的不同方面，如社区经济、社区文化、社区卫生、社区服务等。目前这些社区事务包含的方面有哪些，社区和居民又该如何区分社区工作站、业主委员会、物业的社区责任，特别是现在部分社区业主委员会的职能越来越健全，以前一些由社区提供的服务，业主委员会也开始逐渐介入，社区居民越来越多地参与社区事务的自我管辖，社区工作站的职能逐渐转向政府化。在社工的讲解中，还涉及社区事务参与的变化，从社区义工走访队进行的社区服务活动入手，讲解到社区儿童故事会的社区文化，社区老年大学包含的社区教育，都是社区居民在进行自我组织、自我服务社区，社区工作站提供必要的指导作用，引导他们规范发展。让退休老人了解到社区参与的变化，改变他们对于社区公共事务的观念，提高对社区公共事务的了解。

在本次活动中，主要运用理性选择理论进行指导。在活动开展中，利用利益关联邀请部分退休老人提出自己关心的社区公共事务，这种行为是践行理性选择中的利益选择。关心的事务涉及自身利益，因此退休老人会根据事务与自己的利益相关度来决定是否参与其中。而在挑选社区公共事务时，退休老人则根据与自己的利益关联度来挑选相应的社区公共事务，并就利益牵涉最深的事务提出自己的建议。本次活动很好地提升了退休老人的参与意愿，在参与中决定事务的发展，产生了良好的参与效果。

2. "奉献，让参与更有价值"小组活动

小组活动的前三节主要是调整服务对象对社区公共事务的认知，提高他们对社区公共事务的了解，进而有能力参与社区公共事务。后两节是帮助建立与社区组织的关系，让退休老人依托社区组织参与关心的社区公共事务，帮助他们拓宽参与渠道，并验证退休老人参与活动的效果，提高他们的参与意愿。

第一节小组活动主题是"为什么要参与社区公共事务"，社工介绍本次小组活动的目标是促进退休老人参与社区公共事务，小组活动的整个内容主要是向组员介绍小区中社区公共事务，促进他们参与社区公共事务。因为属于第一节小组活动，所以在组员的熟悉度上并不是很密切，尽管上节活动已经相互介绍过。因此熟悉环节采用的是游戏"击鼓传花",让小组成员再一次熟悉。在第一节小组活动中,组员的表现相对比较平静,社工讲述的内容较多,当说到小组活动要求时,组员对此表现比较热烈,说出在参与中的要求,如不能缺时、提前请假、有序参与等小组活动规定。在参与中,义工走访队的成员表现积极,说出自己在参与义工走访队时的规范和要求:一月四次走访,每月举行一次会谈、做好走访记录等环节。其他组员在她的引导下开始发表自己的意见,并商议该如何参与社区公共事务。

第二节小组活动主题为"社区公共事务是什么",主要是讲述居民关心的公共事务,以及社区事务在生活中的作用。活动开始,由社工引导组员回忆小组活动规范,表明小组活动的持续性和有效性,之后邀请组员说出在小区生活的变化,主要是周围环境的变化。其中一位 H 姓阿姨就表示:现在小区里面都没有吃饭的地方,以前有一个饭店,之后被取缔了,导致她们有时候不想做饭时都找不到吃饭的地方。H 姓阿姨还是将焦点集中在"长者食堂"上。一位 O 姓阿姨表示现在小区里面卫生比以前好多了,自从置换物业和开展民生微实事之后,小区各种硬件设施更加齐全,小区经常看到有打扫卫生的人。一位 W 姓大叔接着说出了小区的志愿服务队,民生微实事项目留下的义工走访队,每月走访社区孤寡空巢老人,陪他们聊天、心理安慰等,给社区尊老敬老环境带来很大改善。还有参与者表示在小区内开展的各种文化节、故事会等活动,给小区文化带来很大的改变,党群服务中心内摆放着各种文化活动的照片资料,给社区赢得"精品社区"的荣誉称号。

组员纷纷说出自己在社区观察到的事情,而这些事情又可以很明确地划分在社区公共事务中,如小区卫生可以划分在社区卫生中,义工走访队可以划分在社区服务中,还有部分文化活动可以划分在社区文化中。社工及时提出社区公共事务还包含社区治安、社区经济等,社区工作站员工经常会走访辖区企业,检查社区商铺营业执照、宣传食品安全等,履行社区经济职能,确保社区居民享受到安全的食品。社区工作站还管辖着整个小区的卫生环境,并不仅指小区,还有街道以及小区周边的人行道。小区内的社会福利体现在每年固定时间走访社区内孤寡老人,送慰问品等。但是在实施过程中,社区居民在其中发挥的作用并不突出,只有少量几个与社区工作站关系较好的居民可以有效参与,工作站也担忧发动居民参与导致部分居民有意见，社区工作变得被动。

第三节小组活动主题为"社区公共事务怎样参与"，主要向组员讲述该如何参与到社区公共事务中来。邀请组员讲述自己曾经参与过的社区公共事务。一位 H 姓阿姨表示自己曾经有过宣传社区文化的经历，作为志愿者在小区门口和社工一起宣传保护小区环境的活动，当时是在微信群链接报名义工活动，培训后参与。还有阿姨表示自己参与过老年协会在小区的表演，作为其中一个协助者，参与社区文化活动。之后介绍社区组织在参与社区公共事务中发挥的作用，特别是社区文化宣传和社区服务方面给社区带来的变化。说到社区组织时，参与者有些比较陌生，但是说出在社区内举办的各种活动时，才恍然大悟，意识到是哪个社区组织在开展这种类似的活动。当说出参与途径时，目前他们只能作为志愿者参与社区组织的活动。向组员介绍"长者食堂"项目时，明显感受到组员对此表现强烈。在社区中实施社区公共事务，需要向社区工作站进行申请，当这些事务责任主体明确时，社区居民不易介入。因此作为退休老人，在社区活动中进行社区服务是最容易参与的事务，而社区服务也是社区工作站和社区党委最重视的，将社区建设成服务型社区。

第四节小组活动主题为"社区公共事务参与培训"，主要是培训组员在参与"长者食堂"社区服务中该如何进行，提高组员的参与能力。活动开始时，由社工带领组员回忆上一节讲述的内容，讲述社区公共事务该如何参与。在这一节中，由社区组织负责人向组员重点介绍该如何参与社区服务，提高组员的参与能力和参与技巧。参与者在参与社区服务时，都有严格的要求，从着装上看，需要穿戴社区工作站定制的义工服，借用和归还都需要填写相应的表格，胸前佩戴工作站定制的义工名牌。在语言表达上，要主动提及自己的身份是来自社区服务的义工，正在进行何种社区服务。指导老人填写报名表时，主动向老人介绍表中的内容，以防遇上视力模糊的老人。在服务中收集报名表时，需严格按照表中老人填写的户籍信息收入相应的资料，并且填写相应的住址。在规定的时间内，收集相应的表格，如遇到资料上交不齐全者，逐一核对并电话通知老人补齐资料，电话沟通需要使用工作站电话，语言表达规范和指导问卷时一样。

第五节小组活动主题为"社区公共事务参与进行中"，由于这是最后一节活动，小组的主要目标——培训参与"长者食堂"事务已经完成，并把"长者食堂"项目负责人和组员进行过介绍，由她指导组员在社区服务中该如何进行。活动开始时，组员因属于小区居民，对于新来的物业人员有所了解，所以介绍时简明扼要，并无过多介绍。社区事务负责人负责整个项目的进展，从民生微实事申报到居民议事会、第三方修改、送往街道过会的流程，联系餐饮公司、确定价格等工作，因此向组员介绍"长者食堂"时，非常详细地介绍了整个项目的由来。尤其是时间限制和资料统计，这二者需要明确报名人数和户籍人数。

（三）服务评估

在整个服务结束时，邀请参与者填写意见反馈表，根据意见反馈表对整个服务内容进行评估。

1. 过程评估

在过程评估中，主要评估参与者在活动中的表现、参与者的出勤率以及参与者在活动中的互动效果。对于参与社区事务而言，主要评估参与者在参与中是否表现出对社区事务的关注、看法、讨论以及是否参与即将开展的社区公共事务实践活动。

根据座谈会以及小组活动的开展，发现在座谈会中，参与者的表现更为积极热烈，特别是在讨论社区事务具体怎么开展时，参与者纷纷提出该如何让该社区事务更好地在社区落实，无论是从活动地点，还是人员筹备安排以及资格审查、卫生条件等，都相应提出过观点，尽管没有确定他们作为参与者还是管理者参与其中，都从一个较为客观的角度提出切实可行的方案。甚至在活动现场，还提出过有偿送餐的服务，将其作为一种半商务模式在社区运行。而在小组中，参与者的表现更接近于学习，讨论环节较少。为更好地在社区推广社区事务，要求参与者在收集报名信息、回答居民问题时都需要统一口径，严格按照项目执行标准进行。实际上，在整个参与环节，服务对象都很愿意参与社工开展的活动，也在活动后期直接报名参与社区事务的实践环节。

参与频率是指服务对象在规定的时间内参与活动的次数，一般而言利用签到表进行观察。在两次活动中，每个服务对象都能很准时地参与每个活动，小组的参与者每节活动均无缺席。活动中的互动也是社区老人参与社区事务的一种。在座谈会中，到场的参与者就自己关心的事情向社区工作站进行咨询，与周围参与者讨论、商议社区事务的具体实施细节。观察中发现，至少有一半以上的参与者进行过互动，表达彼此的想法。

2. 结果评估

结果评估主要是了解整个项目对服务对象产生的作用，是否达到预期效果，也就是说是否有实现目标。根据项目设定的目标而言，整个活动的目标有三个：一是调整服务对象原先认为社区事务是社区负责的观念，认识到社区居民也可以作为社区事务参与主体，调整认知。二是提高服务对象的参与能力，让他们了解什么是社区事务，社区事务可以怎么参与，在参与中又要注意哪些内容等。三是联系社区事务负责人，为服务对象开辟参与通道，让他们有机会参与到固定的社区事务中，拓宽参与渠道，在实践中提升参与意愿。

（1）服务对象满意度评估

根据活动满意度的不同维度，社工将调查项目分为"活动场地""活动时间""活动内容""工作者表现"四个维度，评分标准按照1—5分计算，从"非常不满意""不满意""一般""满意"到"非常满意"五个等级，1分最低，五分最高，在活动后期邀请服务对象填写意见反馈表。横向坐标轴表示评价等级，每一评分的柱形从左往右分别代表活动场地、活动时间、活动内容和工作者表现，竖向坐标轴表现评价人数。反馈结果如图4-3所示。

根据图4-3我们可以得知，大部分参与者对社工提供的服务选择"非常满意"，其中尤以"活动内容"最高，总人数31人，占比接近88.6%，从而验证理论假设：与居民利益关联度越高的社区公共事务，居民参与越积极，满意度越高。"活动场地""活动时间"和"工作者表现"依次随其后。对于"工作者表现"和"参与时间"，有部分服务对象将其

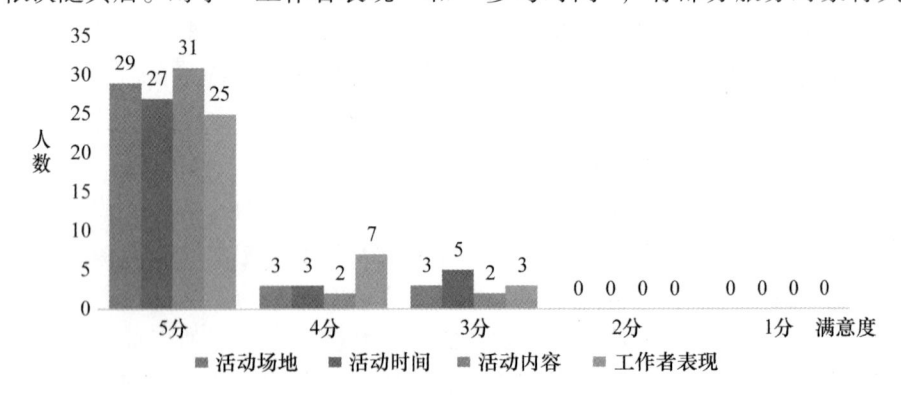

图4-3 服务满意度评估

视为"一般",说明社工需要在这些方面改进,活动时间需要更贴近退休老人闲暇时间,而"工作者表现"则需要进一步得到锻炼,以在服务中更好地服务。由此验证理论假设,与社区居民利益关联度越高的社区公共事务,退休老人参与程度越积极,满意度越高。

(2) 目标完成度评估

根据整个服务的目标:调整退休老人对社区公共事务的认知、提高他们对社区公共事务的了解,进而提高参与能力,提升他们的参与意愿,并拓宽参与渠道,让服务对象有能力、有机会参与社区公共事务实践活动,满足他们的参与需求。

①服务对象认知改变

在图 4-4 中,横坐标表示退休老人认为社区公共事务的主要责任主体,纵坐标表示选择人数比例。35 份意见反馈表中显示出来的数据表明,介入后依然将社区公共事务的主体选择"政府"的有 3 人,占比 8.6%,比起介入之前的 31.1%（表 4-8）,有明显减少。选择"社区工作站"的人有 14 位,占比 40%,比起介入之前的 46.7%,二者之间差距较小。选择"社区居民"的有 18 位,占比 51.4%,比起介入之前的 22.2%,有明显增加。通过两组数据对比,很明显地发现通过社工的介入,退休老人对社区公共事务的认知发生了明显改变,将社区公共事务的实施主体从政府转移到社区居民身上。

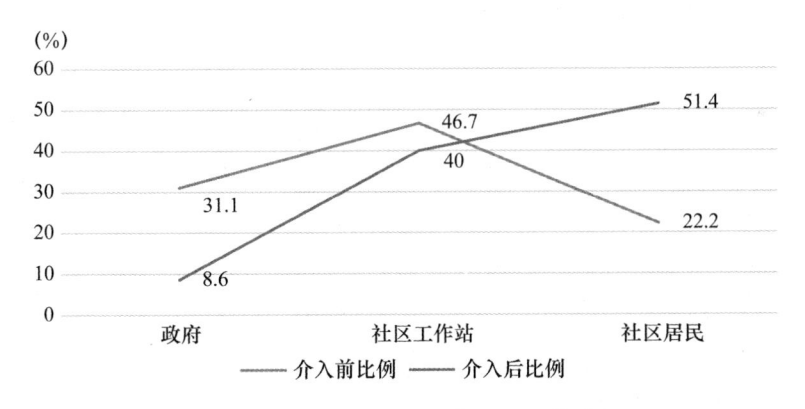

图 4-4 介入前后服务对象认知调整对比

②服务对象对社区公共事务的了解程度

在图 4-5 中,横坐标表示退休老人对社区公共事务了解程度,纵坐标表示选择人数比例。根据35份意见反馈表中的数据，发现通过社工的服务，对于社区公共事务的了解程度，选择"非常不了解"的人数为0，占比为0，比起社工介入前（表4-10）中的17.8%，介入效果有明显好转。选择"不了解"的人数为4人，占比11.4%，比起社工介入前的26.6%，有明显的改变。选择"一般"的人数为10人，占比28.6%，比起介入前的37.8%，选择比例明显减少。选择"比较了解"的人数为21人，占比60%，相比介入之前的17.8%，明显增加。通过对比两组数据，可以很明显地发现，通过社工的服务，社区退休老人对社区公共事务的了解程度明显增加。

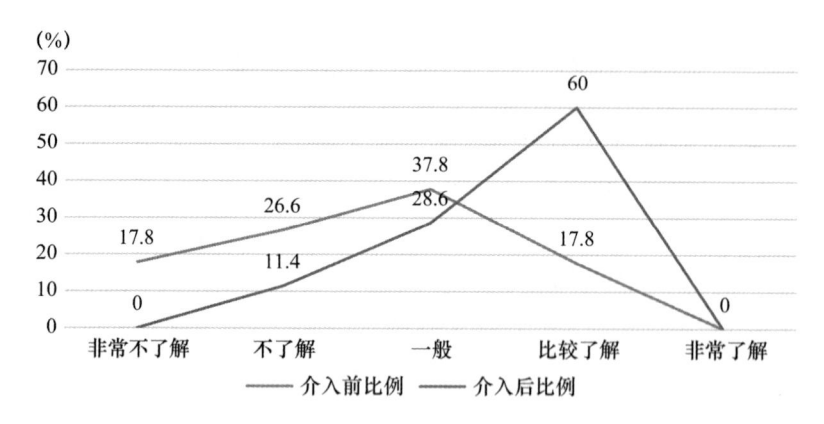

图4-5 介入前后服务对象对社区公共事务了解程度对比

③服务对象参与意愿

通过调整服务对象对社区公共事务的认知，提高退休老人对社区公共事务的了解程度，来提升其参与社区公共事务的意愿，在意见反馈表中邀请退休老人填写是否愿意再次参与社区公共事务。

在图4-6中，横坐标表示退休老人参与意愿选项，纵坐标表示选择人数比例，其调查如图4-6所示，35份意见反馈表中，有17位退休老人愿意再次参与社区公共事务，占比48.6%，比起介入之前的24.4%（表4-9），提升接近一倍。选择"依事情而定"的退休老人14人，占比40%，比起介入之前的44.5%有所下降。选择"不愿意"的参与者4人，占比11.4%，比起介入之前的31.1%，有明显下降。通过数据对比，社工对退休老人采取的干预措施有效，服务对象更愿意参与社区公共事务。搭便车者有明显减少，积极参与者比例明显提升。

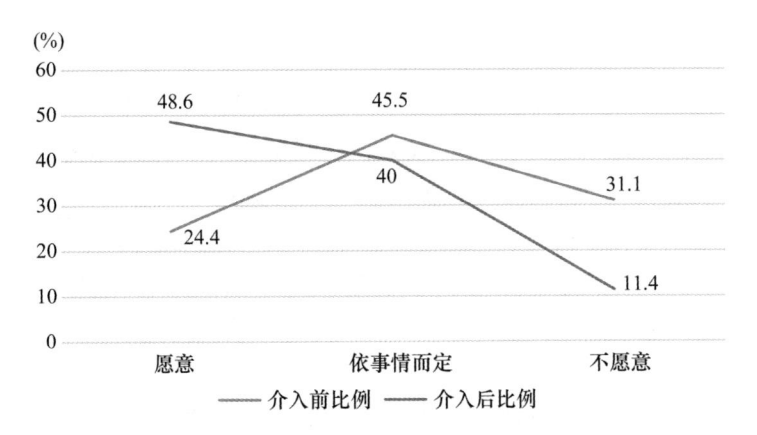

第四章　退休老人参与社区公共事务的社会工作支持　　139

图4-6　介入前后服务对象参与意愿变化

（四）服务效果

1. 服务对象个人变化

服务结束后，社工对上次服务中的部分参与者进行回访，利用再次入户走访的机会拜访上次参与活动的居民，了解上次活动对参与者的效果以及参与者对活动内容的评价，了解他们参与社区公共事务——"长者食堂"项目的感受。

（1）服务对象认知上的变化

认知是一种心理过程，指人们对外界事物的认识在人脑中的反映。这种反映进而影响人的思考和行为。在认知的改变中，一般包括人的感觉、知觉、记忆、思维和语言等不同类别，这些因素综合起来影响人的认知。社会工作的作用之一在于改变服务对象错误的认知，塑造一种正确的价值观，让其更好地适应社会发展。对服务对象前后对比的访谈中，服务对象对社区事务的认知有了很大的转变。不同于前期活动中对社区公共事务的看法，认为社区公共事务是社区或政府全部统筹，居民不用发挥自我功能。通过社工举办的活动和参与社区公共事务实践，现在退休老人对公共事务的看法有更直观的改变，认为社区事务是社区居民自己的事情，自己可以作为一个责任主体，社区起着一个引导补充作用，发挥指导作用，居民在具体实施中根据社区不同的环境发挥自我功能，实现居民自治。同时，参与社区公共事务需要对社区事务有一定的了解，才可以有效有序参与，因此需要对小区的社区公共事务有一个基本的了解。如果需要涉及费用相关的问题，该如何通过社区社会组织申请民生微实事，如何规范服务。

（2）服务对象心理上的变化

社会工作作为一种补充政府服务、将社会福利具体实施的落实环节，与服务对象接触中保持着良好的关系，重要一点在于社会工作是一种维护社会稳定的调和剂，疏导服务对象个人心理。无论是社会矫正、临终关怀，它都在发挥着调整服务对象心理的作用。从个人与环境或个人自我满足感来说，社会工作从细微之处着手，一点一滴改变服务对象。回访中，当谈论到社区公共事务时，部分退休老人不再抱怨、吐槽，可以心平气和地和社工讲述他遇到的事情，也不再有对社区工作站工作的不满，开始相互理解。他说道："以前我们是不知道社区公共事务有多少，这次通过你们创办的座谈会与我们讲述社区公共事务的内容，发现的确存在不少需要改变的，而社区工作站人手有限，又需要对接不同的政府部门，所有的事情全部在社区落实，社区工作任务量繁重，我们也能理解。你们社工这个工作做得很好，照顾到了我们的意见，让我们有和工作站表达诉求的机会。"这位老人因身体不便并没有参与社区事务的实践，只参与过座谈会。类似的话语不停地从回访者口中说出，与前期进行问卷填写时，老人们对社区事务心理上的感受产生了明显的变化，从开始的不理解到现在的理解，甚至愿意再次参与这样的座谈会，向社区表达自己的意见和诉求。

（3）服务对象行为上的变化

服务对象的行为直接显现出社会工作的价值所在，通过社会工作的引导，最终目的在于改变服务对象的行为，使其达到良好适应和发展的目的，进而改变社会。通过一系列直接或间接手段对服务对象进行干预，体现社会工作的专业手法。在整个服务中，根据理性选择理论，挑选退休老人最愿意参与的"长者食堂"为切入点，采用社区工作方法和小组工作方法的形式，利用讲授与实践相结合的方式来改变服务对象的行为，产生了良好的效果。后期回访中发现，参与者不仅积极参与社区事务，而且在其中发挥着重要的作用，特别是在实践活动中，前期协助物业和业主委员会在社区中张贴宣传手册、收集报名材料、审核统计等工作，后期直接为社区行动不便者进行免费送餐服务，将社区服务以志愿者的形式开展，在社区中发挥榜样作用。后期社工走访一户正在进行社区公共事务实践活动的W姓老人时，更是对社工的活动表示支持。她主要是负责管理本次社区公共事务实践参与者,负责为社区组织协调参与者的人员分配,表示这场有意义的活动让她感受到社区的温暖,居民自己有意愿的事情可以自己进行,尽管参与其中有很多挫折,经常要和别人沟通、解释,有时还需要向社区外的人解释正在做的事情,持续进行这种参与活动有着很强烈的意义,让社区居民看到社区服务的成效,不再将其作为一场旁观者的活动,带动更多居民来参与社区事务,服务社区居民。

2. 社区参与环境的变化

(1) 社区外部参与环境的变化

社区外部参与环境的变化主要是指社区组织和社区工作站对退休老人参与社区公共事务的鼓励。社区工作站承接街道各项事情,为居民提供各种服务。但是由于人手有限,事务繁忙,以及对社区居民需求的不了解,导致他们在推动居民参与社区公共事务时始终存有顾虑,对于个人参与社区公共事务慎之又慎,抱着"多一事不如少一事"的态度完成日常工作,对于居民提出的需求,社区工作站要采集多方意见才可决定实施,减少社区其他群体的阻碍,进度缓慢。结合社工在社区开展各式各样的服务,社区工作站将社工当作问题解决者,而不仅仅是服务提供者。通过社工开展的活动,邀请社区部分退休老人聚集一堂,邀请社区副书记参与其中,了解居民的需求,听取居民对社区公共事务提出的意见和要求。最终决定以社区组织为参与平台,联合社区组织申办关于社区公共事务的民生微实事,得到了社区退休老人的广泛好评,纷纷参与其中。服务实施时,有十余名参与积极分子参与到社区公共事务的服务中,为其他退休老人进行服务。每天服务人数在八十人左右。不仅此社区组织积极开展,社区老年大学、老年协会、摄影协会也纷纷开始申请类似的社区公共事务,邀请社区老年人参与其中,进行社区文化建设。

(2) 社区内部参与环境的变化

社区内部参与氛围指社区老年人的参与意愿和参与积极性,通过社工在社区举办的座谈会和小组活动,以实际行动证明了参与的有效性,社区老年群体参与积极性高涨,不仅表现在积极参与社工组织的社区活动中,也表现在积极参与社区服务和社区文化建设中,为社区居民提供各式各样的服务。通过社工举办的社区座谈会和小组活动,以社区组织名义申办下来的社区服务项目——社区长者食堂吸引了将近三百位社区老年人的参与,帮助社区老年群体解决基本的生活保障问题,得到了参与者的信任。

(五) 服务反思

本研究主要针对退休老人参与社区公共事务所设计，旨在通过活动的形式满足退休老人的参与需求，促进退休老人参与社区公共事务，让退休老人在参与中发挥自身作用，获得满足。

1. 服务内容反思

（1）服务内容的创新性和实用性

整个服务层面，本研究利用社区场地开展座谈会和小组活动，在调整认知和提高能力的基础上创建参与平台，让退休老人参与社区服务实践活动，在服务内容上具有创新性。根据对以往社区服务的了解，在社区中并没有开展类似的活动，开展的参与活动多是直接邀请社区居民参与，并没有让社区居民提出自己的意见和解决方式。居民议事会也很少有退休老人能够有机会参加，发表对社区事务的看法。而且，有限老人参加过社区工作站举办的投票表决等事情，所参与的事情也属于固定事情，参与者的作用流于形式上的参与，事务也早已固定，没办法发挥老人的自主性。本次活动为社区退休老人参与社区公共事务开辟了参与平台和实践参与通道，联合社区工作站和社区组织、社工机构，合力满足退休老人的参与需求，用参与利益吸引退休老人参与，得到了社区居民的广泛好评。

就其实用性而言，在活动中邀请退休老人对社区公共事务提出意见和建议，尊重社区主人公意见，让服务对象发挥其在参与中的作用，表达对社区参与的看法。后期对退休老人进行一点一滴培训，无论是言谈举止还是衣着习惯，都是最贴近生活的培训，培训内容简单易懂，符合退休老人的生理状态。在参与实践中，为行动不便老人提供的送餐服务，有两个很明显的社会功能，一是加强社区老年人之间的互动，帮助建立熟人社区；二是在服务中帮助社区弱势群体缓解孤独感，送餐途中创造交流机会和话题。在大力发展老年人作用的社会环境下，参与社区服务作为互助社区建设，是一项切合老年人身心状态的有效措施。

（2）服务的局限性

在整个服务中，社工提供的服务在一定程度上受到一些事实上的限制。第一，服务开展的时间有限制。在社区中开展活动，受到各种因素的限制，社工提供服务时，需要完成一些特定的行政工作，以及在提供服务之前，需要向机构撰写计划书、提出申请等环节，服务时间上受到很大影响，特别是当行政事务发生时，社工需要先完成行政性工作，之后提供专业服务。第二，服务对象不具有普适性，服务对象为社区退休老人，这就在一定程度上限制了服务群体，社区组织和社区背景限制了具体的社区事务，并不是所有社区都适合建立长者食堂。第三，社区公共事务的公益性和责任模糊性以及收益性难以制约社区居民。第四，理论结合实际并不密切，社工在活动中对于理论的把握需要进一步增强，对于实务活动的掌握也需要提高，特别是居民提出的某些问题，需要提前做好准备，给居民准确答复。但是就参与形式而言，仍具有可推广性，开展类似于座谈会等形式的活动，邀请社区居民参与社区公共事务的讨论，商议具体执行方法，广泛搜集参与意愿和参与需求。

2. 社工的专业反思

（1）确定服务对象需求，结合社区环境和专业能力，开展相应的服务

社工工作要求之一就是要满足服务对象的需求，但是在社区中，服务对象会有各种各样的需求，社区工作也有相应的安排。在满足服务对象需求的同时，需要照顾到社区弱势群体的需求，优先满足社区弱势群体的需求或满足社区老人基本的生活需求。而在社区探访中发现，社区退休老人存在着参与公共事务的需求。针对这种需求，社工经过调查发现退休老人参与能力不足、对社区公共事务认知有误等问题。结合社区工作站的态度和社区组织参与现状，发现退休老人也缺乏相应的参与途径和渠道，开展社区座谈会和小组活动，创造退休老人参与平台，表达参与意见，并利用活动改变认知和提高参与能力。结合社区党委工作的重点之一在于改善老年群体的生活，以及社区自身潜在的优势条件，联合社区组织推进"长者食堂"项目，邀请社区退休老人参与实践活动，既满足社区退休老人参与社区公共事务的需求，又解决社区实际需要，解决社区老人吃饭难问题。

（2）妥善处理好与社区组织的关系

作为社会服务机构驻扎在社区的工作点，社工工作和提供服务的场所落地于社区，而社区组织也落地于社区，因此与社区组织处理好关系显得尤为重要。实习中发现，从进入社区开始，社会组织就开始发挥作用，利用与居民的熟悉度将社工介绍给社区居民，帮助社工了解社区目前的发展状况和存在的问题，特别是社区不同类别的社会组织，每个社区组织服务的领域不同，在领域内发现的问题也不相同。与其处理好合作关系，帮助社工更好地融入社区，开展专业性服务。在老年人需求调研中，社区老年

协会和社区老年大学给予社工极大的帮助,无论是入户访谈还是年度问卷调查。在此过程中,社区物业也发挥着极大的作用,社区物业作为维护社区稳定的一分子,是维系社工与社区居民直接交流的重要桥梁,社工需要进入社区,进行实地走访、沟通、交流,得到真实有效的资料。

(3)发挥专业能力,解决社区问题

专业能力的展现依赖于熟练的社区服务,体现在服务细节中,而发挥专业能力是社工与其他助人行为相区别的手段之一。作为社工,在服务中不仅需要从理论层面来指导实务工作,运用理论假设引导实务发展,并及时调整介入手段和方式,帮助服务对象解决问题,并且在解决问题的过程中,社工关注的并不是问题本身,需要将关注点聚焦在引起服务对象问题的影响因素中,从影响因素出发,协同服务对象共同应对问题,在解决个人问题的同时改善服务对象周围环境,使其摆脱问题,并学会如何处理类似的问题,达到向上发展的目标。社区问题同样如此,社工在社区服务中并不应仅仅充当问题解决者,更应该发挥专业才能,充当社区发展指导者,充分链接社区资源,提升社区发展。

三 社会工作服务促进退休老人参与社区公共事务的建议

社会工作介入退休老人参与社区公共事务中,希望通过社会工作的服务,促进退休老人参与社区公共事务,调整服务对象对社区公共事务的认识、提高参与能力、提升参与意愿和拓宽参与渠道。在服务结束时,通过邀请退休老人填写意见反馈表来验证社会工作的介入成效,从意见反馈表中的数据得知,介入前和介入后有明显的改变,说明社会工作介入其中有明显的作用。与此同时,利用链接资源的方式,社工帮助服务对象建立与社区组织的关系,让他们依托社区组织参与社区公共事务实践活动,在参与中感受参与给参与者带来的效果。并根据参与效果,从参与者、参与平台、参与角色和参与内容等方面提出相应的建议,让退休老人更好地参与社区公共事务。

(一)须以积极参与者为主体

在社区公共事务参与中,李雪萍和陈艾认为参与者共有三种角色,即搭便车者、"看门人"和积极参与者，服务的目的就是减少搭便车者，增加参与积极者人数。但是在服务中发现，服务介入初期，对于搭便车者需要花费社工大量的时间和精力来促使其转变为"看门人"，对工作的开展有着严重的阻碍，极容易促使服务终结。而对于"看门人"角色者，社工在服务前需要详细了解他们的需求以及所在意的事情，这是在问卷调查阶段应该准备的事情，与这部分人处理好关系，得到关键性信息和潜在服务对象的信任，让他们愿意参与社工组织的活动。参与积极者在活动中发挥着重要作用，对于社区居民而言，参与积极者是一个很好的榜样，能带动其他社区居民参与。同时，参与积极者因其个人参与经历，对参与过程和参与内容有着自己的见解，协助社工服务其他居民。但是参与积极者并不等于社区领袖，参与积极者是针对个人而言，时常参与社工或社区举办的活动，社区领袖是针对社区而言，在社区拥有良好的资源，如人际关系、个人才能等，能很好地解决社区问题。社区实践中发现，参与积极者相对于搭便车者、"看门人"而言，人数较少，但这部分人都有很强烈的参与意愿，对于初期服务队伍的建立和招募，有良好的带头作用。

(二) 须以社区组织为参与平台

开展服务前进行信息搜集，帮助社工了解退休老人的参与现状。就该现状与社区工作站沟通中发现，社区工作站鼓励社区居民参与社区公共事务，但对于个人参与有很大的顾虑，不仅表现在个人参与中的个人观点和个人偏见，还表现在参与中是否有人监督、社区居民是否认同等问题，导致社区工作站难以同意个人参与社区公共事务。参与者必须依托于相应的社区组织，以组织名义参与社区公共事务。社区组织作为补充社区工作站服务的一种公益性组织，扎根于社区而生，在社区具有深厚的群众基础，由部分具有强烈自我意识的人成立，以各种形式服务社区。以笔者实习的社区为例，目前社区共有社区组织十二家，大部分已在民政部门注册登记或正在登记中。深圳市大部分社区都存在数量不等的社区组织，有自发组建、因兴趣而生的兴趣组织，有服务居民、因公益精神而生的公益组织等，特别是随着深圳市开展民生微实事，社区公益组织蓬勃发展，政府通过项目对公益组织进行资助，帮助公益组织解决财力上的困难，免除因资金问题带来的服务不足。这类民生微实事大部分是社区公共事务，社区组织以公益项目名义申报，提交社区和街道审核，在社区实施，社区居民可以广泛参与其中，无论是作为参与者还是服务提供者。

（三）须转变参与角色

参与社区公共事务，包含着两种参与角色，一种是充当被动参与者，即在参与过程中充当被服务者角色，参与社工组织的活动，间接性地参与社区公共事务，对社区公共事务提出自己的意见或建议，在服务中通过社工的讲解，增进对社区公共事务的认识，这是以往活动关注的重点，将参与者视为接受服务的个体，忽视了参与者的个人自主性，也忽略了参与者的意愿和要求。还有一种是服务提供者，即参与者通过社工举办的活动，重新转而服务其他居民，进行社区公共事务参与，变成服务提供者。而在实践中发现，通过对退休老人讲解社区公共事务的知识，让他们了解参与社区公共事务不能仅依赖于社区提供，转变他们自身的角色，将原先的接受服务者变为提供服务者。服务结束时，部分退休老人变成服务提供者，参与社区公共事务实践活动，为居民提供各式各样的服务，在社区公共事务——"长者食堂"项目中，承担着项目的重要环节。

（四）社区公共事务参与类型须是基础性公共事务

社区公共事务包含社区各类事情，而在这些事情中，有些事情是参与者无法进行介入的问题，如社区治安、社区教育等，这些事务对参与者有一定的要求，并不适合所有人参与。社区为个人提供各式各样的服务，在所有的服务中，基础性的服务是最主要的。而在实践过程中发现，与退休老人息息相关的基础性服务中，吃饭问题和出行问题是最迫切的，也是社区退休老人最愿意参与其中的事务。基础性社区公共事务涉及社区大部分居民的切身利益。根据理性选择理论认为，当涉及自身利益的事情时，参与者更有参与积极性。对于退休老人而言，尤其是高龄老人，基础性的公共服务更容易得到他们认同，如吃饭、看望等，让服务对象意识到参与社区公共事务，切实解决社区问题，满足个人需求，是一条可行之路。

四 本章小结

社区治理成为社区工作的重点，推动社区居民参与社区公共事务是社区治理的主流趋势,现实情况却是难以调动广大社区居民的参与积极性,尤其是社区工作最容易接触到的老年群体。本研究认为,受主客观因素的影响,退休老人参与社区公共事务中存在着一系列问题,不仅表现在因个人知识水平不同,对社区公共事务认知层次不同,还表现在个人参与能力和参与意识不足的问题,以及社区外部参与环境、参与渠道难以满足参与者的参与需求,使得该群体在认知、意识和能力、渠道等方面存在不同程度的需求。本研究结合参与现状和需求评估,运用理性选择理论和社会目标模式,对社区退休老人进行介入服务。实践表明,通过社工的服务,可以有效促进退休老人参与社区公共事务。

老年人力资源运用是社会运行过程中的必经之路,作为社区生活的一分子,退休老人参与到社区公共事务中来,是政府、社区工作站和社区组织等多方努力的结果。政府作为上层建筑,在退休老人参与社区公共事务中提供着制度性支持,如深圳市开展的民生微实事。社区组织作为退休老人参与社区公共事务的依托平台,对涉及社区公共事务的项目进行申请,吸引居民参与其中,成为社会福利输送的桥梁。社会工作负责打通横亘在社区居民、社区组织和社区工作站之间的隔阂,为其创造可以参与的机会,并在参与前调整他们对社区公共事务的认知、提升其参与积极性、提高其参与能力,进而促进其有效参与社区公共事务。

研究发现,从参与者选择而言,社区公共事务必须以参与积极者为主,以部分参与积极者为纽带,带动社区其他退休老人参与其中,进行社区服务。从参与方式而言,退休老人参与社区公共事务,依托社区组织进行社区公共事务参与是发展趋势,参与过程符合相应的规范,参与内容有据可循,减少社区工作站对个人参与社区公共事务的顾虑。就参与者的参与角色而言,通过研究发现,参与者必须转变参与角色,将原本的信息接收者转变为服务提供者,通过接受社工的服务,成为传递服务的中介者,转而成为社区公共事务的实践者,利用参与社区公共事务的机会向社区居民提供服务,提升服务效果。就退休老人参与的社区公共事务而言,必须是基础性公共服务,这类服务因需求量大、作用突出受到退休老人的欢迎,在参与中无论是作为服务提供者还是信息接收者,退休老人都有很强烈的参与愿望,参与其中对于知识技能之类要求较低的项目,很容易满足退休老人的参与需求。

促进退休老人参与社区公共事务,离不开社工在其中穿针引线,帮助联系社区组织，为他们搭建参与平台，更离不开政府的指导作用。政府为退休老人参与社区公共事务提供制度性支持，为社区组织提供资源，社区组织为社区居民提供服务，政府邀请第三方评估机构进行监督，让社区组织依照一定的程序服务居民。政府应拿出重视儿童的态度重视老年群体，仿照深圳市目前正在大力推广的"儿童议事会"，积极推广"老年议事会"，让老年群体有一个可以自由参与的平台和机会，吸引更广泛的社区参与。

  从社会工作服务促进退休老人参与社区公共事务的实践中可以看出，社会工作运用他的专业理论和知识，可以有效地帮助服务对象调整认知、提高参与能力、增强参与意识，帮助服务对象解决自身问题。同时，利用间接介入的方式，沟通社区组织，连接社区退休老人与社区组织，让社区组织成为退休老人参与社区公共事务的平台，让退休老人更好地参与社区公共事务。而参与社区公共事务是社区治理的实践环节，在参与中连接社工、社区组织等非政府主体，采用固定的规则、约定等方式参与涉及社区公共利益的事情，这是社区治理的内涵之一。在实践中，社工采用链接社区组织的方式，让社区居民参与到社区公共事务中，与社区治理的内涵有明显的重合处，说明社会工作通过自身的服务，能够连接社区居民和非政府组织，有效化解社区治理中居民参与的困境，推动社区治理的深入发展。同时，通过社会工作服务推动退休老人参与社区公共事务，发挥老年群体在社区的作用，让社区老年群体依照一定的程序服务社区居民，也是社会工作帮助社区老年群体实现"老有所为"的有效尝试。

第五章

城市低龄老年人创业的社会工作支持

　　老年人创业是积极老龄化的表现之一，是老年人在晚年时期实现自身价值和社会价值，获得自我价值感的一种方式。老年人创业在资本、能力和关系网络层面有其独特的优势，但当前对于老年人创业的开发程度较低，可以通过社会工作服务的介入，发现他们的优势并链接资源为其提供服务，促进其创业活动的开展。本研究从老年人群体的切实需求出发，发现当前城市低龄老年人创业发展中存在的问题，通过调查问卷和访谈法对城市低龄老年创业人群进行需求评估，了解老年人在创业意愿、创业能力和创业行动力三个方面有需求，并在烟台市Y机构的协助配合下，设计实施了社会工作介入城市低龄老年创业能力提升服务项目。在项目中运用社会工作专业理念、方法和技巧为该群体提供服务，在三维资本理论和优势视角理论的指导下为城市低龄老年人提供意愿提升、能力提升及创业活动力促进等服务，通过链接专业人员为其提供专业培训。项目结束后，通过评估服务对象参与度、满意度和目标达成度论证了此服务的有效性。最后，对本项目进行总结，从中提出对策与建议来推动老年人创业活动。社会工作介入城市低龄老年人创业服务，社工应扮演资源链接者和引导者的多重角色，在提升城市低龄老年创业者能力上，要注意协调社区周边环境并借助多方资源。除提供社工专业项目服务外，本研究认为还应通过改变创业环境、建立老年创业平台、增加国家政策和资金倾斜、建立老年创业风险机制以及成立老年创业组织，促进老年创业活动的开展，这对于当前的老龄事业而言是一个新的思考。

一 低龄老年人创业的现状及存在的问题

（一）样本描述

1. 研究样本的选取

本研究的服务对象为城市低龄老年人，在前期的文献综述中，根据对于创业群体的年龄特征和老年人自身素质的综合研究，将本调查研究对象的年龄定为55—69岁，确定了服务对象的年龄范围，扩大了老年人的样本数。同时通过在烟台市进行实地调研后发现，烟台市芝罘区Y社区的人口年龄结构情况与老年人口质量比较符合我们的研究需要。

人口结构以低龄老年人为主。烟台市芝罘区Y社区居委会位于市中心的繁华地段，成立于2002年，是烟台市芝罘区毓璜顶街道办事处管辖下的社区之一，占地面积约0.36平方公里，是烟台市发展历史比较悠久的老式社区之一，也是烟台市以老年人口为主的社区。Y社区共有2966户家庭，有8220名社区居民，社区人口主要以老年人口为主。2017年的人口调查数据显示，该社区居民共有6373人，其中青年人占总人口的23%，婴幼儿及儿童占总人口的10%。中老年人的人口总数为4285人，占总人口的67%，60周岁至69周岁的老年人有2360人，占社区总人口的37%。低龄老年人较多，样本数量丰富，便于在社区内开展创业活动调查研究，同时寻找适合参与项目的服务对象。在对低龄老年人学历的调查中发现，有11.2%的人是大学本科及以上学历；77.6%的人为高中学历，其他学历不足20%。大部分中老年居民的学历为中上层水平，主要是机关干部、教育工作类以及劳动工人，小区内老年人的职业与学历呈现多样化、多层次的特点，适合我们针对不同的情况展开服务，观察学历因素对于老年人创业的影响。

社区基础设施完备。Y社区位于市中心，辖区内有大卖场、娱乐休闲场所，交通便利，与毓璜顶街道办事处距离较近，方便居民办理各种事务。Y社区属于老式住宅区，邻近商业区，毗邻烟台市最大的医院——毓璜顶医院，方便居民健康生活。同时毓璜顶公园、南山公园为人们提供了锻炼身体和沟通交流的场所，居民在学习太极拳、舞蹈等活动时既锻炼了身体又结识了新朋友，丰富了老年朋友圈。辖区内有多条公交路线，便利

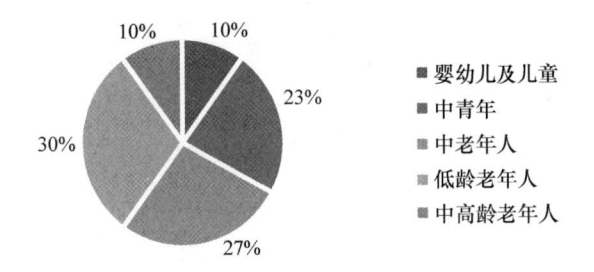

第五章　城市低龄老年人创业的社会工作支持　151

图 5-1　Y 社区人口结构

的交通条件，方便老年人外出学习和生活。还设立了烟台市警备区、文化宫等场所，可以说是一个生活便利、文化氛围浓郁的生活社区。社区内部设立党支部、书法协会、舞蹈协会、四点半课堂、老年人康复训练等活动中心，每一个活动中心都能容纳 30—40 人。不同活动室之间协调好使用时间，满足了社区居民的需求，特别是对于老年人全方位的专业服务。街道管理者和社区管理者格外重视辖区内的文化建设和传播，社区还根据季节和节日开展社区活动，其中老年人的文化建设、经济参与、公共事务参与是社区发展的重点项目，在社区内设置老年大学、老年议事会等，为老年人参与社区社会活动提供硬件支持，满足老年人开展活动的需求，也可为后续项目提供活动场地。

多方社会力量支持。Y 社区内有烟台首家社会组织孵化中心——善德社会组织孵化中心，主要负责为烟台市的社会组织提供专业化管理和培训，推动烟台市社会组织的发展完善。其中入住在 Y 社区的烟台市红苹果社会工作服务中心也在该孵化中心登记注册，主要开展老年社会工作，为老年人提供专业化服务。同时该中心集合多家社工机构开展行业交流，提升了区域内社会工作的发展水平和项目质量，让社区内的老年人享受到专业化的社工服务，对社会工作提供的服务较为认同和支持，为后续开展项目开创了良好的开端。社区内还设立了女性创业协会，其中不乏老年女性的参与，在协会中通过专业导师的指导和创业群体间的交流互动，从而不断提升女性的创业能力，为女性在社会创业中提供了极大的便利。老年女性虽然在其中占比较小，但是在社区内也具有一定的影响力，首先是身边的朋友会受其创业思维的影响，能够摒弃传统排斥的观念，正面看待老年人创业。Y 社区多次与女性创业协会合作，在社区内开展创业讲座，宣传创业知识，面向的人群除农民工、失业人员、残疾人外，也面向老年人，为该社区内的创业环境和创业思想的传播奠定了基础。

开放包容的社区氛围。Y社区与毗邻的各大高校紧密合作，在社区内的各大活动室中，都有大学生志愿者的身影，在开展活动中将一些新观点、新事物带给社区中的老年人，形成文化反哺现象。老年人也乐于接受新鲜事物，并且不断学习跟随时代发展的步伐，在社区内形成一种开放好学的氛围。由于社区老龄化较早，低龄老年人拥有年轻健康的心态和不服输的精神，认为自己比较年轻，还能做很多事情，在退休后仍然想要开始二次事业，参与经济建设的心愿比较强烈。同时Y社区的主任也大力鼓励社区居民参与文化、经济活动，并且在社区内设置奖励规则，鼓励大家积极参与。Y社区每年都要推选社区之星，主要是针对在各个领域有所建树的社区居民，这一措施并未将老年人排除在外，因此极大地鼓励了低龄老年人的参与。比起其他社区，Y社区内的低龄老年人将自己的兴趣爱好逐渐变成一项事业的例子不在少数，因此大家对于老年人创业的排斥性相对较小，反而更容易接受。通过多方力量的参与，社区内呈现一种开放包容的氛围，更有利于我们在社区内传播创业知识和创业思想，寻找适合的服务对象。

结合社区内外环境，老年人素质、社区领导、低龄老年人的数量、学历以及能力等层面，社工认为Y社区从各个方面而言都较为适合本课题的研究，因此决定将其作为该研究的样本，进入Y社区有针对性地开展前期调查研究。

（二）样本的基本情况

社工在机构实习过程中，深入到社区中，与低龄老年群体建立了良好的关系，对社区内160名低龄老年人进行关于创业意愿及影响因素的调查问卷和非结构化访谈，在问卷调查中结合部分访谈的方式，保证了问卷数据的信度和效度。在调查过程中采用简单随机抽样的方法，共发放160份问卷，其中回收160份，回收率为100%，有效问卷为150份，有效率为93.8%，问卷主要包括三个部分，第一部分为服务对象基本情况，主要包括年龄、性别、学历、身体状况、职业、经济来源、生活满意度等内容。第二部分为家庭情况，主要了解家庭收入、家庭负担以及家人对创业的态度。第三部分为创业意愿，包括对创业的了解、对创业的态度、创业规划以及创业的阻碍因素等内容。本问卷共计25题,让老年人能够有耐心去完成所有的问题,而不至于问题过长导致敷衍,影响问卷的调查结果。

根据调查结果统计,从性别结构上来看,我们在表5-1中可以发现调查中男性为77人,占比为51.3%,女性为73人,占比为48.7%,可以发现男女比例基本上为1:1。调查对象性别比例上的平衡对等,便于我们更直观地了解性别因素在低龄老年创业群体中的作用机制,优化项目内容。

从人口结构上来看,Y社区的人口组成主要以低龄老年人为主,根据图5-1显示,低龄老年群体占据社区总人数的30%,为社区人数占比最大。在调查中根据研究需要,将调查对象的年龄限制在55—70岁之间,设定年龄的范围内又将其细分为55—60岁、61—65岁、66—70岁三个部分,其中61—65岁的人最多,占比为55.3%,其次为66—70岁的人数,总数为37人,占比为24%;人数最少的年龄段为55—60岁,占比为20.7%。可以发现人数聚集在低龄老年人的后半端,前半端的人数相对较少,这种人口构成引起社工的关注,在后续的研究中将会对低龄老年人的年龄进行更为细致的考量和划分,以此发现年龄因素在创业活动中的作用及影响机制。

从婚姻状况来看,根据调查结果显示,调查对象中有93%的人是已婚状态,其余7%分别包括未婚、丧偶、离婚等其他情况。由此可见,Y社区内的低龄老年人中已婚群体是主力,他们的家庭生活状态比较稳定,生活中的风险与压力相比而言较小,能够后顾无忧地去做自己想要做的事业。稳定的生活状态和良好的家庭环境能够更加有助于激发他们的创业意愿。

身体状况是我们开展一切活动的前提基础,在对身体状况的调查中显示,认为身体状况比较好的人数为115人,占比为76.7%,这也说明大部分的老年人的精力、能力以及其他层面都维持着良好的水平。根据其他数据总结发现,认为身体状况良好的老年人超过90%,这一数据表明调查对象的身体状况可以支持他们参与社会活动,并且有精力来参与到老年人力资源开发的过程之中,特别是挖掘老年人的创业潜能。

从文化程度上看,调查对象的学历水平在本科及以上学历的人数为47人,占比超过30%。高中及中专学历的人数为43人,占比为28.7%。大专学历的人数为22人,占比为14.7%。结合表4-2中的年龄构成来看,大部分人都在 60—65 岁之间，他们读书期间正值中国建设时期，教育事业发展还很落后，因此，我们可以理解他们的学历水平状况与学习能力，在服务对象选择时，应着重选择中上层教育水平的调查对象，因为他们具备一定的学习能力、创造能力和技能水平，这些因素对于研究低龄老年人创业尤为重要，是开展项目中不可忽视的因素之一。

表 5 - 1　　　　　　　调查样本的基本情况（N = 150）

变量	类别	频次	百分比（%）
性别	男	77	51.3
	女	73	48.7
年龄分布	55—60	31	20.7
	61—65	82	55.3
	66—70	37	24.0
婚姻状况	未婚	1	1.0
	已婚	139	93.0
	丧偶	3	2.0
	离婚	7	4.0
身体状况	健康	115	76.7
	良好	24	16.0
	不健康	11	7.3
收入水平（元/月）	3000 及以下	35	23.3
	3001—4000	79	52.7
	4001—5000	30	20.0
	5001 及以上	6	4.0
文化程度	初中及以下	38	25.3
	高中及中专	43	28.7
	大专	22	14.7
	本科	33	22.0
	硕士	13	8.7
	博士及以上	1	0.7

（二）创业现状分析

老年人创业在我国处于起步阶段，国家和政府渐渐意识到老年人在创业领域的作用，主张大力开发老年人力资源，让老年人积极参与到社会活动中来，在经济与文化建设中大放异彩，发挥重要作用。但是当前老年人创业的发展不尽如人意，真正参与创业活动的老年人凤毛麟角。因此，在这种大环境下，我们在烟台市开展了低龄老年人创业现状的调查研究，从多方面分析阐述当前老年人创业的发展现状。

1. 创业人数较少，创业意愿低且男女差异大

我们开展创业活动的 Y 社区属于老式社区，居民大多为事业单位退休或企业职工，他们深受我国传统文化"颐养天年"的影响，因此他们在经历"文化大革命"、经济建设后，很少有人具备创新精神和探索精神，因此创业活动不在他们的晚年规划之中。在访谈中发现，照看下一代成为他们晚年生活的重心，基本上很少有时间去思考规划晚年生活。但是也有少部分老年人选择在老年期间通过创业实现自己的晚年人生价值。在 Y 社区内有女性创业者协会，其中不乏老年女性的参与。老年人创业并不只是单纯地创立企业，在老年时期组织举办创新性活动、成立各类组织等具有创新性质的活动都是属于创业的一部分，比如很多老年人将兴趣爱好作为自己创业的契机，从而在晚年时期开展创业实践活动。

积极良好的创业态度和创业意愿会激发创业行动，但是由于过程的复杂性，因此也不具有绝对必然性。根据中国社会科学院数量经济与技术经济研究所等共同编制的《创业企业调查（二期）报告》显示，在关于创业年龄的调查中，44 岁及以上年龄的人仅占 10.51%，说明我国创业人群中老年人的比重最少。因此通过前期的创业态度和意愿调查后，社工对于创业行动展开调查，结果显示仅有 6.7% 的老年人曾经有过创新创业活动，有 93.3% 的老年人从来没有过创新创业的实践经历，这样的结果在我们的预料之中，这也就不难理解 55—70 岁之间的老年人呈现出创业人数少的特点。

在创业活动中，创业意愿的强烈程度直接决定着创业活动的开展，在表 5-3 中的调查结果可以发现，不愿意创业的老年人数有 118 人，占比 78.7%，其中超过半数的为女性老年人。拥有创业意愿的老年人有 32 人，占总人数的 21.4%，其中 22 人为男性老年人，占比 14.7%。通过这一数据表明 Y 社区老年人的创业意愿低，在调查访谈中发现即便拥有创业意愿，但也只是有过创业构想罢了，并没有真正将这种昙花一现的创业构想变成实际行动，这也从侧面说明他们的创业意愿不强烈且很容易放弃。同

时这一数据也说明男性老年人所拥有的创业意愿要多于女性老年人。

表5-2　　　　　　　低龄老年人创业行为调查（N=150）

创业行为	人数（人）	百分比（%）
有	10	6.7
没有	140	93.3
总计	150	100.0

表5-3　　　　　　　低龄老年人创业意愿调查（N=150）

创业意愿	性别	人数	百分比（%）
有	男	22	14.7
有	女	10	6.7
没有	男	52	34.7
没有	女	66	44.0

根据我们在社区内的调查发现，超过90%的家庭都是由女性操持家务、照看下一代以及处理家庭琐事，同时女性老年人更倾向于选择与朋友开展一些兴趣活动，因此没有时间和精力去思考、寻求更高层次的生活追求。从文化程度和工资水平的因素来看，我们发现女性在文化程度和收入水平上的均值要低于男性，同时对自身价值的认可度比较低，对于创业的认知程度少，其能力和资本未被开发，认为创业是一种冒险的举动，因此不愿意参与创业活动。

通过以上表格数据显示，对于低龄老年人创业意愿和创业行为总结分析，发现Y社区的低龄老年人在创业领域中呈现出较为消极封闭的创业态度、较低的创业意愿以及较少的创业行动的特点，同时呈现出女性老年人的创业热情低于男性老年人的特点。

2. 缺少合适的创业项目，创业领域宽泛且多样化

相较于其他创业群体而言，老年人创业的项目不受局限，呈现出多样化的特点，但缺少合适的创业项目和专业团队的运营和指导，因此老年人创业项目需要充分考虑其特点和需求，了解其创业初衷是追求经济效益还是追求生命的满足感和价值感，这也决定着未来创业的不同导向和模式。同时老年人在创业过程中，涉及的领域包括餐饮服务业、手工制造业、服

装业、教育行业、批发零售业、社区居民服务业、生物医药、文化创意和是其他领域，具体的创业项目依据老年人的不同特点和技能水平所开展，不受固有项目的限制，因此他们可供选择的创业领域具有包容性和多样化的特点。其中有一位烟台创业老年人从事医药行业，主要是研究保健药酒，经过研究学习，成功研制出具备功效性的药酒，获得大家的一致好评。烟台七旬老人任志强在机械领域开展创业活动，主要组织团队进口原装整机普通式壁挂进行售卖，并且在地区领域内取得较好的售卖业绩。著名天堂伞的创始人也是在60多岁时开始创业，根据本地区多雨特点，设计耐用雨伞并且不断创新雨伞，实现天堂伞的创业传奇。

根据低龄老年人对于创业领域的选择，社工进行了相关调查，其中选择教育行业、文化行业以及社区居民服务业这三个领域的较多，但各个领域之间的差异不大。其中选择其他领域的比重为11.3%，这一比重说明除了排列出的领域外，老年人还有其他方面的领域可供开发研究。通过这一现象，我们可以发现当前老年人创业领域宽泛且不受局限，具备多样化和包容性的特点。

虽然老年人可供选择的创业领域比较多，但是真正参与创业活动的人数却很少，这主要是基于项目对创业者有一定的要求，所以并不具备可复制性和传播性，适应老年人创业的项目可谓少之又少，还要根据老年人自身的特点开展。

3. 以个体创业为主，不了解创业知识

在对Y社区主任以及部分老年群体的调查中，我们发现Y社区的低龄老年群体倾向于个体创业，其原因是老年时期大家对于创业更加谨慎。与年轻人激情型创业的最大不同在于，他们更加稳妥小心，在创业之前会认真考虑各种因素，而不是想要创业就直接去做了，只有评估准确后才开展创业活动。老年人创业通常是利用自己的资金、社会资源和个人能力进行创业，以个体创业最为突出，并且规模不大。根据我们在调查中发现，前期有过创业行为的老年人以个体创业为主，和家人朋友合伙创业的人数较少，而青年人创业以团队和合伙创业的现象较为常见。这主要是取决于各个阶段的不同特点，老年人拥有充足的创业资金和创业技能，同时对于创业风险的应对更为从容和谨慎，因此个体创业不失为一种合适的选择。

很多老年创业者对于创业知识的了解程度很低，基本上是一知半解。

社工在调查中主要考量了解过创业知识、系统学习过创业知识和主动阅读过创业书籍三个层面的因素，其中了解过创业知识的层面上，仅有11.3%的人认为他们非常了解创业知识，20.3%的人认为一般，也就是从侧面了解过创业知识，对于创业知识没有较为深入的学习。超过68%的人认为他们了解创业知识的情况比较糟糕。在系统学习过创业知识层面，比较认同的占比超过10%，认为一般的人群占据6.1%，不同意和非常不同意的人群占比超过80%，这比较符合社区老年人的特点，即使有过创业实践的人也只是根据经验和他人的建议进行行动，缺少系统的学习和训练，不了解专业的创业知识，因此在创业中也不会运用专业知识处理问题。通过最后一个层面，我们除了可以了解他们对老年创业知识的掌握外，还能看到他们对于知识的渴求程度和想要完成创业梦想的努力程度，从而为后续开展小组活动提供新的思考。

表5-4　　　　　　　　低龄老年人创业知识了解情况　　　　　　　（单位：%）

	非常同意	同意	一般	不同意	非常不同意
了解过创业知识	5.1	6.2	20.3	44.5	23.9
系统学习过创业知识	9.8	1.9	6.1	41.0	41.2
主动阅读过创业书籍	6.7	12.5	20.0	55.0	5.8

（三）存在的问题

1. 易受外界群体的影响

传统观念与创业政策缺失，让老年人晚年空闲，但却忙于家务劳动或者是帮助子女照看下一代，如何在创业与家庭之间实现和谐，是老年人创业的难题之一。

在访谈中，很多老年人对于当前的生活现状是不满意的，他们对于晚年生活并没有清晰的规划和认知，同时他们也不想每天以家务劳动和娱乐活动为主，也想要做一些能够获得自我满足感的事情。在前期的文献阅读中，我们发现在晚年时期活跃的老年人，其思维比较开阔，相信自己的能力，对于自己喜爱的事情有实践冲动性，较为适合创业。但是在前期的调查中，仅仅有21.3%的老年人愿意在晚年时期参与到创业活动中来，这一数据清晰地表明了老年人的创业意愿比较低，即便有创业意愿，但也只限于偶尔思考过，并没有清晰地规划如何去创业，当遇到家人朋友的反对，这种构想很快便会被放弃。从表5-2中我们可以发现，低龄老年人的创业率仅占据6.7%。这说明很多考虑过创业的老年人却没有进行创业，出现创业意愿与创业行动不对等的现象。

这一现象，我们在访谈中得到了答案：老年人的创业选择极易受到周围人的影响，如家人、朋友以及失败的创业者。之所以会产生这种问题，与老年人未形成明确的创业规划息息相关。在与老年人进行访谈的过程中，我们对于这个问题的感受更为直观。

> 社工：您明明有想过创业，最后为什么没有选择进行创业呢？
> 访谈对象1：其实前两年有考虑过，但是因为家里人比较反对，我们周围有一个邻居就是因为创业然后遇到风险，最后破产，现在连基本生活都没有保障。所以当我提出来的时候，他们特别反对，包括家里的亲戚也比较反对，他们主要是因为风险比较大，其他的方面倒是不会担心，而且我也不是很确定未来去创业是什么结果，所以就搁置下来了。
> 社工：您在平常的生活中做决定会极大地受到其他人的影响吗？
> 访谈对象1：平常生活中的事情都会和家人商量，但是如果是我特别想要做的，我还是会坚持去做的，只是创业不只是我个人的事情，我还有家庭需要考虑，未来产生的不好的后果我能不能承担。

通过调查与访谈对话，我们可以发现，低龄老年人的创业决定易受外界环境影响，特别是亲属的建议、朋友的规劝以及失败创业者的经历等，使得他们对创业构想产生怀疑和恐惧，因而面临着巨大的压力。

2. 创业知识缺失

我们在Y社区接触到的低龄老年人，年龄大多在55—69岁之间，他们经历过"文化大革命"、改革开放以及经济迅速发展时期，面临着很多的机遇和机会，有部分个体跟随时代发展的潮流，开展创业活动，但是最终结果不尽如人意。根据表5-5，大部分的老年人并不具备创业知识，也不了解创业流程以及具体操作步骤，由于对创业政策存在认识盲区，他们会失去很多资源和机会。其中有两三位老年人认为自己了解创业知识，但也只是通过一些书籍或者是公众号上的文章进行了解，并没有什么实质性的价值和意义。

根据表格中的平均分数标准，我们发现这五个选项基本上都处于一般水平，其中思考过创业规划的标准最低，为2级。愿意学习创业知识的老年人标准最高，为4级水平，说明老年人还是非常愿意学习的。主动阅读创业书籍为3级水平，说明老年人有学习意识但是缺乏学习的自制力，因此他们想要改变创业知识浅薄的现状，就需要有专家或团队带领他们一起学习。

表5-5 低龄老年人对创业知识的了解程度

选项	分数标准
了解过创业知识	3
思考创业计划创业规划	2
愿意学习创业知识	4
有寻找创业契机的能力	3
主动阅读创业相关书籍	3

注：1—5级，数字越大，说明越符合选项。

3. 社会资本利用率低

社工特别调查了关于低龄老年人社会资源的使用情况，而我们研究的重点在于调查对象在创业过程中社会关系网络的利用。在这里的社会资本是指调查对象当前的社会关系网络，其中社会资本包含以熟人为主体的同质性社会资本，还有以业缘或趣缘关系为主体的异质性社会资本，这两种社会资本的不同利用直接决定后期的创业类型与定位。

在调查中发现很多老年人并没有整合资源的习惯，包括人际关系网络、时间资本。很多老年人在晚年时人际网络比年轻时更为缩减，但关系紧密度却要强于年轻时。善于运用晚年的关系资本，建立属于自己的社会关系网络，对于开展老年创业活动而言是十分必要的。由于老年人的时间资本在晚年时期占据劣势地位，家务劳动和日常琐事占据了他们大部分的时间，因此有空余时间的老年人比较少，而具备创业意愿又有空闲时间的老年人更是少之又少。同时，老年人所具备的专业技能和知识能力在晚年时期并没有得到充分利用，而是被搁置起来，这对于他们而言就是一种巨大的资源浪费。如果我们能够把这种能力和技能利用起来，就能够创造更好的经济效益和社会价值，让老年人在晚年时期实现自己的晚年价值。图 5-2 显示了低龄老年人对于空闲时间的分配情况，28%的老年人是被家务缠身，照看下一代；除此之外就是参与社区活动、联络亲属和培养兴趣爱好，分别占比 22%、20%和 17%，其中参与到经济发展建设层面中的占比较低，参与创业活动的老年人仅占 2%，当然再就业的比重会高一些，占比 8%。

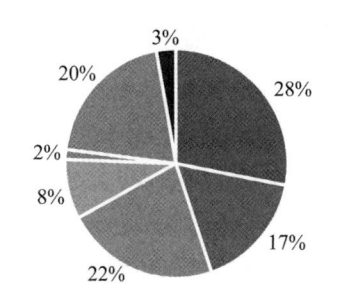

图 5-2 低龄老年人空闲时间分配

在访谈中，老年人非常愿意在退休以后重新创造经济价值和实现人生价值，但是他们无法平衡家务琐事和再次创造经济价值之间的关系，同时对于创业领域的探索，也很少有老年人愿意花时间、资本去重新建设。固有的社会观念让他们认为老年时期开展创业活动是强弩之末，是黄昏的挣扎，所以他们在这个方面的主动投入少之又少，反之他们更愿意把时间和精力放在家务和家人身上。

通过对于空闲时间的安排，可以发现低龄老年人的空闲时间利用效率较低。与此同时，对低龄老年人的经济来源进行调查，发现他们有 77.3%

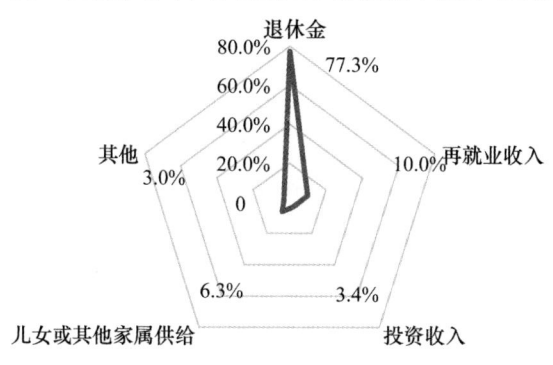

图 5-3 低龄老年人经济来源

是来源于退休工资,而再次创造经济效益的仅有13.4%,可以发现他们持保守态度,守着吃老本的姿态,期望安稳的晚年生活,在这期间基本上没有创造社会效益和个人提升,是对于时间成本的浪费和闲置。

表5-6显示老年人在退休后的社会人力资本状况,老年人与朋友每周2—3次联络的比较频繁,占总人数的18.7%,每月1—2次的比例将近70%,说明低龄老年人减少了与朋友之间的联络,该数据也从侧面反映出,他们对于社会关系网络和人力资本的维系与开发处于停滞和倒退状态,更谈不上利用人力资本开展创业活动。

表5-6　　　　　　　　低龄老年人与朋友交流调查

	人数（人）	百分比（%）
每周2—3次	28	18.7
每月2次	57	38.0
每月1次	44	29.3

4. 创业市场的排斥

根据笔者对于烟台市发布的创业政策文件进行分析,发现老年人被排除在创业优惠政策之外,包括创业的资金、场地和免费的创业培训和其他优惠,并且在文件中明确规定创业优惠年龄要在55岁之前,这不仅仅是一种年龄歧视,更是一种阻碍老年人进入创业市场的屏障。

根据2017—2018年全球创业观察报告,我国创业者主要聚集在年龄前段,其中18—34岁的创业者占创业者总数的一半,并且随着经济发展的深入,这部分群体所占比例将越来越大。通过这份报告可以看出,国家对于18—34岁的人口尤为重视,主要表现为出台政策支持大学生、农民工、城镇失业者以及海归优秀人才创业,从而带动整个社会和市场的创业倾向选择,这就不可避免地将老年人排除在创业市场之外。

从低龄老年人对创业政策的了解程度的调查中可以发现,仅有3.4%的人了解过政府发布的老年人创业优惠政策,96.6%的人不了解老年人创业优惠政策。由于社会环境和政策的排斥,其中投资者或者是猎头都不会考虑去投资老年人的项目,主要是基于他们对于老年人的刻板印象,认为老年人的精力、时间与斗志并不利于他们开展创业活动,从而会增加创业投资的风险,相比而言,他们更愿意投资那些具备发展前景、创业冲动的年轻人。当前我国创业环境的包容性不断扩大,其中通过成立各类创业中心、创业机构和创业组织,来满足我国创业领域发展的各类需求。但是这些机构缺少专门针对老年群体的创业指导,造成老年人创业的组织设置空白,这也说明当前的创业领域和创业市场并没有意识到低龄老年人的创业潜力,创业的大门仍然带着年龄歧视将他们排除在外。

(四) 成因分析

1. 缺少强烈的创业意愿

理想与现实之间总是会有差距,但是不坚持又怎么知道到达不了彼岸呢?老年人创业也是如此,他们目前之所以会摇摆不定,易受到外界环境影响,主要原因在于缺少强烈的创业意愿、明确的创业规划以及创新意识。他们对于自己和项目没有绝对的信心,没有完全挖掘出自身优势,以及未掌握系统的创业知识。与年轻人相比,他们会更为谨慎和小心,这种瞻前顾后的思虑在一定程度上削减了他们原本的创业热情和创业冲动。

我们在Y社区的调查中发现,低龄老年人对于创业态度持偏好和比较偏好的比例超过20%,持中立态度的占33.8%,持规避和比较规避的占44.9%,说明大家对于创业的态度还是比较谨慎和封闭的,对于创业的认知还处于较浅层面,了解创业领域的老年人数也比较少,更不用说真正地投入到创业实践活动中。

表 5-7　　　　　　低龄老年人创业态度调查 (N=150)

对创业态度的调查	人数(人)	百分比(%)
比较规避	15	10.3
规避	52	34.6
中立	51	33.8
比较偏好	9	5.9
偏好	23	15.4
总计	150	100.0

其次,老年人对于创业规划的了解为23%,结合前期调查中21.4%的创业意愿和6.7%的创业行动,我们可以发现低龄老年人在规划与行动之间产生了巨大的落差,说明意愿与行动之间出现了问题,呈现了行动力远

远低于创业意愿的状况。由于老年人较低的创业意愿、消极的创业态度和缺乏清晰明确的创业规划，因此他们对于自己的创业活动也是持怀疑态度，再加之外界质疑和批判的声音，就很容易让他们打退堂鼓，从而放弃创业活动。

2. 未接受过创业知识指导，缺少专业组织引领

老年人创业最大的短板在于缺少对创业知识的系统学习，这并不利于后续的创业活动。而未系统学习创业知识的原因是多元化的，包括缺少学习的途径和机会、缺少社会资源支持以及缺少专业组织的引导等。

很多低龄老年人都是在退休后决定开始第二次事业，之前的工作经验并没有涉及创业领域的知识，对于创业知识的理解仅仅是碎片化了解。而在创业活动中需要运用系统化的创业知识，这就要求他们必须要掌握创业知识，重新学习创业知识。烟台市针对大学生、农民工、城镇失业人员等都设置了专门的创业指导和创业培训活动，开展各类知识实践学习，以此增加他们的创业活动。但是这些培训却将老年人排除在外，老年人想要创业，想要学习创业知识就只能靠自己收集材料或者是其他途径。问卷调查结果显示，老年人获得创业知识的途径来源：有60%来源于电视、报纸及微信文章；23%来自自己找创业书籍进行学习，14%来自同创业成功者的经验讲述，仅有2%和1%是来自创业讲座论坛和其他方面，根据对其他方面的统计，主要是指去高校听创业课程或者是接受专业导师的授课。通过了解途径，我们可以发现老年人学习创业知识的途径基本上是自学为主，极少比例是通过外界学习和系统化学习。当前的创业领域中，不同群体的创业者都有专门化的创业组织，给予专业性指导帮助，比如大学生创业协会、中国青年创业国际计划组织、农民工创业联盟组织、各地的创业者协会，根据特定群体的需求提供不同的服务，以此满足他们对于创业的需求。同时当地政府与工会也大力组织创业的团队化，其中举办各类创业项目大赛来加强创业者之间的交流，形成一种成熟的创业组织。

根据我们在烟台市社区的调查发现，烟台市社区内没有针对老年人创业的专门化组织和协会，老年人创业是通过熟人介绍取得联络，但并未形成专业性的老年人创业组织，老年人创业缺少协会和组织的引导，其基本权利得不到保障。

3. 社会环境的排斥与政策的缺失

老年人创业首先从年龄上就被创业市场所排除，其次老年人周围的社

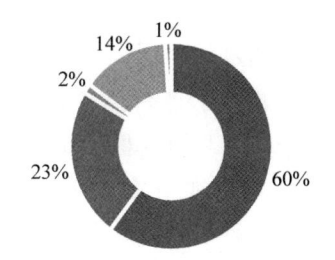

第五章　城市低龄老年人创业的社会工作支持　　165

- 报纸、电视、微信文章
- 创业书籍
- 创业讲座、论坛
- 创业成功者的讲述
- 其他

60%　23%　2%　14%　1%

图5-4　老年人了解创业知识的途径

会关系网络和生存环境限制，对于老年人创业形成一种阻碍。大众对于老年人的刻板印象和年龄歧视让很多有创业想法的老年人望而却步。中国传统观念和老年认知，让很多老年人出现想而不能的现象，尽享"天伦之乐"的老年人被家庭琐事缠身，没有空闲的时间和精力去思考自己晚年的生活规划。最为重要的因素还是来自家人的劝阻，大家认为晚年创业是一种极其冒险的冲动，同时他们认为老年人在有精力、时间以及冲动的年轻人面前会失去创业竞争力。

调查问卷的数据（图5-5）显示，老年人之所以不选择创业的原因主要包括六个层面，其中最高的是创业市场的歧视与阻碍，占比66.7%。有56.2%的老年人选择不了解创业的政策，有45.6%的老年人选择家人亲属的反对，这三个因素主要表现了社会大环境与创业环境对于老年人的年龄歧视和能力质疑。

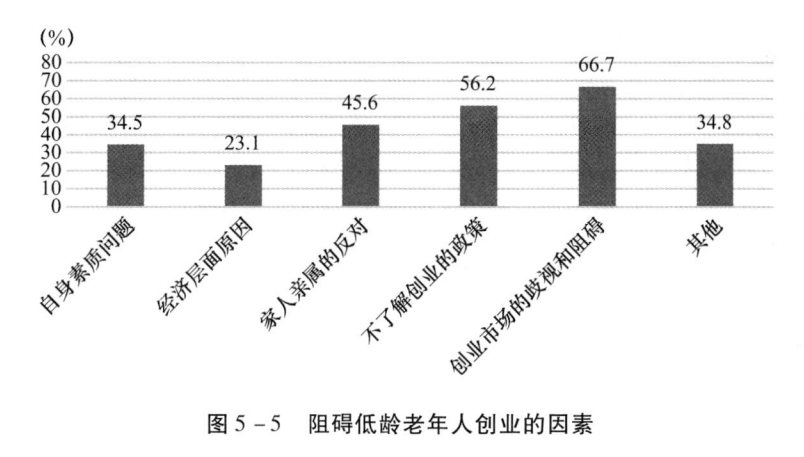

因素	百分比(%)
自身素质问题	34.5
经济层面原因	23.1
家人亲属的反对	45.6
不了解创业的政策	56.2
创业市场的歧视和阻碍	66.7
其他	34.8

图5-5　阻碍低龄老年人创业的因素

自 2014 年李克强总理提出了"大众创业，万众创新"的号召以来，虽然针对创业促进的政策不断出台，但其针对的群体通常是年轻人、男性且具有一定的资本积累的创业者（这里的资本不是简单意义上的资金，而是指个人的社会资本）。同时社会上对于老年人的刻板印象限制了老年人进入创业市场，很多地方的创业主体主要是以大学生、青年创业者为主，为其提供各种投资支持，包括资金、培训、机会，创业政策对老年人创业的支持力度并不明显。家人支持老年人进行创业的例子比较少，老年人创业受到家庭的制约，他们都认为老年人就应该在晚年时期享乐或者在家里做家务等，更有甚者认为老年人创业是天方夜谭，是威胁老年生活安定的因素。创业猎头也不认为老年人还拥有创业能力，不会给其投资。这就是社会所给予老年创业群体的标签化，一系列的社会环境制约了老年人的创业活动。

山东省烟台市多次开展双创活动，但是针对的群体主要是海内外人才、大学生以及城镇失业群体，同时也涉及退役人员、残疾人、返乡农民工等特殊群体，在市内开展的免费创业培训也明确规定培训者年龄不能超过 55 周岁，并且针对具体的优惠政策，如场地租赁补贴、创业补贴、小额贷款、社会保险等，这些优惠都将低龄老年群体排除在外。

在前面的数据中，认为老年人创业政策的缺失而阻碍创业活动的老年人高达 56.2%，这说明烟台市老年人创业政策的发展还处于起步阶段，并且政策还未涉及低龄老年群体。虽然社会环境和政策文件不利于老年人创业活动的产生，但是有很多老年人还是在默默地开展自己的创业活动。根据"寻找烟台创客"报道中，烟台市有位名为衣志文的退休老人在家创业，主要是对于养生药品的研究，并且获得初步认可与成功，他想要重新定义自己的晚年生活，再现晚年朝阳。这一例子告诉我们，即使环境恶劣也不能阻碍创业老年人追求人生价值。因此本研究可根据实际调查和项目经验，从国家发展角度上提出对老年人创业的政策建议，让创新创业并不只是适用于年青一代，应当具备更大的包容性，让创业呈现百花齐放的姿态。

二 促进城市低龄老年人创业的社会工作实践

根据对 Y 社区低龄老年人的前期调查，社工在 Y 机构的支持下，设计

第五章　城市低龄老年人创业的社会工作支持　　*167*

并开展了城市低龄老年人创业能力提升的服务项目。本项目预计5个月，主要是针对城市低龄老年人为其提供创业意念、提升创业知识素养以及培养创业实践介入服务，从而提升他们的创业意愿，提高创业能力，增加创业实践。

(一) 服务设计

1. 服务对象选取

根据前期对Y社区低龄老年人的调查，了解低龄老年人创业的发展现状、问题及产生原因，调查老年人在创业中的需求。结合实习机构申请的项目，决定在社区内开展"五色银龄"城市低龄老年人创业项目，并进行前期宣传和小组成员招募等准备工作。

在社区主任及工作人员的协助下，我们通过发放宣传单、张贴海报横幅以及网格长微信通知等方式宣传项目内容，并且根据报名信息筛选出适合我们项目的服务对象。本次宣传活动持续两周时间，共有40名低龄老年人报名参与，这40位报名对象曾参与过我们前期的问卷调查。根据我们对于服务对象的设定与要求，结合前期的调查问卷结果，从个人特质、经济因素、家庭层面、能力技能以及社会资本等因素进行考虑，最终从调查对象中挑选了7名项目服务对象，发现他们在硬性条件比较符合本研究服务对象挑选的要求。比起社区中的同龄人，他们更具备高学历、空闲时间、经济能力、能接受新鲜事物、挑战自我的特质、权力与社会声望。因此在与机构负责人和社区商讨后决定对这7个人开展低龄老年人创业服务。

因本项目目标是提升城市低龄老年人创业活动的服务效果，通过表5-8数据调查，我们发现这7名服务对象具备经济来源、高学历、丰富的社会经历和一定的社会地位。为了解创业中的其他素质，采用创业量表中的自我素质测评对其进行评估。创业自我素质测评，主要分为创新创业精神、知识素养、能力素质、身心素质、创业行动力五个部分，通过服务对象的自我测评，了解当前其在创业素质上的基本情况。根据对每一项内容的平均值统计可以发现（图5-6），创业行动力是最低值，基本上在1.5分左右，创业知识素养呈现出参差不齐的状况，波动性较大，波动值1.75，其中身心素质和创业精神的变化不大，基本上在3.6—3.7分左右。图表数据结果显示，我们可以了解小组成员在创业素质各个层面的基本情况，了解他们的同质性与异质性，有针对性地开展后续活动。

表 5-8　"五色银龄"低龄老年人创业小组成员个人信息表

编号	性别	年龄	学历	经济来源	退休前职业
P1_ LHW	男	69	本科	退休工资	农机局副局长
P2_ YM	女	55	大专	再就业收入	社区主任
P3_ HZ	男	69	大专	退休工资	冷藏厂厂长
P4_ JBR	男	60	本科	退休工资	国税局科长
P5_ SMZ	男	64	高中	炒股票	工厂职工
P6_ WY	女	56	大专	工资	个体
P7_ JGL	女	62	本科	退休工资	妇联主任

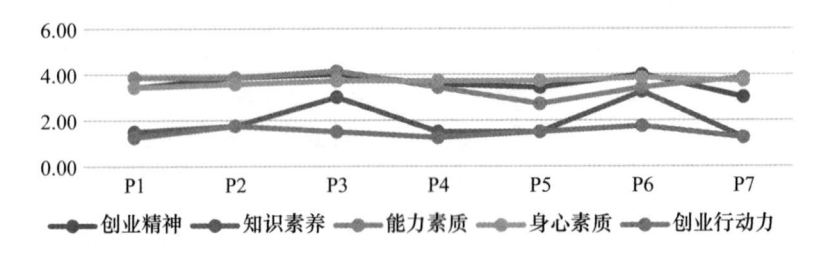

图 5-6　小组成员创业素质结构

在面对具有同质性的服务对象时，本研究采用了小组工作的手法对 7 名服务对象进行介入，小组名称为"五色银龄"城市低龄老年人创业小组，主要是提升城市低龄老年人的创业意愿，提高创业能力，并且进行初步的创业实践探索。

2. 低龄老年人的创业需求

针对前期的创业调查，我们对区域内的老年人创业进行了现状描述、问题分析，根据项目需求挑选出符合条件的服务对象，针对项目设计和服务对象基本情况展开关于创业的需求调查，了解服务对象希望通过项目得到什么，最终我们发现服务对象主要有四大层面的需求。

（1）创业意愿激发需求

老年人的创业意愿低是阻碍老年人创业活动的重要因素，在老年人创业的过程中，他们对于创业活动没有信心、缺乏坚持和毅力，因此提升他们的创业意愿是我们小组活动的首要目标，也是他们需要改变的首要层面。

我们的调查问卷显示，老年人拥有创业的意念与其学历有显著关联，但是也有很多学历不高但具备创业意念的老年群体，这非常值得我们进一步研究。在我们的调查中发现老年人虽然有创业意愿，但是其意愿并不强烈，容易受外界环境的影响，自我否定，进而停止创业活动。创业活动的开展离不开创业意愿的激发，根据表5-3调查数据显示，仅有21.4%的调查对象具有创业意愿，但是我们缺乏对于创业意愿强度的测量，因此这21.4%的数据是否都是强烈的创业意愿还有待进一步测量。因此在具有创业意愿的21.4%的调查对象中，对其创业规划进行调查，发现有23%的调查对象认真思考过创业规划，说明即便是他们具有创业意愿，创业意愿的强度也很低。因此根据当前的低龄老年人创业意愿的状况，我们对其创业意愿的提升需求进行调查，调查结果显示，认为需要提升创业意愿的老年人占比高达83.4%，说明他们意识到自己的创业意愿不强，并且需要其他力量介入来提升创业意愿。

对创业意愿的影响因素进行调查，我们发现最高的是自我完整感，占比66.1%，说明老年人在晚年时期仍然想要实现年轻的梦想，弥补过去的缺憾，实现自己人生的价值。其次，有54.3%的老年人认为社会对老年人的认知水平会影响他们的创业意愿，积极乐观的老年观会让老年人在晚年时期很好地安排自己的生活，特别是依然活跃地参与社会经济、文化和政治活动，这也会改变他们对于创业的态度和看法，并且想要去尝试搏一把。有55.2%的老年人认为生活的满意度会影响他们的创业意愿，对晚年生活有高要求的老年人比那些满足于当前生活现状的老年人，他们的创业意愿会更加强烈，更想要在这一时期做出些成就。老年人的晚年自信心占比44.6%，其实晚年自信心与晚年态度之间具备一定的关联，我们发现很多老年人在退休以后强烈的无助和无用感会让他们失去自信心，对于未来的生活缺乏热情，因此培养晚年自信心也是他们提升创业意愿的方式之一。根据前面四个因素的分析，我们发现老年人创业意愿的变化主要是基于老年人对于生活的态度和自身素质因素，通过对服务对象的创业素质调查，我们发现这四个因素都是老年人所欠缺的，也可以说是他们创业意愿不高、亟须改进的四大层面。

通过与调查对象的非结构化访谈来看，认为老年创业者首先需要对于

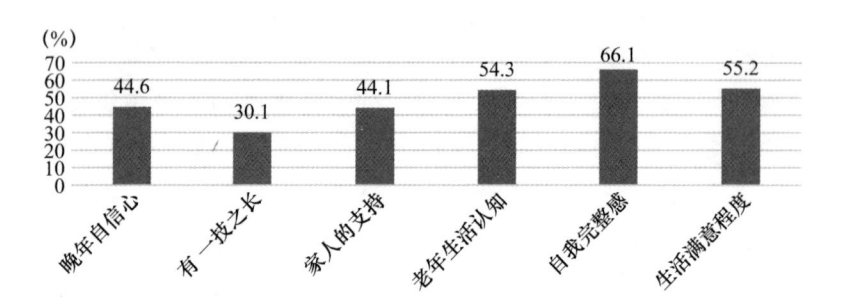

```
(%)
70
60   44.6              44.1    54.3    66.1    55.2
50
40          30.1
30
20
10
0
    晚年自信心  有一技之长  家人的支持  老年生活认知  自我完整感  生活满意程度
```

图 5-7 低龄老年人认为改变创业意愿的因素

创业意愿的激发提升。

> 社工：你有想过要进行创新创业活动吗？
> 访谈对象2：当初在改革开放的时候，我就把单位的工作辞了，自己在家做点小买卖，不过这两年生意不太好，我打算把它关了。现在被家里的孙子女和家务活给牵绊住了，想做点什么也做不了，而且现在也不知道做什么好。
> 访谈对象3：退休之前一直在事业单位，这辈子就这么平平淡淡地过来了，什么都没做感觉自己就老了，所以最近总是在想做点什么，但是身边的朋友都对我说，你都这个年纪了，在家安安稳稳就行了，现在创业风险太大了，万一再把老本也赔进去怎么办，我也在思考他们说的话，现在正在摇摆徘徊，不知道应该怎么办才好啊。

在上面的访谈中，我们发现部分老年人并不是不具备创业意愿，而是客观环境的阻碍和自身不够坚定，因此在开始阶段创业小组应该增加对于低龄老年人的创业意愿的激发，让他们对于创业有一个明确的认知，坚定自己的创业信念，认知自身的优势条件，正确了解创业风险，从而提升个人的创业意愿。

（2）创业知识学习需求

创业研究表明，创业者掌握创业知识进行创业，能够使创业流程专业化、减少创业风险，从而顺利实现创业活动。我们开展活动的低龄老年群体并未接受过系统的创业培训，对于国家创业政策、创业管理知识、创业流程等内容都比较陌生，这也是老年人创业中最大的困扰和顾虑。

表5-4中的数据显示，超过一半以上的人对于创业知识是不了解的，而且对于创业计划没有一个清晰的认知，但是他们愿意主动阅读相关书籍，并且也不排斥继续学习，这说明他们对于创业知识的渴求和迫切性。因此，对他们开展创业知识培训，让他们了解创业知识是我们的小组目标之一。

通过对老年人进行需求评估，图5-8显示，有关创业知识的选择率都比较高，特别是了解创业政策、创业流程及市场运作、创业管理、创业构思以及创业风险规避等，最高为78.2%，最低为54%，总体来说他们认为应该进行创业知识的学习培训。在后续的小组活动中，社工应该为他们链接资源，提供系统化的创业知识培训，不需要精细化学习，但是应该涉及创业知识的每一个层面。

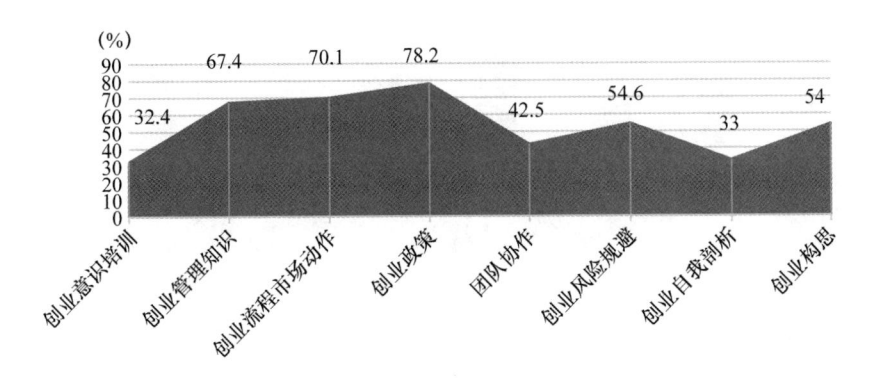

图5-8 城市低龄老年人创业需求调查

在后期项目开展过程中，我们邀请专业人士对服务对象进行创业知识讲解，包括创业领域的趋势以及风险规避等内容。对那些犹豫不决的老年人开展培养老年自信创业理论的活动，让他们明确网络目标和想法，减少老年纠结感。最后，借助老年大学学员之间的关系，扩展自己的老年朋友圈，并且从中发现志同道合的创业伙伴。社工应该运用专业技巧，建立他们之间正常健康的联系，并且为其联络资源。

（3）创业实践指导需求

城市低龄老年群体在年轻时并没有接受过系统的创业知识培训，这也就决定他们对于创业实践的认识处于浅层次认知，很多人只是听身边的朋友和亲戚讲过，但是自己并没有真正地深入了解创业这个领域。在与服务对象的交谈中可以了解，年长的创业者对于真正投入到创业项目中还有很多疑惑和顾虑,因此他们会更加渴望通过实践来真正地体验,从而发现自己是否真的能够适应创业节奏。

我们在调查问卷中设置了关于老年人创业活动所需资源的问题,有针对性地列出了几类,图5-9的数据显示,有66.2%的人希望得到成功人士的经验分享,54.3%的人希望得到政策支持,44.6%的人希望得到专家的知识培训,实现从掌握创业知识到提升创业经验。通过对创业知识的系统化学习,减少创业过程中的可避风险,增强创业信心,从而增加创业活动。图表中其他因素的数据之间存在的巨大差异,让我们不得不对创业知识和创业经验的需求重视起来,从而满足低龄老年人对于创业知识学习的需求。

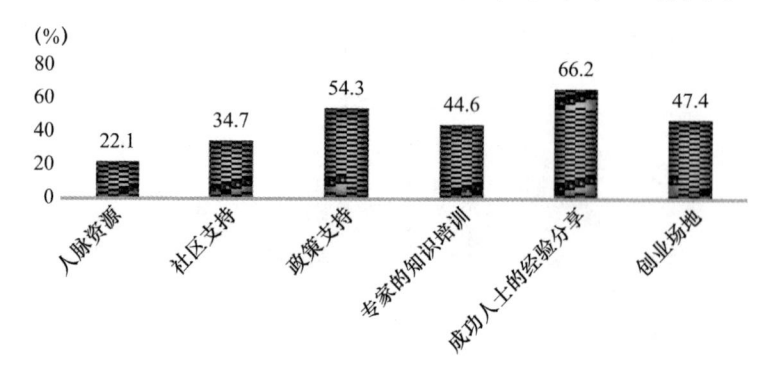

图5-9 低龄老年人创业活动所需资源支持

在我们后续的访谈活动中,P1对于创业实践提出了他的意见和理解。

> P1:在我的理解中,如果有专家的介入与指导,那我们未来的创业活动会更加顺利一些。这不意味着我们就一味地依赖专家,而是指我们对于这个领域即使掌握了专业知识,但是并不一定就适用于实践中,所以有创业实践者的指导我感觉会很不一样,也会规避我们在创业中的风险。

通过访谈,P1作为我们服务对象的代表,他认为有创业实践者与专家来指导他们开展创业实践是至关重要的,这会让他们更加坚定创业理念和消除创业顾虑,开展专业化创业活动。

(4)创业团队建立需求

在前期的现状调查中,我们发现低龄老年人以个体创业为主,但是在

第五章　城市低龄老年人创业的社会工作支持　　173

我们的实际调查中却发现有所差别，作为初创的低龄老年人创业是否需要由同辈群体组成的老年创业团队，需要根据不同地区、不同层次、不同创业阶段的老年人的具体情况来决定。因此我们的老年人创业是否采用团队的形式需要根据我们对服务对象的观察、评估来决定。

在 Y 社区开展的低龄老年创业者的需求调查中，我们发现有一个选项就是针对小组团队的建设和团队协作的知识，如图 5-8 所示，有 42.5% 的选择认为他们需要创业团队这一方面的培训内容，并且认为除了学习创业风险知识外，创业伙伴能够减轻他们的创业压力和创业风险，同时也是互相鼓励大家坚定信念的好方式。对于这些初次创业的老年人而言，他们对于创业领域比较陌生，因此有了创业伙伴的扶持和鼓励，能够增强他们的创业信心。

针对这一现象，我们特意调查服务对象希望在项目活动中收获什么，我们可以发现除前面提及的三大需求外，低龄老年人对于创业伙伴的需求占比 34.5%，虽然这一数据要低于前三个层面的需求，但是这四个方面之间的差异不大，因此也应该引起我们对此的重视。同时根据创业要素调查，我们发现老年人更希望能够通过与他人的合作来完成一项任务或者是事业，可以包括家人、亲属、朋友、同事或者是老乡，而与不同类型创业伙伴的结合决定了他们所利用的社会资本类型和创业类型。

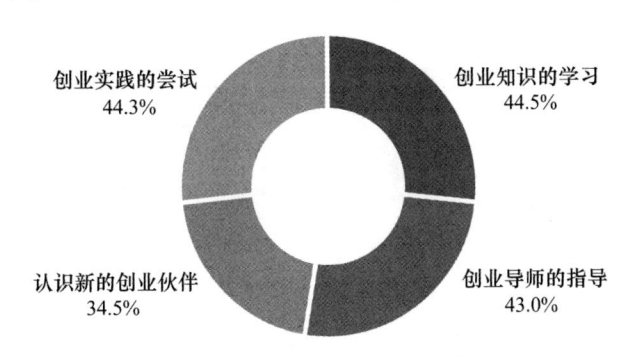

图 5-10　低龄老年人希望提升的层面

3. 服务目标与策略
（1）服务目标
①总目标
本项目依托社区力量，利用机构内资源，对社区内低龄老年人创业进

行实践探索。在三维资本理论和优势视角理论的指导下，运用小组工作的方法为低龄老年人创业提供专业服务，希望通过我们的服务，提升老年人的创业意愿，提高其创业知识与能力，增加其创业行动力，使有创业意愿的老年人真正将创业构想变成创业行动，满足老年人对于生命完整感和实现社会价值的追求，让老年人在创业领域也能占有一席之地。

②具体目标

本项目通过小组活动的方式，对低龄老年人创业意愿、创业能力与创业行动力三个具体分目标展开服务。第一，通过增强老年人的创业意愿，形成一种积极向上、自信满满的观念，帮助老年人挖掘发现自身优势。第二，对老年人进行系统的创业知识培训学习，帮助其获得知识技能，提高老年人对于创业的全面了解和认识，更加清晰自己的创业构想。第三，通过意愿与知识能力的提升，鼓励其进行创业活动实践，加深对创业的理解。

具体表现在：创业意愿层面，通过设置关于自信心、优势挖掘以及团队凝聚力等素质提升的小组活动，增强老年人对创业的信心，让他们重新认识自己的潜能，并从中寻找到新的创业灵感；创业知识技能层面，链接社区、高校与协会的多方人力资源，为老年人系统地讲解创业知识，提高他们的创业知识能力，增强他们对于创业的全面了解和认知水平；根据当前电商化的特点，为老年人提供网络化相关的培训，增强他们的创业特色和时代特点；创业行动力层面，设置创业加油站，将创业导师及专家和社区工作者组合起来，共同为老年人创业提供技术和硬件上的支持和帮助，建设创业平台，随时为他们提供信息指导，以此来协助他们顺利展开创业活动。

（2）服务策略

①社工以多种角色介入低龄老年创业项目

由于城市低龄老年人创业项目的繁杂性和不可预测性，社工在项目开展的不同阶段，应当扮演不同的角色和发挥不同的作用以促进其创业活动的产生，因此呈现出多样化的社工角色的特点。在本项目的开展过程中，社工主要扮演了组织者、引导者、教育者、社会资源链接者等角色。虽然在实践中扮演着多重角色，但是本项目旨在帮助老年人提升创业意愿、提高创业知识和促进创业实践，让他们在晚年时期实现自我完整感，这就要求社工必须以服务对象需求为本，为有需求、有问题的老年人设计有帮助提升的项目内容，因此最根本的角色还是服务提供者。

在项目前期调查中，发现了具备初步创业观点的老年人，但是他们由于种种原因却并未展开创业活动，并且他们之间也是半熟悉的状态，社工将这些具备同质性的城市低龄老年人群聚集在一起，形成小组并开展各类小组活动，促进其创业活动，这充分发挥了社工作为组织者角色的作用。

其次，社工在项目实施过程中扮演着引导者和教育者的角色。在调查问卷中显示，Y社区低龄老年群体在创业层面上存在着意愿不强烈，缺乏创业知识以及缺少创业实践经验等问题。在具体开展项目过程中，特别是在意愿提升阶段，社工借助小组活动协助组员通过问题分析，寻找解决问题的方法，在该阶段表现为如何增强创业自信和建设创业团队等。通过分析自己的困境、认清自身的问题，最后让服务对象自己做出决定。在该阶段社工在小组活动中扮演着教育者的角色。社工向服务对象传授增强自信的方法，并且对服务对象进行情感支持，教授大家建立创业团队的方法和增强团队凝聚力的技巧等。

社工在项目中作为社会资源链接者（经纪人）发挥了重大作用，首先将社工项目开展与社区发展形成双向互动，并且建立合作关系，共同促进低龄老年创业人群的创业过程。在具体项目过程中，从社区链接的物质资源，如桌椅、白板以及场地等，同时在社区人力资源，如社区工作者和社区志愿者的协助下，有秩序、有质量地完成每次活动。其次在创业知识增加环节，由于老年人缺少创业知识，但是又不知道何处寻找专业老师培训和相关资源，因此社工链接社会资源，将高校创业导师、创业协会专家以及专业技能老师引入我们的项目之中作为培训专家，对于有学习创业知识需求的老年人提供知识和技能培训。

②多层次介入服务内容与过程

根据服务对象的具体需求和项目内容的设定以及社会工作专业手法的运用，我们在执行项目内容过程中，主要运用了直接介入与间接介入的技巧来进行介入。

低龄老年创业者作为我们直接服务的对象，是我们开展项目需要注意的重点，也是直接介入技巧的重点所在。我们的项目目标旨在改变低龄创业老年群体的自信心、团队的建立、改变创业老年人与其他群体之间的关系系统、增加其创业知识以及提升创业实践能力等层面。直接介入技巧要求社工在实现这些目标时，首先需要帮助低龄老年创业者学习运用周围资源，包括自身潜能挖掘与老年自信的内在资源、与社区资源和社会资源对接的外部资源，增强其创业的能力。此时社工在项目中需要全面衡量当前现有资源，同时对于缺乏的资源进行链接，保证服务对象能够链接资源后，真正增加自身的创业知识和创业素养。

对于间接介入的过程主要是对社区环境和社会关系的介入。对于社区环境的介入，主要是改变社区以往不关心的状态，由社区给老年创业群体提供包容性的创业环境，开发社区资源与争取社区支持，善于发现社区中可利用的志愿者资源以及场地资源。社工应当注重创造性地开展服务计划，全面观察掌控小组的规模与人员分工。在提升老年人自身的创业技能以外，更加注重老年创业小组之间的团队互动协作，为老年创业群体建立团队，通过网络人力资源催化扩大网络关系边界，增加他们的物质、情感和信息支持，以此来激发创业意愿和促进创业活动。同时为服务对象提供技术训练，特别是网络化训练。

③服务理论结合专业技巧

社工实务的开展离不开理论的指导，城市低龄老年人创业项目是在社工理论与创业领域理论共同指导下的实务操作，通过理论指导与理论假设，以期在社工介入低龄老年人创业项目中更加科学化和系统化。

在项目前期调查阶段，在"三维资本理论"的指导下，我们将人力资本、社会资本和心理资本三个部分进行问题细化，其中包括老年创业者的知识技能储备、积极心理状态和社会关系与社会资源。根据需求调查报告，发现这三个层面也正是老年创业者所认为需要调整和提升的部分。因此在项目设计时，遵循"优势视角"的原则，认为老年人创业有其独特的优势和特点，每位老年人都有技能、资源和希望，只是需要我们去深度挖掘，充分调动和发掘低龄老年人的优势和热情，发现并且利用身边的社会资源来进行创新创业，从而消除自卑心理。在项目执行中，在每一次小组活动中，在优势视角理念的指导下，让低龄老年创业者在小组中发挥各自的功能，同时尊重他们的性格、技能和喜好，鼓励他们自己做出选择。在潜能激发后，针对需求对他们进行培训，以此充分运用低龄老年人的优势进行创业培训和创业活动，通过周围系统的变化，社工与创业低龄老年人共同进步。

在前期调查中，我们发现服务对象对于创业领域有知识需求，同时老年创业群体缺少政策扶持,因此我们采用优势视角理论中的优势概念,赋予老年人新的能力和视角。在具体项目开展过程中,社工协助低龄老年创业者的创业活动开展应当是自己做出改变和决定,首先是心态和意愿的激发,激发他们的潜能和优势。其次建立良好的专业关系和形成团队凝聚力,同时针对低龄老年创业群体创业知识缺乏的情况,邀请专业的创业导师进行知识培训,增加他们的创业知识,为他们的创业活动提供坚实的理论基础;针对老年创业群体的无力感,改变他们对于自身和环境的负面评价,同时克服客观环境的困扰和烦恼,在知识、技能、积极心理和创业团队准备完整后,鼓励老年创业群体积极进行创业实践,并且从链接社会资源中获得支持。

4. 服务方案设计

根据城市低龄老年人创业的需求,参考他们参与创业活动的目标和资源分析,将本项目分为三大层面,即创业意愿、创业知识与创业实践,这三个层面包含七个阶段的小组活动,每个阶段的项目内容和项目目标都是不同的。具体小组执行如表 5-9 所示。

表 5-9　　　　　　　　　小组具体执行计划

序号	活动时间	活动主题	活动目标	活动内容
1	2019 年 2 月 20 日 14:00—16:00	自信加工坊	将具有同质性的具有初步创业构想的老年人聚集在一起,相互熟悉。增强老年自信感	1. 介绍小组;2. 组员自我介绍:最美夕阳红;3. 热身游戏:进化论;4. 制定小组契约(击鼓传花);5. 分享活动经验/小组规范
2	2019 年 2 月 27 日 14:00—16:00		增强老年自信感和成就感,并且提升他们的创业意愿	1. 重新回顾小组规则;2. 热身游戏;3. 组员兴趣分享;4. 优点大轰炸;5. 生命树的绘制;6. 自信心测试
3	2019 年 3 月 6 日 14:00—16:00	原来我真棒	正确认识老年生活和老年人的力量,发掘强化自身优势,并将优势转化为能力和创业动力	1. 回顾上期活动;2. 松弛训练活动;3. 你所认为的"老年生活";4. 你认为自己创业的优势与不足;5. 鼓励成员改变不足,并布置课后作业

续表

序号	活动时间	活动主题	活动目标	活动内容
4	2019年3月13日 14:00—16:00	团结就是力量	通过前期的策划来增进彼此的了解,建立一个老年创业团队,让老年人能够在一个有团队凝聚力和归属感的队伍中开展创业活动	1. 热身:你来比我来猜;2. 信任仰伏;3. 你人生中在事业上最难忘的一件事,注重组内交流;4. 团队许愿树:成员将自己对团队的祝福和感情、建议和期望,写好后贴在"许愿树"上
5	2019年3月20日—4月10日 14:00—16:00	知识真知棒	老年人在创业的专业知识层面缺乏系统的学习,通过专业系统的学习,让老年人能够减少创业的风险,从而增强创业热情,提高创业的成功率	包括五个主题的创业知识培训:1. 自我评估;2. 挖掘创业构想与评估市场;3. 创业成功经验与需求评估;4. 创办企业运营与管理经验;5. 法律环境与优惠政策;6. 总结分享会
6	2019年4月17日—5月8日 14:00—16:00	技能节节高	发掘创新创业点,并且针对某些技能进行专业化训练	1. 电脑网络的学习;2. 兴趣爱好的专业化
7	2019年5月22日—7月10日 14:00—16:00	创业实践初试与规划	对于创业内容进行实践,团队之间、成员与专家之间保持密切联系,对创业不断进行调整,建立平台	1. 小组会议之头脑风暴;2. 确定创新创业点;3. 进行创业实践;4. 与创业专家交流;5. 创业总结与反思

第一个阶段为招募组员,评估小组成员的需求。通过在社区内发放调查问卷、入户访谈等调查方法对低龄老年人进行调研评估,运用三维资本理论和优势视角理论对小组成员进行优势挖掘和需求调查,了解他们的创业意愿与创业素养,从而为小组活动奠定基础。第二个阶段为具体开展小组活动。在这一过程中,社工以积极、发展的眼光看待老年群体,通过服务提升他们的创业自信、成立创业团队以及增加团队凝聚力,提升个人的身心素质水平。第三个阶段为社工链接资源,为创业老年人提供知识培训、创业指导以及现代化技能提升等项目,通过借用外界力量,来提高老年人的创业知识与创业技能素养。第四个阶段为低龄老年人进行创业实

践。老年人自己组织创业团队展开创业活动。通过运用在项目中所学习的技能和知识，抓住生活中的创业机会开展创业活动。除发挥他们自己的力量外，社区还成立了创业充电活动室，这个活动室的组成人员除创业老年人外还包括创业导师、创业领域的专家等专业性人才以及社区工作人员，方便在后续开展创业活动中进行解答，为创业活动提供资源支持。第五个阶段是服务评估与反思。我们对于服务对象在进入小组前后的各类指标进行测评，通过测评前后对比发现小组活动在创业项目中的有效性，反思小组中的不足，运用服务反思来为后续老年人创业项目的开展提供实践支持。第六个阶段是根据在实践中的经验，总结出社会工作在老年人创业项目中发挥的作用，探索总结出社会工作专业参与老年人创业项目的建议，扩展老年人社会工作的实务领域。

(二) 服务实施

根据前期的调查和需求评估分析，可以发现小组成员在创业意愿及素养、创业伙伴或团队的建设、创业知识、创业技能等方面都有问题和需求，针对服务对象的问题和需求，社工与机构内的同工合作，并在督导的修正下完成了"五色银龄"城市低龄老年人创业培训小组的三大板块内容，主要包括创业意愿激发、创业知识技能提升以及创业实践活动。在项目策划内容中，社工主要扮演了组织者、引导者、教育者、社会资源链接者的角色，表5-9中第1—4部分属于第一个层面的项目内容，即创业意愿提升环节；第5—6部分属于第二层面的项目内容，即创业知识技能培训环节；第7部分属于第三个层面的项目内容。在三个层面的小组活动中，社工在第一个层面主要担任组织者和引导者的角色；在第二个层面扮演教育者和资源链接者的角色；在第三个层面创业实践也主要是资源链接者的角色。由于项目内容的多样化和复杂性，因此针对小组活动，我们只是挑选有针对性的部分进行重点阐述分析。

1. 创业意愿激发小组

创业意愿激发小组包括四次活动，包含自信心提升、优势挖掘以及创业团队建设等，本研究主要节选了第二次小组活动、第三次小组活动和第四次小组活动，来表现社工在意愿激发小组中的介入过程。

(1) 第二次小组活动过程分析

第二次小组活动主要是通过小组成员兴趣、爱好分享，加深彼此的认识了解，引导小组成员绘制生命树，通过生命重要事件进行回顾分享，从而发现自己生命中的遗憾和想要完成的事件等，通过小组成员的鼓励和支持，从而增强其实现愿望的意愿。在彼此深入了解后，小组成员通过优点大轰炸，增强组员们的自信心，促进其小组关系的发展。

由于在第一次小组活动中大家已经基本认识并且设定了小组规则，所以本次小组活动因服务对象之间有了初步了解，不像第一次小组活动时那么沉默，并且能够主动交流。在上次活动结束后，社工让大家回去思考自己的兴趣爱好以及生命节点故事等。在本次活动中，首先是社工带领大家回顾了共同制定的小组规则，大家表示都会遵守小组规则，并且相互监督。其次针对大家的兴趣爱好这一主题进行分享，社工弱化自己的引导，让组员自由发挥，P1 积极踊跃地首先说自己特别喜欢摄影和书法，并且其摄影作品获得各大奖项，其他服务对象也依次说出自己的兴趣。在生命树的绘制过程中，小组成员对于过往的生命历程进行回顾发现自己仍然心系年轻时没有实现的梦想。

P2 说出自己年轻时由于家庭条件很差，并且家中孩子很多，因此没有机会接触外面的世界，那时候她特别喜欢唱歌，但是由于客观条件限制并没有进行系统学习，只是简单地哼唱几句，自从退休以后她就想要学习歌唱并且带动更多喜欢唱歌的人加入，但是目前没有什么实际行动。P3 和 P6 对于 P2 的想法给予了支持和鼓励，并且给她提供了一些好的方法技巧来完成她的愿望，使得 P2 更加有信心去完成她的构想，更加实际化和可实施。

通过这个环节，我们可以发现很多小组成员的性格特点。P2 是一个比较开朗但是有选择困难症的人，她对于自己的决定总是摇摆不定，通过本次小组活动，使得 P2 能够更加坚定地去完成自己想要完成的事业，这对于她而言就是一个巨大的进步。特别是小组成员之间的互相鼓励，对于小组成员的自信心增强有着明显的作用。在后期的类似小组活动中，也可以采用这种形式进行介入。

小组活动结束后，社工引导小组成员分享各自的感受，最后对于本次活动进行总结，特别是生命树的分享，让成员之间加深彼此的认识，也让小组成员深入了解了自己。在优点大轰炸环节，由于大家的关系还不是很亲密，因此最开始的时候有一些尴尬，但是在 P1 的带动下，活动氛围还是比较欢乐，也达到了预期的效果和目标。社工应当将这个环节放在后期的活动会好一些，因为这种活动需要成员较熟悉，这样在活动过程中能够减少尴尬感。当然社工也可以根据小组成员和小组阶段的情况进行选择，虽然活动安排会出现误差，但是只要工作者引导恰当，也可以加快小组成员之间的熟悉和了解，达到我们的目标。

在优势视角理论的指导下，社工在小组活动开展中完全尊重小组成员的选择，通过设计活动挖掘他们的优势和潜能，同时加深他们对于自身的了解和认识。通过本次小组活动，有针对性地对小组成员进行活动，使得小组成员在很大程度上提升了自信心，同时在社区内开展活动，也提升了社区内的专业服务水平。

（2）第三次小组活动过程分析

在第三次小组活动中的环节分享阶段，我们发现 P1 有些自我中心主义，总是抢着发言或者是在分享环节用时过多占据其他组员的时间，其他小组成员虽然没有表现出不悦情绪，但是也限制了其他小组成员的表达。社工在活动中适时打断他的谈话并且告知他时间已经到了，需要到下一个人分享。在活动结束后，社工与 P1 针对活动中的问题进行交谈。

社工：今天在分享环节我打断了您的分享，您有没有不太舒服？

P1：说实话是有点，我觉得我的分享没有结束就被打断，有一种不被尊重的感受。

社工：那我首先对于打断您的分享向你说一声抱歉，经过我这两期活动的观察，我觉得您是一位积极乐观、充满正能量的人，我非常喜欢您的分享，但是咱们的活动时长是有限的，您想一下，这样的话其他小组成员呢？

（社工在这里将问题抛给 P1，让他进行思考并且对于自己的行为进行改善）

P1：嗯……你说的对，那我以后注意一下，有的时候说得太高兴了，就忘记时间了，那你以后记得提醒我一下，我们是一个团队，每个人都应该平等。

社工：对，您说得太好了！下次我就给您一个暗号，您就知道时间到了，这样可以吗？

P1：可以，真是太谢谢你了！

在小组活动中，每位小组成员都是独特的个体，社工应该尊重大家的选择，但是对于部分小组成员在小组中的表现，社工应当进行适当介入，而不应该去强迫小组成员做决定或者是做改变。

（3）第四次小组活动过程分析

第四次小组活动是在经过老年创业个体的优势及自信心激发后所进行的团队凝聚力的促进，由于小组成员之间已经比较了解，因此我们主要是设计增强团队凝聚力的小组活动，通过团队协作完成社工布置的任务，从而达到团队合作、团队分工的效果。

通过热身游戏和小组协作活动，以游戏的方式来增加团队成员之间的默契，从活动表现中，我们也可以发现团队中不同个体的特性，例如蜻蜓点水环节需要两个小分队进行团队合作，这就出现了成员分工。通过观察可以发现第一组中的P1参与比较热情，并且具备指挥与领导能力，但是不太喜欢听取他人的意见，因此不适合作为小组领袖。在社工介入与其进行会谈后，虽然他具备强烈的个人观念，但是开始转变自己的交际方式。第二组的P2年龄较其他人小，胜负欲强烈，具备较强的自尊心和自信心，同时对于团队成员的分工进行全面统筹，积极听取小组其他成员的意见，是合格的小组领袖的代表人选。同时P4与P7分别在两组中出谋划策，具备逻辑思维和临场反应力，在团队中是不可缺少的灵魂力量。最后是社工在本次小组活动中发现P3与P6在每一个环节热情不高，参与性和积极性也不高，在观念分享和提建议环节比较沉默，只有社工提到他们，他们才简略地说自己的想法。社工在小组活动结束后单独与这两名小组成员进行沟通，了解他们的意见和想法，不断调整活动内容与时间，通过笔者的介入，在后期活动中有所改善，并且慢慢地融入我们的小组氛围之中，在小组活动分享或者是总结时，能够主动和大家进行分享。虽然在团队中属于跟随者，但是也开始慢慢地表达自己的意见，这对于服务对象而言就是一个巨大的进步。

在众人拾柴火焰高的环节，社工组织大家积极分享自己的晚年生活感受，并且说出你所认为的"晚年生活"构想与现实缺憾，由小组成员提供意见。由于我们小组成员年龄差距不大，作为同时代的群体，他们的经历和感受具备共通点，因此在倾听其他小组成员的晚年生活构想与遗憾时，同时也是对自我人生思考的启发。他们的梦想由于很多客观条件限制而未能实现，因此在退休后他们有更多的时间和精力来完成自己未完成的想法

第五章　城市低龄老年人创业的社会工作支持

和目标。在团队成员之间的互相鼓励和支持下，以及在老年自信和老年优势挖掘下，他们对于想要继续完成的事业具备更加清晰的认知与规划，同时有了同辈群体的互相扶持和理解，减少了个体创业上的风险，从而提升他们的创业意愿。

在最后的环节中，我们邀请了社区工作人员共同参与活动。首先小组成员在团队许愿树上写下自己对团队的祝福和感情、建议和期望，其次社会工作者和社区工作人员也给予老年创业者更多的鼓励和支持，并且同他们一起探索创新创业的介入途径和层面。

2. 创业能力提升小组

针对第二个层面的创业知识培训，社工主要是通过链接社会资源，寻求社会上的创业导师和创业先锋为低龄老年人进行创业知识的系统培训。利用一个月的时间，对于创业领域的知识进行全方位培训，让老年人能够真正学到系统化的创业知识。同时结合网络化时代的特色，为其提供网络化电商的培训，顺应时代发展的潮流，了解当前电子商务的特点和运行，为他们的创业提供新的视角。本节选择了其中的挖掘创业构想与评估市场以及网络化电商的学习，通过这两个环节表现了社工链接社会资源对其进行系统培训的实用性和必要性，针对第四次小组活动的过程进行了详细分析。

在创业技能培训环节，社工主要是作为资源链接者和启发者的角色，利用创业专家为服务对象提供创业知识培训课程，在课前或者课后为其组织小组团建，探究课程对他们的启发与感受，同时观察他们在后期创业活动中的新变化。通过课堂表现和课后探访，社工发现 P1 和 P3 在学习上接受慢并且忘得较快，因此我们的小组在年龄与创业知识学习之间呈负相关，随着年龄的增长，老年人的接受能力和记忆力下降。针对忘得快、接受慢的情况，社工组织小组成员开展课下巩固，不但能够牢记培训内容，同时可以增强小组成员的关系和共同面对困难的决心。其中在电商网络化的学习中尤为明显，主要是他们年轻时并没有接触过电子网络，只是简单使用微信、拍照和一些其他软件，如支付类、炒股类等。专业老师在进行电子商务辅导时，结合社工的建议和小组成员的实际情况，重新设定学习计划以适应老年人学习的特点。

在学习相关理论知识后，我们注重对小组成员创业点激发与尝试，并且有针对性地对其所要涉及的领域进行相关培训，因为再创业的老年人也需要有足够的知识和不断学习的能力，老年人有经验有阅历固然是好事，但是开拓新的事业就必然要去学习新的行业知识，特别是在不熟悉的领域，即使通过培训后也不是专业的，但是他们可以通过自身的阅历和经验从新的视角来看待他们所要创造的事业，使得老年人对于他们要涉足的领域更为了解，从而能够设计更加迎合顾客的产品和服务。

本阶段的小组活动更为注重对于小组成员学习程度、接受程度以及学习满意度的评估，同时在学习知识的过程中，培养小组成员共同学习、面对困难以及共同进步的精神和习惯。

（1）第五次小组活动过程分析

在经过一段时间的理论学习后，在第四次课程结束后的小组分享会上，P1针对我们的项目内容主动提出自己的意见，以下内容为对话记录。

> P1：朱社工，我们也学习了大半个月的创业知识了，我这几天在网上查了一些信息，发现针对老年人创业的信息太散乱了，要是不仔细找还找不到呢！
>
> P3：对啊，我也是学习了知识后，想从网络上再下载点资源，结果也没有找到。
>
> 社工：现在关于老年人创业的系统化知识确实比较少，也比较零散，那我们想个办法，要是能够把这些理论资料和创业资讯整合到一个平台上就好了。
>
> P1：那我们借助社区平台，也弄一个不行吗？这样有什么新消息我们也能够知道从哪里找到。
>
> 全体成员：对啊，这样确实比较方便。我们也建一个小平台吧，专供咱们内部使用。
>
> P1：我正好认识一个精通网络的朋友，我让他教教我们，咱们自己也建一个，好不好？
>
> 全体成员：那真是太好了！就这么决定吧！

通过对分享会上小组成员的对话分析，小组成员们的主动性和积极性被调动起来，真正投入到创业学习中，能够主动提出建设社区老年人创业平台。原本创业平台是在第三阶段小组活动中建立的，根据小组成员的需求，调整到第二阶段由小组成员自行组织建立，将平时学习过的知识能够随时更新在平台上。同时,社区主任听到这个消息也表示大力支持,主动联络了专业人员对老年人进行培训和帮助,以便能够将创业平台快速建立起来。社工与社区主任、老年人、专业人员进行协调,确定空闲时间共同来探讨创业平台的建立,大家都畅所欲言,献计献策,致力于打造实用的创业平台。

(2) 第六次小组活动过程分析

在本次小组活动中,主要是组织小组成员分享前期学习的感受以及对后续学习的建议,发挥小组领袖的带领作用,让大家畅所欲言,表达自己的观点。

在活动开始时,除了 P1 和 P6 比较积极主动分享了自己的感受,其他成员并没有真正融入本次分享会中,因此社工及时介入,通过游戏接力的方式活跃气氛,让大家放松起来,把自己内心深处的感受说出来。其中最惹人注意的是 P3,原本内向缄默、不爱说话,经过前几期活动与大家熟悉起来,她也主动说起这段时间的感受,并且对我们后续项目开展提出了中肯的建议。

> P3:经过这段时间的学习,我特别喜欢和大家聚在一起讨论问题,也从大家身上学到了很多东西,对于未来的老年人生活和创业活动也有了初步规划。对于后面的课程,我有一些想法。因为年纪大了,记性不大好,所以我建议录一个教学视频,这样大家随时都能再看。

在本阶段小组活动的最后,我们进行了创业知识探讨会和辩论会,通过成员之间的知识碰撞,巩固学过的理论知识,为下一阶段的创业活动做好准备。

3. 创业行动力促进小组

经过前两个阶段的小组活动,低龄老年人创业在经过创业意愿激发和创业能力、知识培养,对于老年人的创业素质进行测评后,我们发现可以按照既定计划进行下一阶段即创业行动的小组活动环节。对于创业行动我们主要分为三大板块,一是走访社区的创业协会,与创业实践者进行深入沟通,了解在创新创业环境下的文化氛围;二是运用创业充电堡,让小组成员进行头脑风暴和创新思维,对于未来的创业活动进行设计规划,最终确定他们的创新创业方向；三是寻求专业人员的意见，在项目开展前期减少创业投资的风险和问题，从而保证项目能够顺利进行。

对于本阶段的小组活动，社工应当更为弱化自身在小组中的角色和作用，小组发展的过程作为后期成熟与结束阶段，小组成员的关系更为紧密，小组目标更为贴近，小组的行动力和执行力也大大提升，小组成员作为一个团队应当发挥更大的作用。社工在该阶段的主要任务是协助小组成员保持前期的经验习惯，比如进行模拟训练，社工鼓励他们自己开展小组活动中的头脑风暴，由小组成员 P2 组织大家发言总结，最终将大家的意见汇总并且提出建设性的建议。

首先，在小组会议中，P3 根据自身朋友的经验启发，对于我们当前老年创业小组所进行的创业行动而言，他们这个阶段的老年人不适合高风险、高强度、高投入的创业项目，他们的选择应该往稳健型、保守型的创业项目上靠拢。同时顺应国家创业政策，减少风险投资，他的意见得到了小组成员的支持和认可。同时创业专家根据大家的意见分析了他们的设想，提出更为适合他们的创业内容，可以尝试社区性质的老年人大学，目前他们正在老年大学上课，了解老年大学的运作流程，并且没有人比他们更加熟悉老年大学的服务对象的需求和可能出现的问题，并且随着社区建设和政策设计，社区老年大学将成为一个新的创新创业点，并且投入成本小，风险性小，适合老年人创业小组进行创业尝试。在了解创业项目后，小组成员在社区内进行需求调查，同社区工作人员进行沟通，了解当前居民与社区的需求是什么，能否挖掘出创业点。经过调查了解，最终决定在社区内设立老年大学项目，运用社区内的空闲场地，收取较低的学费，为社区内老年人提供教育服务，包括书法、绘画、雕塑以及声乐等课程，一方面他们可以根据自己的兴趣教授大家内容；另一方面也可以适当引入外界教师进行授课，既能够有一定的经济效益，也在一定程度上提高了社区居民的文化水平。

其次，应当做好小组活动评估和项目总结性评估，其中包括对于自身的评估、小组成员评估以及观察人员、社会工作人员以及督导的评估。根据评估总结，发现服务对象在小组活动的第一个阶段的满意度明显要低于后两个阶段的满意度，说明第一个阶段的小组活动有所欠缺。社工总结主要是因为项目时间的分配，在创业意愿提升阶段的小组活动服务对象没有那么紧密地链接在一起。

最后，针对小组服务对象的总结，P1首先认为通过半年的小组活动，他结识了很多的朋友，同时对于自己的晚年生活有了更加清晰的认知，并且更加具有创业的信念；P6除了对于学习内容收获良多，同时表示在其他方面也获得了巨大的改变，包括待人接物以及如何融入群体内部，勇敢地表达自己的观点和意见。通过对于服务对象的访谈，我们可以发现通过前期的创业意愿、创业能力提升，从自信心、社会资本、技能、同辈群体以及团队建设活动等具体内容的介入，服务对象的效果达到了预期的目标，同时也促进了他们创业行动力的提升。

（三）服务评估

1. 服务评估方法

城市低龄老年人创业项目的评估主要包括过程评估和成效评估，通过调查问卷、测量表以及观察法等方法对小组活动进行分析总结。其中过程评估主要是针对每次活动的小组成员签到表、满意度调查表、社工记录表以及各类量表的记录，我们通过小组成员的出勤率、活动满意度、活动积极性以及社工观察记录等进行评估。同时针对社工的观察，在小组活动结束后，与出现特殊情况的小组成员进行会谈，了解他/她在小组活动中的感受，询问他对于小组活动的建议，发现小组活动中的缺陷，同时反思总结，避免在下次活动中出现。

小组活动成效评估主要是通过服务对象创业自我素质量表的测评前后对比，通过小组成员各个部分的分数变化进而评估服务目标达成度。主要是评估在小组活动结束后，评估小组成员在创新创业精神、知识素养、能力素质以及身心素质四大层面上的变化。同时结合社工在创业行动中的观察，总结记录每一位小组成员的变化，包括知识储备、自信心激发、团队协作、小组成员定位以及成员互动模式等，通过全方位的观察，最终对服务对象在小组活动中的效果进行全面的评估。

2. 服务过程评估

本研究服务效果评估主要包括对服务对象参与度评估、服务对象满意度评估、目标完成度评估。我们的调查评估主要是对服务对象的满意度和目标完成效果进行评估，在创业培训阶段增加对专业导师的访谈。

（1）服务对象参与度评估

在小组活动开展过程中，确保小组成员每次都能参与，但是也出现过特殊情况，主要出现在第五节和第六节中。项目开展时间跨度大，活动次数比较多，这就不可避免地出现一些小组成员因为琐事请假，但是我们的小组活动每周只有一次，除特殊情况外，对于部分成员的请假也可以看作他对于这个部分的小组活动缺乏强烈的兴趣和求知欲。

根据表5-10中的数据，我们发现P1、P2、P3、P4参与活动的出勤率为100%，通过社工与其进行会谈发现，虽然大家都有琐事，但是因为一周只有一次，所以会尽可能地将琐事安排在其他时间，不会与小组活动时间相冲突。同时P5、P6、P7缺席主要是因为要照顾生病的家人或者是其他杂事。根据表5-10中第五节的出席记录，我们发现他们缺席都在第五节活动中，这就表现出我们的第五节活动作为培训课程虽然能快速掌握系统性的创业知识，但是对于老年人而言略显枯燥，后期开展类似活动时，社工应当注意在课程内容以外，增加课程的多样性和趣味性。

表5-10　　　　　　　　成员参与小组活动次数统计

组员姓名	第一节	第二节	第三节	第四节	第五节	第六节	第七节	出席率
P1-LHW	1	1	1	1	6	4	1	100%
P2-YM	1	1	1	1	6	4	1	100%
P3-HZ	1	1	1	1	6	4	1	100%
P4-JBR	1	1	1	1	6	4	1	100%
P5-SMZ	1	1	1	1	5	4	1	93.3%
P6-WY	1	1	1	1	5	4	1	93.3%
P7-JGL	1	1	1	1	4	4	1	86.7%

注：第五节为6次活动，第六节为4次活动。

除了对服务对象的出勤率的分析外，还有一个需重点分析的就是小组成员在活动中的表现与积极性。社工对每次小组成员在活动中的表现记录进行综合分析，通过积极性量表得出，除了P3、P6在小组活动的某些环节需要社工点名才参与意见讨论，其他成员都比较积极地参与活动环节。这种情况在前期小组活动中比较明显，中期有所改善，这两位服务对象性格内向，有些沉默寡言，但是对于创业和晚年生活却有自己独到的见解。经过社工的介入与会谈，了解到P3与P6的性格特点，通过与他们进行交谈并且鼓励他们尝试一些新的沟通方式，从而缓解其在小组活动中的沉默

寡言。根据小组成员的特点和活动中的具体情况，不断调整小组环节，使其符合满足老年人的需求。（见表5-11、表5-12）

表5-11　　　　小组成员参与小组活动积极性量表（前）

活动积极性	P1	P2	P3	P4	P5	P6	P7
积极踊跃参与活动环节	√	√		√	√		√
社工点名才参与活动			√			√	
不愿意参与活动							

表5-12　　　　小组成员参与小组活动积极性量表（后）

活动积极性	P1	P2	P3	P4	P5	P6	P7
积极踊跃参与活动环节	√	√	√	√	√	√	√
社工点名才参与活动							
不愿意参与活动							

（2）服务对象满意度评估

对于服务对象的满意度评估，我们主要是采用调查问卷的方法，辅以观察法，每一次小组活动结束后，我们对于小组成员都进行了满意度调查表的填写，采用匿名填写的方式，保证调查问卷的准确性和真实性。问卷调查评估采取三个阶段的分析，主要是因为每个阶段的小组任务不同、社工在其中扮演的角色不同、小组成员获得的服务内容不同，因此针对每个阶段的小组活动，我们分别展开了满意度调查统计。其中满意度调查问卷主要涉及对于社工提供服务的满意度、项目内容的满意度以及对于个体发展的满意度三个层面。

①低龄老年人创业意愿阶段满意度调查评估

在低龄老年人创业意愿提升阶段的小组活动中，社工扮演的是领导者和引导者角色，主要是将小组成员组织起来开展活动。小组成员对社工的工作态度与表现和项目内容符合其需求这两项的满意度达到90%以上，其中社工的工作态度与表现是最高值，说明社工在服务过程中的专业素质和专业姿态得到了服务对象的认可。同时社工组织活动的内容、形式与场地、服务对象获得较大的进步三个方面满意度在85%以上，其中非常满意的比例呈现依次递减的态势，分别为53.6%、46.4%和45.7%。（见

表5-13)

表5-13　　　　　　满意度评估量表1（N=28）　　　　　　（单位：%）

	非常满意	满意	一般	不满意	非常不满意
社工组织活动的内容	53.6	35.7	7.1	3.6	0
社工组织活动的形式与场地	46.4	39.3	7.1	7.2	3.6
社工的工作态度与表现	64.3	32.1	3.6	0	0
社工为其链接资源	37.1	32.1	30.7	0	0
项目内容符合其需求	60.7	35.7	3.6	0	0
社工帮助我做出改变	45.7	42.1	8.6	3.6	0
我获得了较大的进步	45.7	50.0	4.3	0	0
从本次活动中收获很大	40.4	33.9	25.7	0	0

由表5-13可见，社工为其链接社会资源这一选项，有30.7%的服务对象认为一般，说明在本阶段社工为服务对象链接的社会资源不足，主要是在社区活动室内开展前期活动，对于链接资源的现实需求不大，因此这部分满意度不高的原因可以理解。小组成员对于社工帮助发生改变的满意度高达87.8%，这说明我们的小组活动对于小组成员的改变巨大，当然也有3.6%的服务对象不满意项目服务，这对于第一阶段的小组活动而言是正常现象。同时服务对象认为自己在活动中的进步和收获不是很大，但是通过我获得了较大的进步这一选项可以看出，服务对象的进步可能是依赖于小组内容的设置以及小组成员的相互促进。这也是肯定社工服务帮助其改变的一个方面。在后续的活动中，社工应当注意社工服务与链接社会资源之间的关系，同时得到服务对象的正向肯定。而3.6%的人非常不满意社工组织活动的形式与场地。我们的服务不能够让每一位服务对象满意，但是我们争取最大的努力为他们提供优质的专业化社工服务。

②低龄老年人创业知识培训阶段满意度调查评估

根据第一阶段的满意度评估表，社工在第二阶段对于每个方面的服务进行了完善和修正，前期中满意度较低的选项也得到了提升，满意度中较高评价的部分也得到了提高。总之，第二阶段的活动满意度相比第一阶段而言，有了很大程度的提升。具体的细节表现可通过表5-14分析得知。

通过表5-14，发现社工链接社会资源选项中，非常满意度占比85%，相比上期的 37.1% 增长了 47.9%，这说明社工在小组活动中链接社会专家和学者为他们提供专业化的培训内容得到了小组成员的认可。其中社工组织活动的内容、社工的工作态度与表现以及项目内容符合其需求的满意度达到 100%，说明前期的评估调查和项目设计是合理的，并且通过社工的不断完善和改进，认真踏实的工作态度和专业能力，最终获得服务对象的认可。社工协助服务对象改变、获得巨大进步以及收获很大这三项也有一定程度提升，最明显的是没有不满意和一般选项的占比减少，非常满意和满意的比例上升，上升的比例超出 10%，这说明在该阶段的培训内容被服务对象所消化吸收，表明小组成员在这一阶段的创业知识培训达到了小组活动的目标，得到了他们自己的肯定。但是根据其他层面评估，我们发现还有提高的空间，社工在下一阶段的活动中在原有的服务标准下，应着重提升小组成员在小组中的收获感。

表 5-14　　　　　　　　满意度评估量表 2（N=28）　　　　　　　（单位：%）

	非常满意	满意	一般	不满意	非常不满意
社工组织活动的内容	66.4	33.6	0	0	0
社工组织活动的形式与场地	42.9	39.3	10.7	0	0
社工的工作态度与表现	71.4	28.6	0	0	0
社工为其链接资源	85.0	9.3	5.7	0	0
项目内容符合其需求	64.3	35.7	0	0	0
社工帮助我做出改变	49.2	35.7	18.6	0	0
我获得了较大的进步	53.6	28.6	17.9	0	0
从本次活动中收获很大	53.6	42.9	3.6	0	0

③低龄老年人创业行动促进阶段满意度调查评估

在前期的创业意愿与创业能力提升后，最后一个阶段的活动为创业行动实践，因此社工应逐渐削弱在小组中的存在感，鼓励小组成员独立地开展小组活动，商讨后续的创业活动，并且主动寻求外界的资源，因此在本阶段我们主要针对评估老年人自我成长与改变项目内容的需求满足。

表 5-15 的数据显示，服务对象认为项目内容符合其需求的满意度为 100%，其中非常满意的占比为 78.6%，满意的占比为 21.4%，这说明在

本阶段的项目调整和内容设置非常符合小组成员的需要，他们能够尽快适应小组角色的转变实现小组内的良好分工。虽然社工减少在小组中的主导地位，同时增加小组成员之间的互动和分工，但是大家对于社工的工作态度与表现的满意度仍然处于增长状态，这说明社工的工作转变得到了小组成员的理解和支持，与小组成员之间的关系建立促进了小组活动的进行。

表5-15　　　　　　满意度评估量表3（N=28）　　　　　　（单位：%）

	非常满意	满意	一般	不满意	非常不满意
社工组织活动的内容	64.3	35.7	10.7	0	0
社工组织活动的形式与场地	59.1	32.1	8.6	0	0
社工的工作态度与表现	75.0	25.0	0	0	0
社工为其链接资源	60.7	39.3	3.6	0	0
项目内容符合其需求	78.6	21.4	0	0	0
社工帮助我做出改变	50.0	32.1	17.9	0	0
我获得了较大的进步	70.0	30.0	0	0	0
从本次活动中收获很大	72.9	24.0	3.1	0	0

另外，社工帮助服务对象改变的满意度评分在提高，但是增长速度开始变慢。同时自我评估中的收获和进步的满意度占比也在不断上升，特别是非常满意的比例增幅明显。这说明服务对象对于自我改变的认知在变化，同时在小组中的定位也渐渐明显，他们能够从自己负责的部分获得成就感，这也就不难解释为什么这三组数据发生了显著变化。从以上层面总结发现，小组成员的满意度基本达到90%以上，这说明我们的服务提供得到了他们的认可和支持，同时在对他们自身进步的评估中发现，小组成员在服务介入后发生了巨大的变化，他们对于自己的变化也较为满意，认可自己的价值和努力。

3. 服务效果评估

我们的服务项目目标为协助低龄老年人提升创业意愿、增加创业能力、促进创业行动的构想。基于此，笔者在服务效果评估时的测量指标仍然运用前期的创业素质量表，以便进行直观的前后测对比，从而发现服务对象在经过服务后的变化。主要包括四个方面的考核，分别是创新创业精神、知识素养、能力素质以及身心素质。通过测评总分数，我们发现小组成员的平均分数由83分增长至99分,实现了16分的增长,从小组整体发展的角度来看得到了很大程度的提升。当然团队成员个体间的进步还是有差异,比如P2的变化是最大的,从原本的86分增长至107分,P5的变化居第二位,增长了17分;而P1、P4、P7的增长变化是相同的,都是增加了16分;P6和P3的增长幅度最小,分别是9分和5分。不管进步的大与小,对于服务对象而言都是阶梯式的进步和变化。

对于每一个阶段的变化,笔者将测评结果用图表的形式直观表现出来,由于每一部分包含内容较多,因此我们不能面面俱到地分析每一个小组成员的变化,只能分析小组成员的平均值变化,表格中的序号分别对应创业素质量表中的内容。根据我们的小组活动过程,我们对于测评前后成效分析主要包括三个层面,分别是身心素质、知识能力提升、创业素质及行动力。

(1)创业意愿完成度评估

①老年创业身心素质变化

在每次小组活动结束后,社工与小组成员进行访谈,随时了解小组成员的变化,通过部分会谈记录可以发现小组活动后,小组成员的身心素质得到不同程度的提升,通过我们的访谈记录可以了解。

> P1:在小组中认识了很多朋友,我觉得我有好多优点能够支持我去做一些事业,以前总是把闲暇时间用在家务活和照看下一代上,虽然想做一些事情但是总是被其他人或者自己否定了。现在有了一同创业的伙伴们,我们互相鼓励,并且对于自己的生活重新认知规划,决定要在晚年来实现我们的创新创业梦,我觉得我们肯定会成功的。(摘自第三次小组活动访谈记录)
>
> P6:年轻时辞掉工作决定单独创业,面临了很多的困难和风险,现在这个年纪创业对我而言有些困难,但是有了创业伙伴的加入,极大地减少了我对于创业的顾虑,特别是创业风险方面的,通过我们的小组活动,我发觉自己从未发现过的优势和能力,这使我更加坚定、更有自信地想要再创业的想法。(摘自第四次小组活动访谈记录)

通过小组活动访谈,P1和P6从老年自信感的增强、生命经历的回顾以及思考、在生活故事中我们着重对坚持和独立这两种特性进行分享,发现部分低龄老年人通过小组活动,能够真实有效地在这些层面得到提升,说明我们的小组活动对于提升老年人的身心素质和提升他们的创业意愿产生了显著的效果。

我们对于老年人进行了创业自我素质评估的调查,通过表格中老年人的身体素质、老年自信心、独立性、坚韧意志、冒险性、自我优势了解以及自我激励等7个方面的内容进行测评前后对比,从而评估在创业意愿层面的改变与提升,表格横坐标中的1—7分别对应着7名服务对象,而介入前后的数值为7个方面内容的平均值。

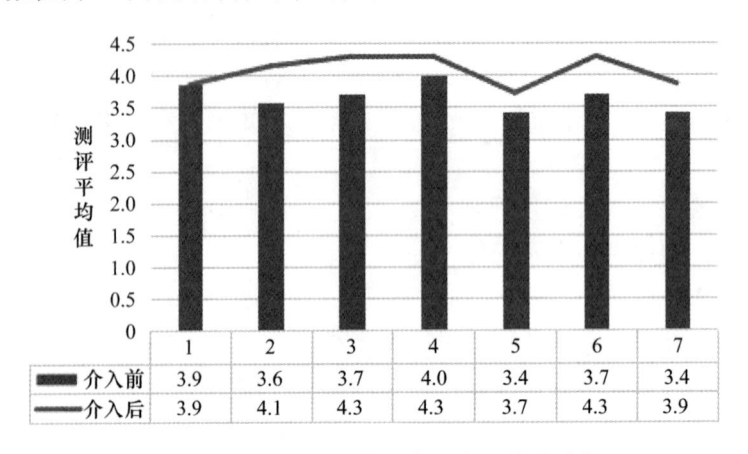

测评平均值	1	2	3	4	5	6	7
介入前	3.9	3.6	3.7	4.0	3.4	3.7	3.4
介入后	3.9	4.1	4.3	4.3	3.7	4.3	3.9

图5-11 老年创业身心素质介入前后对比

其中根据前期调查发现,在测量的每个方面均值都有所提升,但是针对个体而言,每个人在不同的主题活动和分享中获得了不同的提升,比如P4在独立性和坚韧意志方面获得了明显的进步,P6在老年自信心和剖析自我优势上取得进步,但是老年人身体素质评测、自我激励和坚韧意志并未提升或者提升幅度较小,这说明在老年人自信心培养、独立性、剖析自我优势等方面的小组活动比较完善,达到了预期的目标。但是在其他层面的小组活动仍然有进步的空间,后续应当加强对于这些方面的培训。

②创新创业精神素质变化

我们小组活动的目标是低龄老年人能够进行创业活动,这是我们开展一系列小组活动的最终目标。首先是通过介入前后,服务对象的显著变化表现在能够创造性地解决问题、敢于承担风险以及与他人合作这三个层面。通过小组活动,小组成员善于使用创新的形式来看待处理问题,这对

第五章　城市低龄老年人创业的社会工作支持

于他们而言就是重大转变。其中老年人小组初始所最担忧的创业风险得到了缓解，他们能够更加理智地看待创业风险，并且能够学会使用方法来面对或者是避免创业中的风险，这是开展创业活动的关键一步，说明在前期的意愿提升和知识培训的过程中，城市低龄老年人已经明确创业目标，坚定了创业自信。

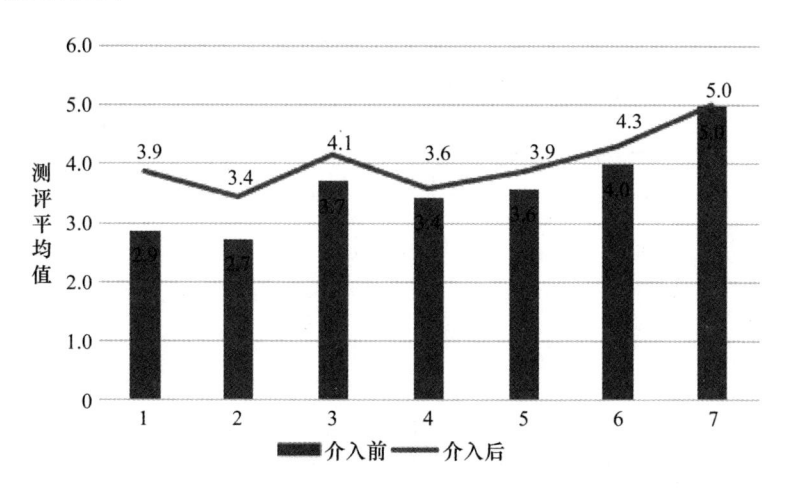

图 5-12　老年创新创业精神介入前后对比

其次是承担责任和毅力、意志层面也实现了部分增长，说明我们前期的小组活动对他们产生了影响，小组成员在小组中承担不同的角色，了解自己在小组中的定位，发现自己的优势能力，抓住创业机会。同时在小组活动中不能够以自我为中心，必须要考虑小组成员的感受，培养小组成员的责任心和归属感，对于自己的创业构想有了更加清晰的认知，从而能够让他们坚定自己的选择，对于未来的创业活动而言是一个良好的前提。

（2）创业能力完成度评估

①创业知识素养完成度

第二个阶段的小组活动主要是评估创业知识和创业能力的变化。对于这一部分的内容，社工通过折线图和柱形图的形式表现出来，主要是服务对象对于自我学习的总结测评。

P2：我从来没觉得我自己现在还能重新学习新的知识，并且真的在课堂中与老师交流，老师带着我们出去实践，我才发现学习创业领域的知识能够让我更加专业化地进行创业，避免创业风险，选择创业创新点，这些事情没有我原来想象的那么困难，我相信只要我能够掌握好这些技巧和理论，我一定能够成功的，大家说是不是？（摘自第七次小组活动访谈记录）

通过图5-13，我们可以发现介入前后的这两条折线图之间差距比较大，说明介入前与介入后小组成员发生正向评价的变化。其中两条折现之间差距最大的是序号4，它对应的是我拥有创业实践学习和经验，差值达到1.9；其次差值为1.7，包含我学习过经营管理知识能够有效经营企业所需的知识与我拥有行业相关知识，有较为丰富的知识面这两个方面。针对创业知识培训课程，小组服务对象发生明显的改变，主要是掌握了创业领域的知识和技巧，包括管理、经营、行业知识了解等方面内容。在小组活动中还增加了电子商务教育行业的运行规则、创业实践等内容，使服务对象在第三部分从2.3分增长至4.0分，这说明我们的创业知识培训取得成效，并且小组成员能够认可、接受以及运用所学的创业知识。

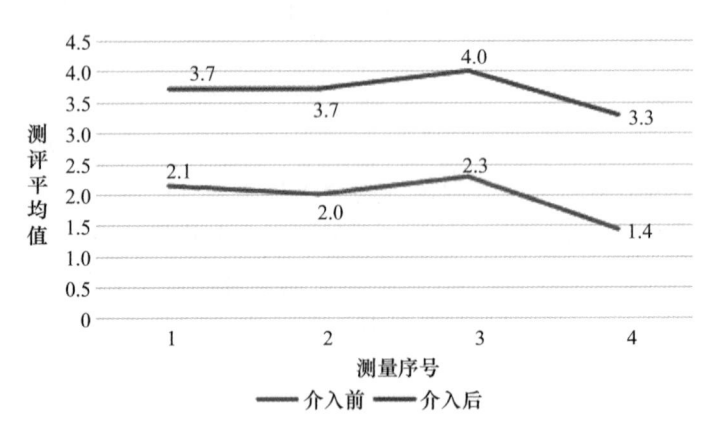

图5-13 老年创业知识素质介入前后对比

②创业技能素养完成度

除了学习创业知识外，还应涉及能力素质的培养，这部分取决于老师在课堂上组织小组成员们互动的效果。笔者与创业培训的W老师进行访谈，随时了解小组成员的知识掌握以及小组成员互动的状况，以下为部分

第五章　城市低龄老年人创业的社会工作支持

访谈内容综述。

W老师表示对于老年人的授课还需要继续摸索，不断调整上课模式来适应老年人的特点，争取让每一位小组成员都能够真正掌握创业知识、提升创业能力。在课程培训中，W老师认为除了学习知识外，小组成员更应该掌握良好的团队协作沟通能力，以及在小组中培养各种小组角色，如P2的果断性与前瞻性适合担任领导者、P3虽沉默但能提供好点子适合担任小组智慧者以及P6适合小组协调者等，其他成员就不一一列举了。根据每一位组员的特征，有针对性地通过课堂训练培养他们的能力。我希望能够与小组成员、社区工作人员以及社工建立良好的沟通，不断改进自己的方式，通过这个项目让自己得到提升进步。

通过数据对比，人际交往、战略管理和文化管理方面提升较为明显，其他方面有所提升但是增幅较小，社工人手不足从而不能够满足每次跟班督导，后续社工可以链接培养社区志愿者，减轻社区工作人员的压力。从个人层面而言，还是出现了一定的问题，主要是P6与P7前后并没有发生变化，针对这一现象，社区工作人员应该关注这两个服务对象，并且在后续活动中要注意小组成员的协调一致性，保证每一位成员都不掉队。

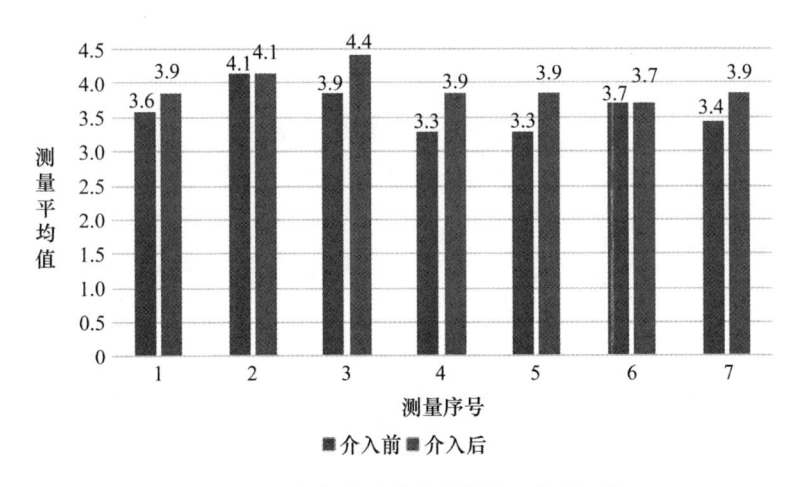

图5-14　老年创业能力素质介入前后对比

总结这两个方面的评估，笔者认为创业知识培训层面的小组活动是三个层面中完成率最高、完成效果最好的部分，小组成员的进步是最大的，不管是创业知识提升还是创业能力提升，这些层面的进步都需要在后续活动中继续保持下去。

(3) 创业行动力完成度评估

社工参与小组成员的团队活动，特别是在课程培训结束后的创业活动的小组会谈中，通过对小组成员商谈创业活动过程的观察，我们发现 P2 组织小组成员合理分工，并且链接社会资源，将小组成员的创业构想真正地落实，P3 作为小组智慧者为大家出谋划策，P1 运用自己的社会关系网络进行前期规划，每位小组成员都在为接下来的创业活动提供创业点、社会资源以及发挥自身优势。因此，在我们的小组活动结束后，小组成员在社区建立专业化的老年大学，并且得到社区老年人的支持和赞赏，他们认为社区老年大学开在家门口便利了社区老年人接受再教育，他们会支持并且带动身边的朋友一起来，说明我们小组成员所开展的创业活动获得了阶段性成功。同时这也说明我们所开展的小组活动达到了预期的目标，同时对于小组成员的发展而言也是有益的。

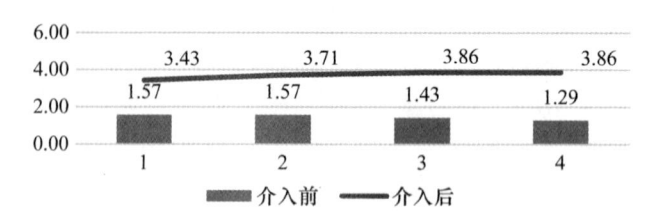

图 5-15 创业行动力素质介入前后对比

(4) 服务效果评价

根据项目预设的三个层面开展小组活动，通过小组成员的前后测评问卷展开结果成效评估。让小组成员在参与小组活动前后填写创业素质量表，保证测量数据的信度与效度，将前后数据用 SPSS 22.0 进行配对样本 T 检验，比较组员在活动前后的差异是否具有统计学意义，最终发现小组活动介入创业活动的目标实现情况。

根据全部组员总分前后测评数据评估共 7 名组员，我们根据三个层面每一部分的平均分进行前后测评估，从表 5-16 中可以发现，7 名组员在接受小组创业培训服务后，发生了显著的变化，特别是创业行动力层面，由 1.47 增长至 3.72，变化尤为显著。通过对各部分前后测的分数进行配对样本 T 检验，发现前后测差异达到统计学意义（P<0.01），这一数据说明创业服务对城市低龄老年人有积极的影响。

表 5-16　　　　　　　　　小组成员前后测评估

指标	前测分数	后测分数	T 值	P 值
创业精神	3.61±0.289	4.12±0.183	-3.055	P<0.05
身心素质	1.97±0.188	3.89±0.108	-4.773	P<0.01
创业知识	3.61±0.119	3.96±0.092	-7.299	P<0.01
创业技能	3.67±0.081	4.06±0.094	-3.557	P<0.01
创业行动力	1.47±0.067	3.72±0.101	-14.254	P<0.01

三　社会工作服务促进城市低龄老年人创业的建议

本研究在 Y 社区开展低龄老年人创业服务项目，运用专业理念和专业手法，提升老年人的创业意愿、提高创业能力以及增加创业行动力。根据在项目实施过程中的经验及反思，总结出社工服务参与老年人创业项目的对策建议。

在实施老年人创业项目的过程中，社工发现了在项目中出现的问题。比如，社会工作首次介入创业领域，项目内容较为繁多复杂，要在短时间内确保每个部分都面面俱到，是一件非常困难的事情。我们对于低龄老年创业群体所能提供的社工服务也是有限的，主要是针对老年人自信心增强、优势挖掘以及创业团队的建立、链接社会资源、聘请专业老师等方面，但是对于低龄老年人创业的知识培训不仅包括这几个层面，但是由于笔者的实习时间和机构资源限制，我们只能对部分内容进行全面性的介入，这就造成了服务项目内容的局限性。在项目结束后，项目效果会因社工的离开而消减，项目的可持续性会有所影响，同时链接资源的有效性和持续性也将受到影响，社区和社会各界能否持续为其提供创业指导和创业支持，协助他们能够一直保持这种创新创业精神，这是在项目中需最为关注的问题。

针对项目中出现的问题与实践经验总结，笔者提出了对策建议，希望能够通过相关建议进一步完善老年人创业服务项目。

（一）依托社区，搭建老年人创业助力平台

社区是与服务对象接触最为紧密的公共平台，同时也是居民最为熟悉

的自治平台，因此依托社区的支持搭建老年人创业助力平台，能很好地发挥其号召力与说服力。在Y社区开展老年人创业助力系统，是基于社区内低龄老年人的实际情况，运用社区的资源和支持，在社区中开展老年创业知识普及系列活动，鼓励当地或本社区内成功老年企业家开展经验讲座，为其他老年人提供借鉴。同时设置家庭创业驿站，提供相关的创业课程，使家人理解老年人创业活动，形成家庭支持系统，以此促进全民支持老年人创业的社会支持网络。社区应带头引入专业组织，投入专项基金，兴办社区老年大学，促进社区内老年人的互相学习和人际联络，交流学习经验和开展能力建设活动。同时为老年人创业项目提供场地、资源及社区管理制度上的支持，为老年人创业项目扫清障碍，助力老年人创业项目的顺利开展。

本研究通过依托社区内的工作人员以及其他社会组织的帮助，学习其他创业组织的经验，在社区内为老年人搭建创业助力平台。在服务项目中，根据老年人的创业需求，运用资源整合的方式，我们通过社区联系了女性创业协会、高校教师以及成功创业者等资源，形成专业的团队助力老年人创业。随着项目的深入，依据服务对象需多层面扶助的需求，在社区积极推进老年创业"互联网+"的模式，鼓励建立专业化的老年创业平台，让老年人通过创业平台认识创业伙伴，发现合适的创业项目，进行创业信息分享、学习创业知识、连线专家和学者进行经验讨论。发挥老年协会和各种老年组织在推动老年创业平台运行中的积极带头作用，让老年创业群体了解创业平台如何使用，使老年创业平台能够真正为老年人创业提供切实的服务。社工要鼓励老年创业者来进行平台系统更新与维护，让老年人能够保持自主性和独立性，借由平台信息助力老年人创业活动的开展。

（二）发现优势，提升老年人创业意愿与能力

发现老年人的优势是开展老年人创业服务项目的关键要素，很多老年人认为晚年时期就应该在家安稳地度过晚年生活，减少社会活动参与，这种消极不作为的陈旧观念导致老年人忽视了自身优势与社会价值。社工在开展创业项目前期，首先要认识到老年人在创业上的优势条件。根据三维资本理论分析，从人力资本层面来看，老年人具备工作经验、学习能力、专业技能以及丰富的职业知识储备；从社会资本层面来看，老年人具备多领域的社会人际关系网络；从心理资本层面来看，老年人的心理承受能力

比较强，且具备积极的心理状态，能够接受创业上的突发状况，让老年人认识到自身所具备的创业优势，是我们项目中的重点所在。

社会工作介入老年人创业服务，首先要了解老年人的问题与需求，发现老年人在创业上的优势之处，在项目中通过改变老年人不作为的思维定式，改变老年人的消极认知，提升老年人的自信感，建立老年人支持系统，通过小组活动激发老年人的创业热情，从而进一步提升他们创业的意愿。在挖掘老年人创业优势中，相信老年人具备学习能力，鼓励支持老年人继续学习，提高老年人的学习能力。通过项目设置，为老年人提供专业老师教授创业理论及知识，增加老年人的创业知识储备，提高老年人对于创业的认识。其次，随着网络电商的快速发展，老年人创业离不开网络化技能的培训，利用网络方式将兴趣爱好与创业活动联系起来，从而提升老年人的创业能力。通过挖掘老年人的优势，从根本上提升老年人的创业意愿，增强其创业能力。

（三）链接资源，编织老年人创业的支持网络

中国社会是一个关系为本的人情社会，初级群体受血缘、地缘、宗族的影响较为深远，而老年人创业所需的资源、关系与信息与这种影响息息相关。因此，社工在小组活动中要善于开发运用老年人的社会关系网络，如家人、朋友、邻里、同事等人脉资源，帮助老年人建立其自身的社会支持网络。建立社会支持网络能够让老年人获得社会资源，在面临创业风险时能得到社会关系网络的支持，增强老年人创业的信心和决心。社工在开展项目时，要首先与服务对象建立良好的关系，运用本土化思维，嵌入社区结构，挖掘小组精英人物。在社工的培训开发中，积极参与引导小组成员参与创业项目。

通过基础设施环境的完善，开展对于老年人的创业教育与培训，提升老年创业人群的经验与能力。在项目中让老年人梳理自己的社会关系网络，从而得到家人、朋友和同事的支持与帮助，增强他们创业的决心，解除他们对于创业风险的恐惧。尽最大可能地发挥社会关系网络的作用，为创业提供机会和可能性。联络政府和各界老年精英发动老年创业论坛，将具有共同需求的老年人聚集在一起交流经验，同时也可以邀请比较成功的年轻企业家作为嘉宾进行分享，促进不同创业人群之间的创业活动交流。

四 本章小结

社工在 Y 社区对城市低龄老年人开展创业调查研究，发现当前老年人在创业领域呈现出创业意愿低且男女差异大、创业能力不足、创业知识短缺、创业项目不合适以及个体创业等特点。经过调查了解，发现由于老年人缺少强烈的创业意愿、没有专业组织领导培训以及社会环境排斥、政策缺失等原因，从而出现创业市场的排斥、创业意愿易受外界影响、社会资本利用率以及老年人创业知识短缺等问题。通过调查问卷分析，在老年人创业项目中进行需求评估，发现老年人在创业中主要有创业意愿、创业能力以及创业行动力三个层面的需求，需要社工的介入服务。因此，在实际的项目服务中，以优势视角理论和三维资本理论作为指导，采用小组工作的专业方法，挖掘老年人的自信心和潜能优势，增强团队凝聚力和行动力，链接社会资源为其提供专业创业知识辅导和网络化接轨，在社区内设立老年人创业平台，为老年人提供创业信息与辅导，从而提升创业意愿、提高创业能力、增强创业行动力，促进创业活动的顺利开展。通过评估量表和访谈，我们发现社工项目在介入后实现了预期的目标，达到了预期的服务效果，证明社工的介入能够正向地影响低龄老年人创业活动。对我们的服务项目进行总结分析，指出社工可以通过依托社区平台为老年人创业提供信息与助力体系、发现老年人优势来提升老年人的创业意愿与能力、链接外部资源来构建老年人创业的社会支持网络等方式来促进老年人创业。

虽然服务项目切实有效地促进了老年人创业，但是可以发现我国老年人创业任重而道远，除了总结项目中的建议，笔者认为需要从宏观层面对其进行深层次探索，给予老年创业者更多的政策支持。

当前我国老龄化的深入发展，老年人再创业的例子层出不穷，国家与社会应该大力鼓励第三方群体设立创业组织，为老年创业群体提供服务。目前很多养老机构采取一刀切的方法，不管是对于创业老年人、退休老年人还是其他类型的老年人都是相同的程序，只是开展娱乐项目以打发时间为主，并没有对老年人的特征进行分类，也未将有资本的老年人的潜能激发出来。因此在这种环境的基础下，我们设立专业化的老年创业组织，将有资本、资源、能力和信念的老年人组织起来，进行头脑风暴，继续创造社会价值，创新商业模式和制度。当前我国有些地区的养老院将退休的高素质人才引入养老院进行教育创业，并且为他们提供协助，帮助他们继续教育和创造商业、社会价值，这是一个很好的尝试，为我国其他地区的老年事业发展提供了借鉴和反思。

在创业过程中，老年人最大的障碍还是来自资金层面。由于资金不足，那些具有技能、经验和能力的老年人可能放弃创业活动，这不仅仅是个人经济的损失，也是社会的损失。国家财政应该为老年人创业资金引进相关金融机构，如中国银行、中国建设银行、中国工商银行等多家银行同时承办创业担保贷款的发放工作，让老年人能够有充足的资金来开展自己的创业实践。同时，加强对于创业小额贷款的支持力度，对老年创业贷款实行免息政策等。此外，在创业园中设立老年人创业板块，并对其项目进行相关的宣传，吸引天使投资人和其他企业家对感兴趣的老年人创业项目提供资金支持。

创业活动总会伴随着一定的风险。我国老年创业者与其他创业群体相比，对于创业的态度较为谨慎，通过全面考量各种因素，特别是创业风险的大小，来决定是否开展创业活动。老年人与年轻人在创业层面的差异表现在资金的投入比例，老年人会选择留出部分资金来进行运转，而非投入全部资金。国家应不断完善老年创业机制，并出台保护老年人创业的相关制度保障。政府组织成立创业智囊团，对老年人创业活动进行指导，改进可能陷入的误区。国家鼓励在企业中设立退休人员创业专项通道，为有创业意向的老年人链接资源，减少在创业过程中的老年诈骗问题。政府促进第三方机构在老年人创业风险预警中的参与并发挥重要作用，如保险公司和社会保障机构，实现政府主导，多方机构参与的风险应对机制的建立。

第六章

城市社区老年教育服务的
社会工作支持

　　随着时代变迁，物质生活水平的不断提升，老年人的需求不同往昔，老年群体对于接受教育的需求愈加强烈，而社区作为社会的基本单位，最能直接地为老年人提供教育服务。因此发展城市社区老年教育服务，对切实满足老年人的教育需求，实现老有所学、老有所为，以积极应对老龄化有着十分重要的意义。本研究运用问卷调查法、访谈法和文献法，以XC社区为例调查该社区内老年教育服务的现状，并总结出现有服务存在的问题，并根据自我完善理论和赋权增能理论，结合社会工作专业的理论和方法对城市社区老年教育服务进行支持，以促进城市社区老年教育服务的发展。通过将需求与问题结合，在城市社区老年教育原有服务的基础上，探索社工在支持城市社区老年教育服务中可充当的角色、发挥的作用。城市社区老年教育服务不能仅依赖政府，更应在社会工作专业的支持下，从社区内部挖掘资源，以内在动力推动其更好地发展，并具有可持续性，充满活力。

一　城市社区老年教育服务的现状及需求评估

（一）样本选取

　　XC社区是一个高标准社区，一厅三站六室，还为老年人成立了电脑培训班、交际舞班、形体舞班、太极班、广场舞班等。总户数4315户，常住人口8000多人，60岁以上的老年人占总人口的25%，约2000人，且多为企事业单位退休老人。通过走访调查了解到，XC社区居民普遍生活水平较高，老年人的基本需求都能得到保障。但是由于退休前职业的原因，社区内老年人更需要满足的是精神层面的需求，使其晚年生活能够老有所学、老有所乐、老有所为，每一天能够更有价值。

XC 社区作为高标准的城市社区，社区内设施比较完善，也有一些基本的社区老年教育服务内容，但是整个服务并不完善，没有很好地满足老年人的需求。本研究选取 XC 社区为调研对象，通过运用专业的社会工作方法和技巧开展一系列的社会工作服务，以支持城市社区老年教育服务的发展。

（二）现状分析

1. 现状描述

为了更科学地阐述城市社区老年教育服务的现状，社工随机发放调查问卷 250 份，回收 232 份，有效问卷 205 份，运用 SPSS 20.0 对收集的问卷进行录入及分析得出的结果如下。

（1）社区老年人基本情况

①年龄与性别比。被调查者中 60—64 岁老年人有 57 人，65—69 岁老年人有 87 人，70—74 岁老年人有 46 人，75—79 岁老年人有 13 人，80 岁及以上老年人有 2 人；65—69 岁年龄段的老年人所占人数最多，60—64 岁及 70—74 岁两个年龄段人数接近。由此可知，以后活动的设计开展主要服务对象介于 60—74 岁。被调查者中男性占总人数的 51.71%，女性占总人数的 48.29%，由此可知男女比例基本平衡。

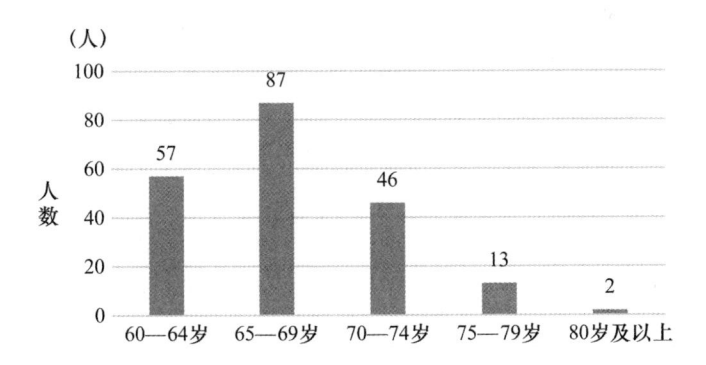

图 6-1　被调查者年龄分布情况

②文化程度。被调查者中初中学历的老人占18%，高中或中专学历的老人占47.8%，34.1%为大专学历及以上。由此可见，该社区老年人文化程度普遍较高，因此开展的活动和服务要适应该文化群体，提供高质量、高文化的服务。

③健康状况。被调查者中身体状况不好的仅占4.4%，身体状况一般的占46.3%，身体状况良好的占49.3%。同时，通过对该社区老年人的观察，以及对社区工作人员的访问，可知该社区老年人的健康状况普遍良好，较有利于日后活动的开展。

④职业。由图6-2可知，被调查者退休前职业基本上都是教师或者企事业单位职工，其次是国家机关干部，个体经营者占少部分。由此可见，该社区老年人的社会层次较高，日后的活动和服务开展的过程中要注意到其职业的特殊性。

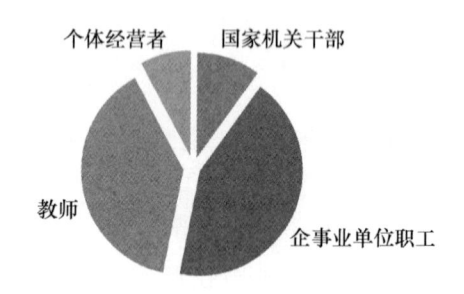

图6-2 被调查者职业分布情况

⑤月收入。被调查者中月收入在5000元以上的人数为110人，占总人数的53.7%；月收入为4000—5000元的有82人，占被调查总人数的40%。此外，在与社区主任访谈过程得知，该社区老年人经济水平普遍很高，并且在该社区无低保户，因此他们更需要非物质层面的帮助和服务。

（2）社区老年教育服务状况

根据问卷调查结果可知，44.9%的老年人认为本社区的老年教育活动硬件设施和教师资源量一般，55.1%的老年人认为不丰富。并且社工通过对所实习社区进行走访观察，了解到XC社区内并没有系统全面的社区老年教育服务，也没有相关的人员专门负责社区内老年人的教育服务。社工通过对社区内的老年人进行访谈，更进一步地了解了XC社区老年教育服务的现状。部分对话内容如下。

第六章　城市社区老年教育服务的社会工作支持　　207

对话1：（来自LGQ的访谈资料）

Q：您有没有听说过社区老年教育，就比如知识讲座之类的或者学习班啊？

A：啊，这个社区有，有那个电脑班，还有书法班啥的，还有个老年合唱团，这些都算吗？

Q：算的算的，那您参加过吗？

A：我参加过，但是就偶尔去，有时候去有时候不去，所以有的时候就跟不上了，就不是很想去了。而且去的人也不太多，也不怎么规律。

对话2：（来自ZYC的访谈资料）

Q：那您有听说过社区老年教育吗？就比如知识讲座之类的活动。

A：那有，社区组织过几次，有什么防骗的，还有健康保健的，弄过几次；还有我们那的学习书法的。

对话3：（来自ZZF的访谈资料）

Q：那您对于社区老年教育是如何理解的呢？咱社区提供的相关老年教育服务活动您参加过吗？比如知识讲座啊，社区内的学习班呀这种的。

A：社区老年教育，那顾名思义是不是就是社区内老年人的教育啊。讲座我是去过，学习班的话没有，不过我和他们太极拳队学过一阵，后来学的差不多了，我自己没事就去公园练了。

Q：那咱们社区现有的社区老年教育服务活动您感觉怎么样？您有没有什么意见或建议？

A：社区的老年教育也就是开个讲座，像学习班那种也是老年人自发的，社区提供了场地和一些设备，感觉要是拿社区老年教育来说啊，这肯定不够。而且像教育的内容啊老师啊，这些都挺不完善的，比较随意，没有啥系统的规划，而且也没啥人管这方面啊。所以我感觉社区老年教育没有老年大学那种正规，社区可以在这方面多下点功夫。

经过访谈，对XC社区老年教育服务的服务形式和服务内容有了一定的了解。

第一，现有的服务形式主要分为三种：一是社区不定期开展的相关讲座，主要是根据社会发展的需求以及上级的指导文件而进行的；二是老年人自发组织的学习团体，由社区内有能力有意愿的老人带头组织起来的，根据他们的需要，社区会为其安排活动场地，提供一定的活动设施，因此教育所需的资源基本是老年人本身和社区共同承担的；三是学习班的形式，社区内的学习班主要是社区组织起来的，从社区内部调动有知识技能的志愿者或联系大学里的教师作为学习班的教师资源，但是由于社区能力有限，学习班的教师大部分还是社区内的志愿者，专业的教师只有一两名。

第二，该社区的社区老年教育服务的内容有三类：一是娱乐类的，主要有老年合唱团、太极拳队、书法班；二是养生保健类的，主要就是养生保健的讲座；三是生活技能类的，主要有老人防骗讲座和电脑班。

第三，由于该社区内活动场地很广，社区提供的以及老年人自身置办的硬件设施也比较充足，从访谈中得知，该社区老年人参与活动意愿强烈，又由于经济水平较高，经常自己置办所需的硬件设施等，因此教育设施和资金这两方面不是改进的重点。

（3）老年人参加社区老年教育情况

根据调查结果可知，有95.6%的老年人认为参加老年教育活动重要；有82.4%的老年人参加过老年教育活动；有96.6%的老年人表示愿意参加老年教育活动；在被调查的205位老人中，有28位参加社区老年教育活动的次数非常多，65位参加过较多次教育活动，17位参加的频次比较少，而有36位表示几乎没有参加过；在调查中可知74.1%的老年人的子女都支持老年人参加老年教育活动，25.9%的老年人子女表示无所谓，不支持老年人参加老年教育活动的子女数为0。

2. 存在问题

通过阅读文献、问卷调查辅以访谈，发现城市社区老年教育服务存在的问题主要有以下三点：第一，社区内缺乏专门的社区老年教育服务的负责人和组织者；第二，社区没有全面且系统的服务规划，大多数都是不定期开展的碎片化的服务活动；第三，社区链接资源的能力有限，社区老年教育服务的资源大部分是从社区内部获取的，与社区外部的链接程度不够。而以上问题从社区老年教育服务的接受者——老年人的认可度、满意度和参与率三个方面可以直观地呈现。

（1）认可度不高，老年人更认同老年大学

现今老年人的教育需求较之以往呈现出更加强烈的趋势，因此近些年我国老年大学的数量也在不断增加、课程设置等方面也在不断完善，也更吸引老年人踊跃报名学习。有的老年大学是供不应求，报名都成为一件困难的事，而有的地方的老年大学相对不完善，无论课程方面还是师资方面都不够充足，不足以满足老年人的需求，因此对老年人的吸引力也比较小。但是总体而言，如果提及老年教育，我国老年人更认同的是正规老年大学的形式。在访谈中我们也可以看出，当问及老年人接受教育的方式有哪些的时候，老人们脱口而出的都是老年大学，由此可见老年大学确实是老年人接受教育的主体模式。而当问及是否了解社区老年教育时，老年人则纷纷表示不太了解，从他们的回答中也看出现今社区老年教育还没有完整的教育模式，就是在社区搞搞活动，但是这些活动有的也不是社区层面组织的，而是老年人自发组织的学习班等，并且也没有完善的运行机制和管理体系，因此相较于完善正规的老年大学，老年人对于社区老年教育的认可度并不高。此外老年人更偏爱老年大学的原因也受传统教育观念的影响，因为从小到大我们接受教育都是以学校为主体，都是在学校内进行的，因此都会认为老年大学这种学校的形式才是接受教育的最佳形式，不可否认确实学校的教育资源等都比较完善和正规，但是对于老年人来讲，这并不一定是唯一且适合老年群体的教育模式。

（2）老年人对现有的社区老年教育服务满意度低

通过问卷的方式调查了老年人对社区老年教育现状满意程度，得出结论如下：12.68%的老年人表示非常不满意；45.54%的老年人表示不满意；29.83%的老年人表示一般满意；11.95%的老年人表示满意，因此总体来看，近60%的老年人对于社区老年教育的现状是不满意的。该调查作为本次研究的前测，在服务结束后将进行再次调查，对比服务前后老年人对社区老年教育现状的满意程度是否有变化。

（3）老年人的社区老年教育服务参与率不高

通过对问卷中"您在本社区参加老年教育活动的次数"进行频次分析，从图6-3中可直观地看出：参与次数是非常多和比较多的占近40%。因此可以看出社区老年教育服务的覆盖范围较小，老年人的参与率不高。此外通过访谈可知，参与社区老年教育服务的老年人大部分都是社区老年合唱团和学习班的成员，还参加过一些社区组织的讲座。

3. 成因分析

（1）传统观念的束缚

通过调查走访发现，老旧的教育观念是影响老年人参与教育服务的因

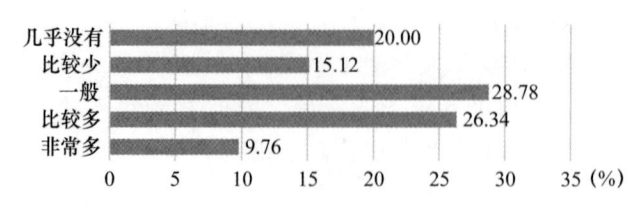

```
几乎没有  20.00
比较少    15.12
一般      28.78
比较多    26.34
非常多    9.76
```

图 6-3　老年教育活动参与率

素之一。有些老人的思想一直以来都是认为人老了，就应该帮着儿女带小孩，因此也就没有时间去参加教育相关的活动；还有另一些老人并没有终身接受教育的概念，感觉教育问题与老年人是不太相关的，每天吃好喝好即可，就如在访谈中 LGQ 老人说到老年人的特征现在就是"不贪财、不贪吃、不招事、养生"。并且 SMH 阿姨也谈道："老年人就是图一乐呵，管他参加点什么呢，就是大家伙来到一起打发时间。老年人教育也没啥可学的，就娱乐呗。"由此可以看出，存在老年人把娱乐消遣的活动看作社区老年教育服务的现象。

从社会层面来看，近年来社区老年教育得到较快的发展，但由于并未被明确地列入社会发展的总体规划中，并没有发展的具体目标，因此无论是在政府层面、社会层面还是老年人本身都存在思想上、认识上的不足，没有真正理解社区老年教育的含义。因此一方面服务的开展要满足老年人的需求，提供他们需要的社区老年教育服务；另一方面需要提升社区居民的全民素质，营造良好的文化氛围，通过社区老年教育服务的发展，挖掘老年人的内在潜能，使其真正实现老有所学、老有所为，并促进整个社区的健康运转。

此外就是老年人在教育权方面的意识也比较薄弱，他们并没有意识到这是他们应享有的权利，所以对于发展不完善的社区老年教育也不会发声；社会关于终身教育、终身学习的意识也不足，这样的环境才会导致社区老年教育发展一直不够创新和持续。

（2）教育内容"供不对求"

数据分析的结果表明，社区老年教育服务内容"供不对求"。第一，从访谈中可得知，社区内的老年群体接受社区老年教育服务以知识讲座为主。第二，参加各样的娱乐类的老年人自发组织的小团体，这说明社区老年教育内容固化，只有那几个方面，不够丰富，没有什么创新的内容。第三，该社区内知识讲座都是不定期开展不同的内容，因此教育服务的内容比较碎片化且不能完全满足所有老年人的教育需求。而且，老年人参加教育服务的目的并不局限于满足其兴趣爱好，还有实现自我价值、增长知识和与他人交往。在"您认为应开展社区老年教育活动的类型"中可知，选择娱乐类（唱歌、跳舞、书法、养花鸟鱼等）的最多；其次是实用知识和技能（如炒股、计算机等）；再次是养生保健；然后是传统文化与社区文化；最后是现代科学知识和时事政治。另外在访谈中可知，社区老年人对当今的时事政治、家庭关系方面的教育、心理健康知识等也比较感兴趣。因此现有的社区老年教育服务的内容不能满足老年人的需求，形成了"供不对求"的现象。

（3）教育形式的老旧

根据访谈资料的整理与对社区进行的探访，可以了解到 XC 社区内老年教育服务的形式可总结为以下几种：一是不定期举办知识讲座；二是依据不同老年人的兴趣爱好，老年自发组织的团体活动（如太极拳队、合唱团、乒乓球队等）；三是老年学习班（如书法班）。通过问卷调查在"您认为社区老年教育服务的形式"问题中，老年人选择"在社区内设立老年大学"的有 28 人，"老年自发组织学习团体"的有 127 人，"远程教育"的有 17 人，"有组织地收听/看广播电视"的有 17 人，"知识讲座"的有 16 人，可见，社区老年教育培训形式较为老旧和传统，并且也不是大部分老年人所希望的教育形式，因此导致社区老年人参与意愿比较低，学习动机不强。

（4）教育师资的不足

教育服务的师资状况也会直接影响社区老年教育服务的健康发展。社区老年教育的教师需要同时具备良好的道德修养、专业的知识能力素养以及身心健康条件，能够有更多的包容心、细心和耐心，为老年人提供适宜的教育服务。而社区内所谓的教师也只是外部聘请的相关人员，比如聘请相关的医护人员或者公安人员等开展相应的知识讲座，要么就是社区内的志愿者们，这些志愿者也都是积极参与志愿服务的退休老年居民，分别根据自身的能力和专长担当此任，比如合唱团的老师和书法班的老师以及国画的教学。由此我们可以了解到，现有的社区老年教育服务的教师大部分是社区外部各行业的工作人员或者是志愿者，他们的时间和精力都有限，不能完全满足老年人的教育需求。因此社区老年教育的教师队伍的建立可以考虑专业教师团队、发掘培养社区内的教师资源与老年人合作学习相结合的形式。

（三）城市社区老年教育服务的需求评估

任何服务活动都要从发现问题、分析问题着手，并要通过需求评估了解他们真实的需求，以此为根据再结合专业的方法和技巧去开展，而社会工作支持城市社区老年教育服务除了前期的问题分析，实务进行的第一步也是对服务对象进行需求评估，但是阅读现有的文献可知，以往学者们在社区老年教育的研究中并未系统地对老年人的需求进行评估，这方面的数据比较少，因此，通过再次使用问卷调查的方式对社区老年教育需求进行科学的评估，为后期实务小组工作以及社区工作的开展提供根据，使得实务的开展不仅具有解决问题的意义，也可以满足服务对象的需求。

问卷的前几个问题仍然是调查对象的基本信息，而后面则是老年人对社区老年教育的需求评估，调查内容具体包括：①能接受的教育经费；②教育服务形式；③教育服务内容；④教育服务开展的时间；⑤教育服务开展的频次；⑥教育服务开展的时长。笔者通过运用 SPSS 20.0 对获得的调查数据进行的统计分析结果如下。

1. 教育经费的需求

通过分析可知（表 6-1），老年人能接受的教育经费为 50—200 元的选择最多，因此在社区老年教育服务开展的过程中，在老年人的教育经费这方面要考虑到经费的来源，一方面需要政府和社区的支持；另一方面老年人自己可以提供一小部分，其实还可以联系社会组织、企业等来进行投资，用资金来换取社区老年教育服务所带来的社会效益。

表 6-1　　　　　　　　　　教育经费的需求

	频率	百分比（%）
50 元以下	12	5.9
50—100 元	72	35.1
100—200 元	78	38.0
200 元以上	43	21.0
合计	205	100.0

2. 教育服务形式的需求

由图 6-4 可知，老年人需求的教育服务形式依次为学习小组、传统的老年学习班、开展知识讲座。因此今后服务的开展可以这三种方式为主，并可以结合着网络学习课堂的形式。

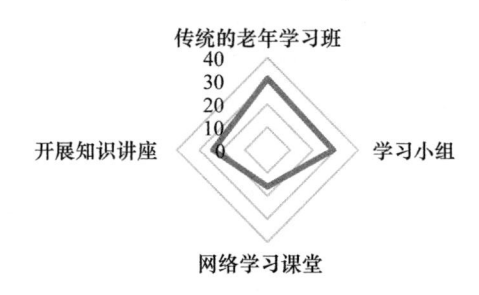

图 6-4　教育服务形式的需求（%）

3. 教育服务内容的需求

服务的内容直接影响老年人是否愿意参加社区老年教育服务活动，通过分析可知社区内老年人更希望获得的教育内容的频次排序是：娱乐类（唱歌、跳舞、书法、养花鸟鱼）＞实用知识和技能＞健康教育＞传统文化＞时事政治＞现代科学知识，因为此题为多选题，因此前三项答案得到的数据统计结果基本接近。今后社区老年教育服务的提供要以满足老年人的需求为依据，可以以前三项为主，但是同时要注意社区老年教育内容的多元化，以完善社区老年教育服务。

4. 教育服务开展的时间需求

由于老年人的作息和年轻人不同，而且也没有上下班的时间束缚，因此在开展社区老年教育服务的时间选择上也要根据其老年人的特征。通过频次分析，选择在上午开展教育服务的有 134 人，选择下午的有 30 人，选择晚饭后的有 41 人。由此可见老年人更倾向于上午参加社区老年教育服务。通过走访也了解到，以往社区活动的开展大部分也都是在上午，因为老年人早起的习惯，上午的时间相对较宽裕，而下午很多老年人都有午睡的习惯，因此在午睡后便也没有太多的时间参加这种活动，也有部分老年人选择了晚饭后，但是人数也只占 20%，选择这项的老年人表示，可以晚饭后遛弯的时间过来参与一下社区老年教育服务的相关活动。因此在服务开展的时间的选择上要尽量安排在上午，这样参与人数较多，但是也可以根据气候的变化，比如五六月份适宜的天气可以选择安排在晚上。

5. 教育服务开展的频次需求

通过图6-5可知，在同一类型社区老年教育服务的开展频次的选择上，选择一周一次的占大部分，其次是一周两次，而少于两周一次所占比例非常小，由此可见老年人对于接受教育的积极性较高。因此老年人的这种需求也需要被社区工作者重视起来，能够开展更多的社区老年教育服务。

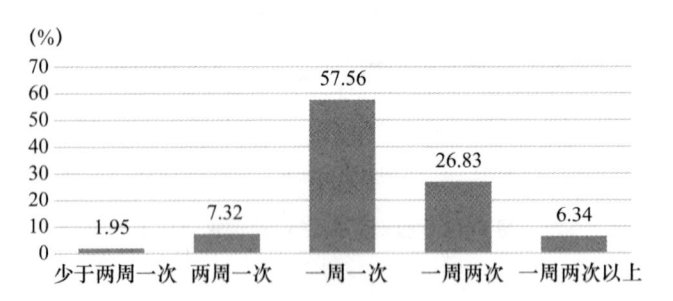

图6-5 教育服务开展的频次需求

6. 教育服务开展的时长需求

此外，老年人由于生理的特殊性，其精力和体力不如年轻人，因此在服务开展的时长方面也是需要评估的因素之一。由表6-2可知，教育服务开展时长最适宜的是一到两小时，其次是两到三小时，较少老年人选择的三小时以上和一小时以内。在发放调查问卷时也可得知，老年人一般认为三小时以内基本没什么问题，多于三小时就会疲惫，而少于一小时又觉得有点仓促。

表6-2　　　　　　　　　　服务时长的需求

	频率	百分比（%）
三小时以上	4	1.9
两到三小时	73	35.6
一到两小时	117	57.1
一小时以内	11	5.4
合计	205	100

二 城市社区老年教育服务的社会工作实践

在我国老龄化进程中，经济、文化等各方面都在不断加速发展，因此当今时代的老年人也不同于过去的老年人，他们生活中的需要不仅停留在吃饱穿暖等物质层面的需要，更多的是爱与陪伴以及社会参与和自我实现的需要。而俗语说"活到老学到老"，即使步入老年期，仍然有接受教育的权利和能力，现今我国能够满足老年人教育需求的主要是以老年大学为主，但是老年大学也有其局限性，比如距离老年人居住地较远、课程内容及方式较为传统单一等，因此在老年人生活所在社区开展就近式的社区老年教育无疑是老年人接受教育的较佳的方式。因此通过社会工作支持社区老年教育服务，以老年人的切实需求为主，通过赋予老年人接受教育的权利，改变传统观念，并提高老年人接受教育的能力，使老年人能够通过老年人团体内部以及外部的资源的提供而实现自我完善的过程，进而完善城市社区老年教育服务，使老年人能够真正老有所学。

针对前期对 XC 社区进行的社区老年教育服务现状分析及需求评估，在 XC 社区内开展城市社区老年教育服务的社会工作支持（下文均简称为社会工作支持）服务，运用社区社会工作和小组社会工作专业的方法与技巧来帮助社区内的老年人发挥自身潜能，从赋权增能的角度满足其自身的需求并解决社区老年教育服务中存在的问题。在整个服务中社工主要担任评估者、倡导者、资源整合者和服务的直接提供者的角色。

（一）服务设计

1. 服务目标

通过在社区内开展一系列的社会工作专业服务，分别从赋权、增能和自我完善三个层面对社区老年教育服务进行社会工作支持，满足教育服务的需求，改善教育服务现状，探索社会工作在社区老年教育服务中可扮演的角色及发挥的作用，从而促进社区老年教育更好地发展。

（1）过程目标

帮助社区链接外部资源，使得高校也可以作为支持城市社区老年教育服务的一部分。

弥补现有社区老年教育服务师资不足、内容匮乏及形式单一的缺陷。

（2）结果目标

①实现个体层面以及社区层面的赋权，使整个社区以及社区内的老年人都能意识到老年期也有接受教育的权利；老年人接受教育不是被动的，更多应是主动的；教育的目的不能仅停留在老有所乐，而是要通过老有所学而实现老有所为。

②增强老年人接受社区老年教育服务的能力和获取更多教育资源的能力，使他们更好地参与社区老年教育服务。

③强化老年人在社区老年教育服务中的主观能动性、自觉性和自主性。积极主动地完善自我并满足自我需求从而推动城市社区老年教育服务的发展。

2. 服务内容

通过将城市社区老年教育服务的需求与存在问题的成因相结合，从赋权、增能和自我完善理论出发，社会工作将展开以下三项具体服务：

（1）基于赋权层面的社区老年教育宣传活动；

（2）基于增能层面的老年人手机教学活动；

（3）基于自我完善层面的"互学·共赢"小组活动。

（二）服务实施

具体开展过程如下：

1. 基于赋权层面的社区老年教育宣传活动

（1）活动概述

根据前期对社区老年教育服务现状和问题进行分析可知，首先需要解决的就是传统观念束缚的问题，只有解决意识、观念层面的问题，才能更好地开展后续的服务。因此在社区开展了"教育终身行，教育在社区"的社区老年教育宣传活动。

（2）活动目标

培养社区居民的终身教育意识，增强老年人受教育的权利意识。

转变老年人乃至整个社区居民的传统观念，老年人休闲娱乐活动不完全等同于老年人教育活动。

（3）活动过程

首先，活动前期通过联络社区工作人员，官方地推出活动消息；通过社工及志愿者前期进社区以发放宣传单、张贴海报等形式宣传活动消息。通过前期的宣传，活动当天实际参与人数42人，其中29人为老年人，除此之外参与活动的还有社区书记和主任以及其他社区内的工作人员。其次，社区老年教育宣传活动主要包括两个方面的内容。

①在社区活动室以"社区老年教育发展"座谈会的形式向社区居民宣讲国内外老年人接受教育的情况，尤其是社区老年教育的模式以及我国现有的关于社区老年教育的政策制度。并且在社工介绍完以上内容后，由在场的居民进行讨论，在讨论的过程中，居民们都积极参与，通过对内容的学习，纷纷说出了自己的想法：

我一直关注的都是养老金啊，医疗保障这种相关的政策制度，对老年人教育方面的还真不清楚，这次也了解了这方面的政策，比如那个"老年教育发展规划"里面就提到了好多社区老年教育方面的，我觉得一方面社区得完善这一块，另一方面我们老年人也要积极参与……

刚才听咱们社工讲社区老年教育在国外的情况啊，确实是可以学习一下，咱们老年人也可以自发组织学习团体啊，就像合唱团那种，在一起就多学习多交流。

（社区书记）咱们社区确实在教育这一块做得不足，大家有什么这方面的需要可以和我说，咱们一起商量，比如场地、设施、师资等我联系一下志愿者什么的然后也向上面反映一下，尽量满足咱们的需求，为社区老年教育提供一定的保障。

对，其实教育真的不仅是年轻时候的事，俗话还说学到老活到老嘛，现在都讲求权利，我们人虽然老了，但是仍然是有权利接受教育的，那我们老年人首先就得积极起来，有这个意识，才能去参与。

……

通过在社工宣讲期间居民们认真地聆听以及他们踊跃地讨论，可以看出此次活动效果较好，达到了预期的目的。

②制作"教育终身行，教育在社区"的手册，以座谈会内容为主，着重体现国家鼓励提倡老年人继续受教育，让不能参加此次座谈会的老人也能意识到自身的受教育权利，从而愿意表达自己的需求，积极参与社区老

年教育服务。

老年群体是社区老年教育服务的重心，老年人的有效参与能够推动教育服务的发展。对于社区老年教育来说，基于赋权增能理论中个体层面的赋权，其焦点在于构建老年人在参与社区教育中的主体性，增强老年人的权利意识，提高参与教育服务的能力。一方面可以促进老年人权利感和权利意识的提升，通过对社区老年教育进行有效的宣传，让老年人认识到接受教育是他们一直享有的权利，从而大大提升老年人的参与率；并且鼓励老年人能够主动积极地将自己真实的需求表达出来。另一方面通过增权使老年人不仅作为被动的接受教育服务者，而是可以成为教育服务的组织计划甚至是管理者。此外社区老年教育宣传活动不单单促进社区老年教育的发展，更要增强整个社区居民的教育意识，为老年人营造一个良好的受教育的环境和氛围。

2. 基于增能层面的老年人手机教学活动

（1）活动概述

本活动主要依据增能理论，增能理论在个人层次方面认为我们每个人都有能力去影响问题的发展甚至能够解决问题。因此本活动旨在通过提升老年人自身获取资源的能力，从而缓解老年人教育内容缺乏的问题。在社区老年教育中老年人在教育资源获取方面，主要包括三种：①社区提供专业的教师；②老年群体内互相学习以资源互换的方式进行学习；③通过现代化电子产品，包括手机、电脑等从网络上进行获取。因此要提高老年人通过手机获取教育资源的能力，就需要老年人对电子产品进行学习。根据对社区老年教育的调查问卷可知，老年人想要学习"实用知识和技能"类的内容位居"您想开展的教育活动的类型"的第二位，由此社工在所实习的社区开展了面向老年人的手机教学活动，本次活动是面向所服务社区内的全体60岁以上老年人。

（2）活动目标

①总体目标

该活动一是丰富社区老年教育的教学内容；二是从增能的角度出发帮助老年人更好地使用手机以获取更多的教育资源。

②具体目标

使80%的老年人学会使用浏览器进行搜索想获取的内容。

使80%的老年人学会使用微信搜索相应的公众号。

通过询问老年人的需求帮助其下载相应的学习软件（英语流利说、法律速查、英汉大词典、当当云阅读等）。

(3) 活动过程

本次活动以①使到场的 80% 的老年人学会使用浏览器进行搜索想获取的内容；②80% 的老年人学会使用微信搜索相应的公众号；③通过询问老年人的需求帮助其下载相应的学习软件（英语流利说、法律速查、英汉大词典、当当云阅读等）。活动前期社工首先联络了大学生志愿者，以大学生志愿者作为本次教育活动的教师，一是大学生对于电子产品的使用比较熟悉，可以满足老年人的学习需求；二是大学生朝气蓬勃，可以为老年人带来年轻的活力，使现场教学不至于枯燥无趣；三是社工所联络的大学生是其学校志愿者大队成员，对于这种活动的开展以及与老年人的接触都具有一定的经验；四是为以后的社区老年教育活动奠定基础，社区老年教育的发展需要多方共同参与，因此高校是不可忽视的资源。基于此，社工通过链接高校大学生资源为老年人提供手机教学活动。活动过程中首先通过社工与大学生志愿者自我介绍，与老年人联络情感，建立关系；其次由两名大学生进行手机操作介绍（包括浏览器搜索、公众号搜索），由于老年人的学习不仅要客观地、被动地接受知识，所以教学内容演示完毕后，老人开始自己实际操作，有不懂的进行提问，现场的志愿者给予解答。此外，到场的老年人有想要学习的内容告知志愿者，根据相应的需求为老人下载学习软件并教会其使用。最后就是老年人提出了相关的建议，社工总结了大部分老年人表示这样的活动以后可以多开展几次，做成一系列的教育活动，一是可以学习相应的知识；二是与年轻人接触增加生命活力。

在之前的联系工作中，我们取得了社区的极大支持。在社区工作人员的协助下，进行前期宣传，获得居民的信任和兴趣。充分利用社区内各种设施，吸引人员参加。统计来参加的老年人共有 22 人，与预期人数基本吻合；老年人们在活动中热情饱满，有几位老人在学会基本操作后还会去教旁边没有学会的老人，因此不仅实现了电子产品的教育目标，也增加了老年人彼此的沟通交流，老年人彼此交谈，脸上充满笑容，因此现场气氛较为活跃。并且活动的内容比较能满足老年人的需求，并且不仅使老年人客观地接受关于手机的知识，也进行了主观的应用，对于不明白的地方进行反复学习；此外，从现场的访谈来看，居民对本次学习活动反映良好，不仅了解了如何搜索自己想要的资源，也获取了需要的手机软件；但是本次活动也有一定的局限性，因为总体目标是使老年人通过学习手机提高获取教育资源的能力，因此参加活动的老年人基本都是有一定手机使用基础的人，如果是对于不太会使用手机的老人，在内容上还需要增加一些基本的操作。

3. 基于自我完善层面的"互学·共赢"小组活动

（1）小组活动概述

技能交流是一种绿色的学习方法，可以给自己充电不断提高，同时又避免交付培训费和刻板的学习方式，同时还能结交到更多的朋友，老年人也不例外，所以，希望通过开展互相学习、合作学习形式的教育小组以丰富老年人精神文化生活，并且通过小组内部老年人之间的互相教授与学习，使社区内的老年群体能够感受到学习的乐趣，使他们不仅是被动地接受教育也能够去将自己的知识传授给别人，真正做到让老年人"老有所学，老有所乐，老有所为"，克服老年无用感和被淘汰感。本次小组活动属于互助性学习活动，周期为7天/次，共5次：第一次——"人生如若初相见"、第二次——"养生保健达人"、第三次——"载歌载舞"、第四次——"旅居安全我知道"、第五次——"不说再见"。

（2）小组活动目标

①总体目标

丰富老年人精神文化生活，使社区内的老年群体能够认识到，真正做到让老年人"老有所学，老有所乐，老有所为"，特别是克服老年无用感和被淘汰感。

②评估目标

借助小组活动让老年人彼此之间建立联系。

通过小组活动，提高老年人学习的兴趣。

让老年人在活动中学到关于自身有用的知识，以实现群体内部的自我完善。

（3）小组活动开展过程

①第一次小组活动——人生如若初相见

本次小组活动的目标：小组成员初步认识；社工与小组成员订立小组契约。

本节小组活动的主要内容：工作人员做简单的自我介绍，和大家共同制定小组规范；组长介绍此次小组活动的内容、目的、流程、注意事项等；回答组员的提问；"心心相印"。社工在小组活动开始前用心形卡片写上每一位组员的名字，活动过程中贴在老人衣服上，并请组员依次进行自我介绍，促进老年人之间的相互认识；通过"大风吹"这样的小游戏的互动减少组员彼此之间的距离感，消除陌生感，并且由于游戏中每个人都要集中注意力去思考，因此能够带动小组成员都能参与到小组活动中来。组员用最简单的话真切地描述此次活动的感受。在此次小组活动中社工的角色是引导者、倾听者和支持者。

因为是第一次小组活动，组员间不是很熟悉，所以首先通过两个小组活动，促进小组成员彼此间认识以及活跃小组气氛；其次，通过与组员的交谈寻找组员之间的相似性，以增加组员的归属感，消除他们的顾虑。在自我介绍的时候，大部分老年人比较自然，有个别的老年人比较拘谨，也有两位组员非常活跃；在"大风吹"的环节，有的组员一开始未听懂游戏规则，所以没完全参与进去，一轮游戏结束后，基本所有组员均参与进来，气氛比较活跃。

②第二次小组活动——养生保健达人

本次小组活动的目标：小组成员相互熟悉；使组员掌握更多的养生保健知识。

本节小组活动的主要内容：带领组员简短地回忆上次聚会内容，并肯定每一位小组成员的努力；（用相片）为您服务。让组员站成两列，按照口令，首先由后一排成员为前一排成员做按摩，然后向后转重复以上活动；以击鼓传花的方式，被选中的组员要与大家分享自己所知道的养生保健知识；被选中的第一个人说完之后要指定另一个人分享。一直到所有组员分享完毕。在此次小组活动中社工的角色是引导者、倾听者和支持者。

本次小组活动中，组员形成了较为熟悉的关系，也没有第一次的拘谨。为了更了解组员，在本次小组活动中社工仍然使用积极倾听的技巧；此外，社工还运用了引导互动的技巧以促进小组的发展。在为您服务的过程中小组内的每位成员都参与其中，彼此交谈，欢声笑语不断，在分享各自知道的养生保健知识的时候，增加了部分组员的自豪感，但是有几位组员被叫到的时候，出于紧张或者不了解、自己知道的已经被别人说过了的原因，没能说出自己知道的养生保健相关的知识，导致当时气氛陷入尴尬，但是后来通过组内其他人的帮助缓解了尴尬，并且也为组员之间带来了相互帮助的机会，增加了彼此的信任感。

③第三次小组活动——载歌载舞

本次小组活动的目标：小组成员之间熟悉度加深；组内相互学习，提高学习的兴趣；使老人有归属感和认同感。

本节小组活动的主要内容：请一位小组成员自愿来带领大家回忆上次活动的大概内容；社工讲解此次活动的内容；热身游戏：拍拍操；将组员分为两组：唱将组和舞将组；两组分别进行组内协商，确定要教给对方组的内容；舞将组与唱将组分别根据组内选定的内容教授给对方组。在此次小组中社工的角色是引导者、倾听者和支持者。

本次小组活动中，组内形成了次小组，但是对组内影响不大。在拍拍操环节，社工起到了引领的作用；在歌舞组互相学习的时候，社工充当了协调者的角色，缓解活动中产生的冲突和不一致，维持了小组内的稳定。拍拍操这个环节锻炼了组员的大脑与肢体的协调能力，也活跃了小组的气氛，组员根据指令也没有表现出跟不上、不耐烦，相反的都非常积极地去参与；在组内讨论的时候，会发生一些冲突，有一些组员会表现出不开心的状态，但是小组内其他成员会呈现出不同形式的安慰。

④第四次小组活动——旅居安全我知道

本次小组活动的目标：小组成员之间熟悉度加深；组内相互学习，提高学习的兴趣；使老人有归属感和认同感。

本节小组活动的主要内容：观看"旅居安全小常识"的视频；从第一个老人开始依次说"学""习""使""我""快""乐"，由此分出五个小组；五个小组分别进行组内旅居安全常识的交流；组员随机布置座位，从第一个老人依次数数，从一开始，后面的组员遇到2或者2的倍数要击掌不可以说出来，错误的组员要完成"我们不一样"活动。在此次小组中社工的角色是引导者、倾听者和支持者。

组内成员已经能够很好地通过交流相互学习，逐渐达到了小组活动的整体目的。在本次小组活动中，社工主要承担支持者的角色，并且作为一个协调者，帮助组员联系在一起；通过座位打散的方式，来解决组内次小组的问题，以保证组内成员之间都能够有很好的沟通和交流。组员在本次小组活动中参与度很高，组内的每位成员都参与了进来；但是在活动的过程中，有的组员侃侃而谈，有个别一两位组员仍是保持较为沉默的态度。此外由于活动的内容主要为旅居安全知识的学习与分享，该社区的老年人经常出去旅游所以该小组内容适合组员；其次活动的形式主要以观看视频和彼此分享的方式为主,因此对于老年群体也是比较容易接受的。

⑤第五次小组活动——不说再见

本次小组活动的目标:小组活动整体内容回顾;学习成果分享;小组活动结束。

本节小组活动的主要内容:回顾上次小组活动及感受;优点轰炸。组员围成一个圆圈,其中一个组员坐在小组中间,大家轮流说他的优势条件(包括前三节小组所分享的内容、养生保健知识、歌舞以及旅居知识);共同畅想美好未来,通过积极乐观地遐想,帮助老年人寻找生活的乐趣,使他们在小组结束后仍能以积极健康的心态去迎接未来的生活;组员完成后可自愿分享自己畅想的未来;大合唱。在此次小组中社工的角色是引导者和支持者。

通过优点轰炸的活动,社工从优势视角出发,鼓励和支持组员了解自身优势,从侧面反映了组员从小组所得的收获;组内成员均有或多或少的离别情绪,但是在帮助他们一起回顾小组内容以及畅想未来时,大家又充满着喜悦和希望,组内成员也很好地认识到,自身有学习的能力也有教授别人的能力,社区老年教育不仅仅有传统的模式和内容,还有这样的方式,因此表示还会再参加此类活动。

(三)服务评估

1. 小组工作的评估

小组评估在小组工作中发挥着重要作用,小组评估可以帮助我们了解工作过程的有效性、组员改变的情况,以及机构管理的有效性。因此笔者通过观察法和访谈法对"互学·共赢"小组活动进行了评估,由小组活动目标完成情况表(表6-3)和小组活动效果评估情况表(表6-4)可知,小组工作的目标均已达成,并且通过小组活动的开展,小组成员从小组活动开始到小组活动结束都有着或多或少的变化,也都为组员带来新鲜的教学感受。

> LGQ:咱们这个小组啊,不同于我们之前参加的社区组织的学习班。之前那种学习班就是一个人在前面讲,我们就在下面听,有时候啊,脑力体力就跟不上,而且也比较死板,咱们这样大家坐在一起互相传授的形式很好,不会觉得束缚,很轻松,又能学到东西,就是咱们这个内容可以再研究研究,再深入点,多开几次。

TSF：这种互学形式还是蛮好的，内容上也比较符合咱们的需要，特别是咱们第四次的那个旅居安全的学习，特别好，因为我们都喜欢出去旅游，有一些注意的事项啊，去不同的地方需要注意什么，这样相互交流学习，扩大了知识面，也很实用。

（来自小组活动结束后的小组成员访谈记录）

表 6-3　　　　　　　　　　小组活动目标完成情况

小组活动目标	评估方法	目标达成情况
老年人彼此之间建立联系	观察法	从活动初期到中期再到活动结束，组员之间从陌生到熟悉，从排斥到接纳，每一次活动的气氛都非常好，组员们的交谈也非常愉快，并且在活动结束后纷纷留下了彼此的联系方式，目标达成
提高老年人学习的兴趣	访谈法	80%的小组成员表示，通过本次活动多种多样的学习内容和与以往不同的学习形式，提高了自身的学习兴趣，目标达成
让老年人在活动中学到对于自身有用的知识	观察法 访谈法	100%的小组成员表示通过参加小组活动，都获得了至少一项自身觉得有用的知识（包括活动中的养生保健、歌舞和旅居安全等知识），目标达成
使老年人意识到自身有学习的能力和学习的权利	观察法 访谈法	在参加活动前，5%的老年人对于学习能力和权利的意识比较强，95%的老年人意识不够，而且他们获取教育资源的能力也不足，通过活动，98%的老年人都有较强的这种意识，活动结束后，他们还主动要求开展类似的学习活动

表 6-4　　　　　　　　　　小组活动效果评估情况

评估项目	具体说明
组员参与情况及关系变化	小组活动初始阶段，成员之间彼此不熟悉，交流较少，社工通过互动游戏协助组员互相认识，消除彼此的陌生感，帮助组员订立活动契约与活动目标；活动中期阶段，小组成员之间熟悉度加深，对小组有较强的认同感，活动学习内容结合游戏，帮助小组成员在轻松的氛围中学习知识；活动后期成熟阶段，小组的凝聚力大大增强，组员的亲密程度更高，社工引导组员维持良好的互动；活动结束阶段，小组成员的关系结构较松散，并表现出浓重的离别情绪，社工引导小组成员认识活动结束期的积极意义，并鼓励小组成员保持经验，在活动结束后继续在微信群互动

续表

评估项目	具体说明
社工带领技巧的运用	尊重：尊重是小组技巧运用的基础，小组成员在表述自己的观点时，社工应认真倾听，尊重小组成员的想法和观点，并及时给予回应
	积极倾听：在小组成员进行分享时，社工用点头、共情的方式回应小组成员，鼓励小组成员表达自己的想法
	澄清：澄清是社工使用方式方法将小组成员的表述更加清晰、更加条理化的过程，在小组成员进行表达时，社工应采用开放式的提问和重述的方法，将收集到的信息进行排列，帮助小组成员有清晰的认知
	鼓励：在小组活动过程中，部分小组成员表现得沉默而被动，社工应对其进行鼓励，引导小组成员说出自己的感受
	自我流露：社工在倾听小组成员的分享时，要适当地对自己的经历及感受进行表露，与小组成员建立信任感
工作人员/义工参与及配合	活动前期，一名社工负责策划撰写、资源链接等工作，确保活动的顺利开展；小组活动开展时，社工在小组中进行协助、拍照，整个活动人员安排合理，分工明确

2. 社区活动的评估

本节内容笔者对社工实践中的社区活动进行评估，主要通过发放满意度调查问卷和访谈、观察的方式对两次社区活动进行评估。

首先，笔者在每次社区活动结束后对参加活动的老年人随机发放 20 份社区活动满意度调查问卷，评估的内容主要包括活动时长、活动形式及活动内容三个方面，每个项目分值都是 1—5 分，分值越高则表示满意度越高。通过表 6-5 可知，社区老年教育宣传活动和老年人手机教学活动的满意度达到了 90%，两次社区活动总体满意度为 90.3%，由此可知老年人对于社区活动的开展满意度较高。

其次，在活动开展的过程中，现场的老年人都积极踊跃地参与，两次社区活动的目标都基本实现。通过访谈和观察可知，在社区老年教育宣传活动后，社区工作人员在社区内张贴了终身教育的条幅、制作了宣传栏并且在微信公众号也推送了相关的倡导类文章，社区内的居民也都对社区老年教育有了更清楚的认识，翻转了大家以往的陈旧的思想观念；在老年人手机教学活动开展过程中，老年人都非常积极地学习，在活动结束后社区内的老年人和大学生志愿者们也建立了一个微信群，在群里他们互帮互助，对于在活动中没有学会的地方也通过视频教学的方式为老年人进行了解答。

表6-5 社区工作满意度评估

活动名称 \ 评估项目	活动时长	活动形式	活动内容	总计	占比(%)
社区老年教育宣传活动	96	85	91	272	90.7
大学生手机教学活动	93	88	89	270	90.0
总计	189	173	180	542	90.3

3. 整体服务的效果评估

本小节内容是对以上所开展的社会工作支持服务进行评估，主要从满意度和目标达成情况两个方面进行评估，并与服务前所调研的满意度形成对比，以评估服务开展的情况。

（1）服务满意度

通过问卷的方式调查了老年人对社区老年教育现状满意程度，得出结论如图6-6所示。14.63%的老年人表示一般满意；有66.34%的老年人表示满意，17.56%的老年人表示非常满意，仅有极少数老年人表示不满意甚至非常不满意。因此总体来看，近70%的老年人对于现今社区老年教育服务是满意的，与服务开展前的满意度进行对比有大幅度提升。

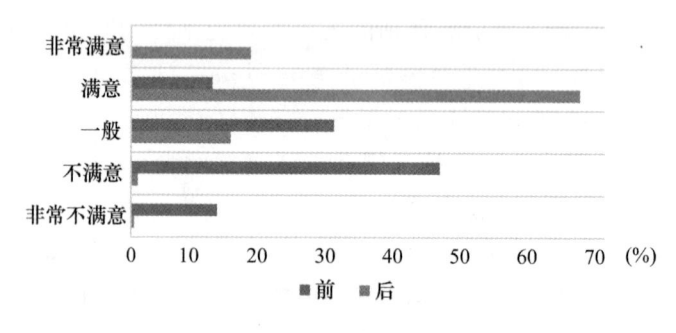

图6-6 服务满意度

（2）目标达成情况

以访谈法的形式辅以观察法，对社区老年教育服务的社会工作支持服务的目标达成情况进行了评估，评估内容见表6-6。

表6-6　　　　　　　　　　目标达成情况

服务目标	评估方法	目标达成情况
实现个体层面以及社区层面的赋权，使整个社区以及社区内的老年人都能意识到老年期也有接受教育的权利；老年人接受教育不是被动的，更多应是主动的；教育的目的不仅停留在老有所乐，而是通过老有所学而老有所为	访谈法	在服务的开展过程中，老年人的权利意识有明显提升，在社区内部，终身学习的气氛也较为浓烈，老年人的学习热情高涨。并且在服务结束之后有较多的老年人联系社工和社区工作人员表示要继续此类社区老年教育服务
增强老年人接受社区老年教育服务的能力和获取更多教育资源的能力，使他们更好地参与社区老年教育服务	访谈法	在手机教学的活动中，80%的老年人学会使用浏览器搜索想获取的内容；80%的老年人学会使用微信搜索相应的公众号，大大提高了老年人获取教育资源的能力，并且在后续小组活动的开展中以及老年人回到家自主学习时更加轻松便利
强化老年人在社区老年教育服务中的主观能动性、自觉性和自主性。积极主动地完善自我而满足自我需求从而推动城市社区老年教育服务的发展	访谈法 观察法	从小组活动开展的过程中明显地看出老年人学习的积极性和主动性，在活动开展期间，他们不仅作为活动的参与者，更是活动的建议者乃至设计者，每一次小组活动都会有老年人提出切实的建议，才使得整个小组活动的开展更符合老年人的真实需要；此外在服务结束后，老年人们也更加愿意投身到社区老年教育服务的建设中来，使得社区老年教育服务不仅是政府的责任、社区的责任，更是老年群体本身的责任

三　社会工作服务参与城市社区老年教育服务的建议

我国城市社区老年教育服务正在发展中，但发展得还不够完善，因此需要社会各方力量对其进行支持，以推动城市社区老年教育服务的良性发展。本研究开展了社会工作实践，并对其效果进行了评估。通过服务开展前后服务对象满意度的对比可知，社会工作支持城市社区老年教育服务具有一定的可行性。因此，根据研究中社会工作各项实务开展，从社工在支持城市社区老年教育服务过程中所扮演的角色这一角度出发，论述城市社区老年教育服务的社会工作支持策略（见图6-7）。

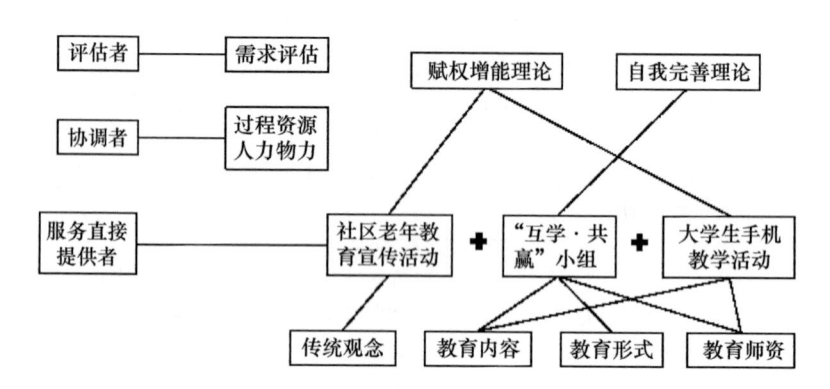

图6-7 城市社区老年教育服务的社会工作支持策略

（一）社工充当评估者，变供给导向为需求导向

调查研究是社会工作必备的一项专业技能，任何社工服务的开展都离不开调查研究的环节。第一，在服务开展前期，通过数据的收集整理并运用SPSS软件对研究对象进行研究所需要的数据分析，从而依据数据分析所得出来的结果，进而开展社工服务。同样地，对城市社区老年教育服务的社会工作支持研究也需要有前期的数据分析，分析城市社区老年教育服务的现状以及评估其需求，以保证后续的社工支持服务活动的开展具有针对性和目的性，实际且有效地支持城市社区老年教育服务的发展。

第二，在服务开展的过程中，通过评估每次活动的活动形式及内容设计的适切性，以便根据需要及时地改变服务计划，更好地满足服务对象的需求，使服务的提供更加必要且有效，以达到开展服务的目的。

第三，在服务提供的后期，对服务的效果和满意度进行评估。通过问卷调查辅以访谈的形式，了解服务开展的效果以及服务对象的满意程度，有助于社会工作专业的反思及经验的累积，并对此类社工支持服务开展的必要性提供强有力的证明。

综上，社会工作以评估者的角色支持城市社区老年教育服务，变供给导向为需求导向，使得服务的提供不仅仅停留在理论畅想层面，而是切实地满足老年人的教育需求，更为主观地去开展服务，并为城市社区老年教育服务的开展提供明确的服务方向及目的。

(二) 社工充当协调者，整合服务资源、协调服务过程

社工既是助人过程的协调者，也是社会资源的协调者，也可以说是资源的整合者。[①] 首先，社会工作通过整合服务资源对城市社区老年教育服务进行支持。社区老年教育服务的开展依托于社区但由于社区内教育资源有限，无论是在师资力量方面或是教育设施、教育内容等方面，社区都不能充分地满足老年人的需求。一方面需要政府的财政支持，另一方面需要社会组织对社区提供支持，而社会工作作为资源的协调者、整合者，尽可能地为城市社区老年教育服务链接资源。在本研究中，社工通过联系高校大学生志愿者为老年人提供服务，在一定程度上弥补了教师资源的不足；并通过联系社区的工作人员，为老年人提供合适的场地及设备。

其次，社会工作通过协调服务过程对城市社区老年教育服务进行支持。无论是城市社区老年教育服务还是社会工作的服务都是一个连续的过程，从需求评估到资源的整合再到教育服务的提供乃至服务结束，都需要有一个协调者去协调和控制每一部分的服务的开展，使得整个社区老年教育服务过程顺利进行并取得实际的效果。

(三) 社工充当服务提供者，直接参与、解决问题

服务提供者作为社工最基本的角色之一，通过运用专业的理论和方法为服务对象直接提供服务活动。在本次研究中，社工依据赋权增能理论和自我完善理论分别开展相应的小组活动和社区活动，从而解决城市社区老年教育服务存在的问题。

第一，通过开展基于赋权层面的社区老年教育宣传活动，解决在城市社区老年教育服务中传统观念束缚的问题。本研究中，社工在社区工作人员的配合下，在社区活动室以座谈会的形式向社区居民介绍与社区老年教育服务相关的内容，并带领大家进行一段时间的讨论，增强老年人的权利意识，同时在社区内形成良好的气氛，摆脱传统观念对老年人的辖制，激

[①] 李迎生：《社会工作概论》，中国人民大学出版社 2010 年版，第 161 页。

发老年人踊跃地参与到社区老年教育服务中去,使他们不仅可以作为被服务者,也能成为社区老年教育服务的服务提供者和管理者。

第二,通过开展基于增能层面的老年人手机教学活动,解决城市社区老年教育服务中教育服务内容不够多元化和教育服务师资不足的问题。在活动的开展过程中,一方面通过链接大学生志愿者使其跻身于城市社区老年教育服务中来,从而缓解教育师资不足的问题;另一方面老年人通过对手机电子产品的学习,使他们增强获得教育资源的能力,可以利用网络去学习自己想要学习的内容,从而提高他们获取资源的能力,并间接地丰富了老年人接受教育服务的内容。

第三,通过开展基于自我完善层面的"互学·共赢"小组活动,可同时解决城市社区老年教育服务内容、形式和师资三个方面的问题。在本研究中,根据前期调查老年人的教育需求以及老年人群的特点,在社区内共开展了五次小组活动,活动的基本形式是组员之间在小组内部的相互学习。一方面,以这样互学的形式提高老年人的学习兴趣,在学习内容上可以按照老年人自身的需求进行调整,由此丰富教育服务的内容;另一方面,通过彼此互学的形式,使组内的每一位成员,既是学习者也是教授者,由此解决教育服务师资不足的问题,并且也使得老年人不仅学习到新知识,也能提升其自我认同感,看到自身的价值。

综上,社会工作可以通过开展小组活动和社区活动两个方面的实务行动解决城市社区老年教育服务发展中存在的问题,以直接参与的方式支持服务的发展。

四 本章小结

通过借鉴以往学者们的研究经验,运用赋权增能理论和自我完善理论对城市社区老年教育服务进行社会工作支持,可得出以下结论。

第一,调查表明,城市社区老年教育服务存在的问题可从认可度、满意度和参与率三个方面得以体现:(1)认可度不高,老年人更认同老年大学;(2)老年人对现有的社区老年教育服务满意度较低;(3)老年人的社区老年教育服务参与率不高。第二,城市社区老年教育服务的问题成因主要包括四个方面:(1)传统观念的束缚;(2)教育内容的固化;(3)

教育形式的老旧;(4)教育师资的不足。第三,根据上述存在的问题及问题的成因并结合教育服务需求的评估,依据赋权增能理论和自我完善理论,分别开展小组服务和社区活动。第四,通过活动的开展以及活动效果的评估,可知社会工作服务开展后,老年人的满意度有明显的提升,由此总结出城市社区老年教育服务的社工支持策略。社工通过在城市社区老年教育服务中充当评估者、协调者和服务提供者这三种角色进行支持,以满足老年人的教育服务需求,解决城市社区老年教育服务发展中存在的问题,从而推动服务的良性发展。

此外,本研究认为社区老年教育服务的良性发展离不开国家相应的政策制度的引导,由于社区老年教育相关政策制度不完善,社区老年教育的发展也受到很大的制约。因此,第一,要以政府为主导,完善相应的政策制度,一是保证老年受教育权,二是保证社区老年教育服务开展的正规性、普及性和持续性;第二,要加大媒体的宣传力度,为社区老年教育提供良好的社会氛围,增强"终身学习"的意识,使国民认识到教育并不是年轻时候的事,而是每个人一生的事;第三,要动员社会各方力量的共同参与,各类社会组织、学校等为教育设施、教育经费、教育师资这三个方面贡献力量,从而使教育内容和教育形式多元化,为老年人提供良好的社区教育服务,使其能够老有所学,从而老有所乐、老有所为,能够达到"延年益寿,持续创造"的目的。[①] 最后,希望社会工作能够作为支持社区老年教育服务的一个方面,有效地推动社区老年教育服务的发展,使老年人在拥有受教育权的前提下,以社区为依托,获得满足其需求、实现其价值的好教育、"新"教育,从而实现健康养老、积极养老。

---

① 叶忠海:《社区教育学基础》,上海大学出版社2000年版,第94页。

参考文献

陈涛:《老年社会学》,中国社会出版社2009年版。

陈伟东:《社区自治——自组织网络与制度设置》,中国社会科学出版社2004年版。

丁元竹、江汛清:《志愿活动研究：类型、评价与管理》,天津人民出版社2001年版。

范明林等:《老年社会工作案例评析》,华东理工大学出版社2010年版。

方青、赵怀娟:《老年社会工作》,安徽师范大学出版社2014年版。

姜向群、杜鹏:《中国人口老龄化和老龄事业发展报告》,中国人民大学出版社2015年版。

姜振华:《社区参与与城市社区社会资本的培育》,中国社会出版社2008年版。

李惠斌、杨雪冬:《社会资本与社会发展》,社会科学文献出版社2000年版。

李雪萍:《社区参与在路上》,中国社会科学出版社2015年版。

厉以贤:《社区教育的理论与实践》,四川教育出版社2000年版。

马西恒、刘中起:《都市社区治理：以上海建设国际化城市为背景》,学林出版社2011年版。

梅陈玉婵、林一星、齐铱:《老年社会工作——从理论到实践》,格致出版社2017年版。

梅陈玉婵、齐铱、徐永德:《廿一世纪老年社会工作》,香港大学出版社2008年版。

时正新:《中国社会福利与社会进步报告1999》,社会科学文献出版社2000年版。

孙鹃娟、梅陈玉婵、陈华娟:《老年学与老有所为》,中国人民大学出版社

2014年版。

孙鹃娟：《中国老年人生活质量研究》，知识产权出版社2007年版。

孙志海：《自组织的社会进化理论方法和模型》，中国社会科学出版社2004年版。

唐咏：《压力与应对：以城乡高龄失能老人照顾者福利实践为视角》，中国社会科学出版社2014年版。

田雪原：《人口老龄化与"中等收入陷阱"》，社会科学文献出版社2013年版。

王思斌：《社会工作导论》，高等教育出版社2007年版。

王思斌：《社会工作概论》，高等教育出版社2006年版。

文军：《社会工作模式：理论与应用》，高等教育出版社2010年版。

邬沧萍、姜向群：《老年学概论》，中国人民大学出版社2011年版。

邬沧萍：《社会老年学》，中国人民大学出版社1999年版。

徐永祥：《社区工作》，高等教育出版社2014年版。

杨贵华：《自组织：社区能力建设的新视域——城市社区自组织能力研究》，社会科学文献出版社2010年版。

叶忠海：《老年教育学通论》，同济大学出版社2014年版。

叶忠海：《社区教育学基础》，上海大学出版社2000年版。

于晶利：《社会工作概论》，山东人民出版社2012年版。

张恒、黄梅：《老年社会工作服务指南》，中国社会出版社2016年版。

张燕农、张琪：《社区教育发展模式的理论与实践研究》，首都师范大学出版社2011年版。

赵林、[日]多田罗浩三、桂世勋：《日本如何应对超高龄社会：医疗保健·社会保障对策》，知识产权出版社2014年版。

赵永乐、郭祥林、吴达高等：《调研江苏：发挥老年专家创新创业作用研究》，党建读物出版社2016年版。

朱雪梅、潘杰：《护理教育学》，华中科技大学出版社2016年版。

[法]皮埃尔·布迪厄：《文化资本与社会炼金术——布迪厄访谈录》，包亚明译，上海人民出版社1997年版。

[法]詹姆斯·科尔曼：《社会理论的基础》，邓方译，社会科学文献出版社1999年版。

[美]Dennis Saleebey：《优势视角社会工作实践的新模式》，李亚文、杜立

婕译,华东理工大学出版社 2004 年版。

［美］林南:《社会资本:关于社会结构与行动的理论》,张磊译,上海人民出版社 2005 年版。

［美］托马斯·弗里德曼:《世界是平的》,何帆、肖莹莹、郝正非译,湖南科学技术出版社 2006 年版。

曹杨、王记文:《中国城市退休老人参与社区老年大学的影响因素研究》,《人口与发展》2016 年第 5 期。

陈茗、林志婉:《城市老年人参与社会公益活动的意愿及其影响》,《人口学刊》2004 年第 3 期。

陈友华、祝西冰:《中国的社会组织培育:必然、应然与实然》,《江苏社会科学》2014 年第 3 期。

崔红威:《低龄老年人口特征及其人力资源开发潜力研究》,《河北大学学报》(哲学社会科学版) 2011 年第 2 期。

丁志宏:《城市退休老人志愿服务参与现状及影响因素研究》,《兰州学刊》2012 年第 11 期。

丁志宏、张岭泉:《城市退休老人社区发展适应现状及影响因素研究》,《兰州学刊》2012 年第 1 期。

杜鹏、王菲:《"老有所为"在中国的发展:政策变迁和框架构建》,《人口与发展》2011 年第 6 期。

杜鹏、谢立黎等:《如何扩大老年志愿服务——基于北京朝外街道的实证研究》,《人口与发展》2015 年第 1 期。

冯敏良:《"社区参与"的内生逻辑与现实路径——基于参与—回报理论的分析》,《社会科学辑刊》2014 年第 1 期。

葛忠明:《社会自组织研究的主要进展、存在的问题和重点发展方向》,《东岳论丛》2016 年第 7 期。

姜振华:《城市老年人社区参与的现状及原因分析》,《人口学刊》2009 年第 5 期。

蒋小仙、项凯标、高全义:《人口老龄化背景下我国老年群体创业意愿的影响因素研究》,《老龄科学研究》2018 年第 8 期。

李华晶:《以老年人为创业主体的银色创业研究评析与启示》,《管理学报》2019 年第 3 期。

李璐:《城市社区组织管理研究综述》,《湖北社会科学》2014 年第 8 期。

李琦、王颖：《老年教育的供需矛盾及解决机制——国际经验与本土思考》，《云南民族大学学报》（哲学社会科学版）2019 年第 6 期。

李雪萍、陈艾：《社区组织化：增强社区参与 达致社区发展》，《贵州社会科学》2013 年第 6 期。

李宗华、李伟峰、高功敬：《城市老年人社区参与意愿的影响因素分析》，《山东社会科学》2011 年第 3 期。

梁肖月、罗家德：《城市社区自组织培育历程研究——以大栅栏街道培育社区自组织为例》，《国际社会科学杂志》（中文版）2019 年第 1 期。

廖恳：《论志愿服务的社会功能及其形成》，《中国青年研究》2012 年第 3 期。

刘杰：《日本老年人就业政策对中国老龄化应对的启示》，《当代经济》2020 年第 1 期。

刘素素、庄明莲：《城市老年人退休后的角色适应与老有所为：香港社区老年人的定性研究》，《社会工作》2014 年第 4 期。

刘振、朱志伟：《目标与结构：社区社会组织的类型化分析》，《社会工作与管理》2018 年第 2 期。

陆小成、冯刚：《基于社会管理创新的社会组织培育与体制改革》，《经济与管理》2015 年第 6 期。

罗家德、李智超：《乡村社区自组织治理的信任机制初探——以一个村民经济合作组织为例》，《管理世界》2012 年第 12 期。

罗家德、孙瑜等：《自组织运作过程中的能人现象》，《中国社会科学》2013 年第 10 期。

穆光宗、张团：《我国人口老龄化的发展趋势及其战略应对》，《华中师范大学学报》（人文社会科学版）2011 年第 5 期。

穆青：《如何理解志愿服务与志愿精神》，《北京青年政治学院院报》2005 年第 3 期。

彭兵：《合法性、策略和组织局限：国外社区组织的生发逻辑》，《浙江社会科学》2015 年第 4 期。

秦洪源、付建军：《法团主义视角下地方政府培育社会组织的逻辑、过程和影响——以成都市 W 街道社会组织培育实践为例》，《社会主义研究》2013 年第 6 期。

宋强、祁岩：《日本老年人力资源开发实践及启示》，《中国人力资源开发》2013 年第 10 期。

孙江涛：《社区自治视角下新型社区自组织的建构研究——以北京 3 个社区为例》，《学习论坛》2019 年第 5 期。

谭婷：《"合作模式"下社区民间组织的运行逻辑——以上海市 W 老年协会为例》，《理论月刊》2012 年第 2 期。

田香兰：《日本老年人雇佣政策及其对中国的启示》，《日本问题研究》2012 年第 3 期。

田毅鹏：《老年群体与都市公共性构建》，《福建论坛》（人文社会科学版）2011 年第 10 期。

童敏：《从问题视角到问题解决视角——社会工作优势视角再审视》，《厦门大学学报》（哲学社会科学版）2013 年第 6 期。

万芊：《城市低龄老年人再就业促进研究——基于上海市的调查》，《社会科学研究》2013 年第 6 期。

王建军：《当前我国社会组织培育和发展中的问题与对策》，《四川大学学报》（哲学社会科学版）2012 年第 3 期。

王思斌：《社会工作与志愿服务》，《中国社会工作》2010 年第 11 期。

王颖、李琦：《国内外老年教育研究综述与展望》，《社会科学战线》2019 年第 10 期。

魏娜：《我国志愿服务发展：成就、问题与展望》，《中国行政管理》2013 年第 7 期。

吴捷、程诚：《城市低龄老年人的需要满足状况、社会支持和心理健康的关系研究》，《心理科学》2011 年第 5 期。

夏辛萍：《积极老龄化视角下老年志愿者活动问题》，《中国老年学杂志》2015 年第 10 期。

向德平、高飞：《社区参与的困境与出路——以社区参事会的制度化尝试为例》，《北京社会科学》2013 年第 6 期。

肖芬蓉：《试论我国城市社区参与中的老年志愿者参与》，《学理论》2010 年第 3 期。

肖日葵、萧仕平：《不同理论视角下的社区自组织研究综述》，《天府新论》2009 年第 1 期。

谢立梨：《中国城市老年人社区志愿服务参与现状与影响因素研究》，《人口与发展》2017 年第 1 期。

谢志强、周平：《社区建设中的社会组织作用研究——以上海为例》，《北京师范大学学报》（社会科学版）2017年第3期。

徐宇珊：《社会组织结构创新：支持型机构的成长》，《社团管理研究》2010年第8期。

许小玲、马贵侠：《社会组织培育：动因、困境及前瞻》，《理论与改革》2013年第5期。

杨贵华：《自组织与社区共同体的自组织机制》，《东南学术》2007年第5期。

杨筠、张苏、宁向东：《受教育水平与退休后再就业：基于CHARLS数据的实证研究》，《经济学报》2018年第3期。

杨新科、金文俊：《人口老龄化压力下的现实选择——低龄老年人力资源开发的思考》，《甘肃理论学刊》2001年第4期。

杨雪：《老年人、社区社会资本与新型社区建设——基于9城市W物业小区的调查》，《社会科学辑刊》2014年第6期。

尹志刚：《社会组织培育与社会建设制度框架建构——基于北京市西城区社会组织的调查》，《北京工业大学学报》（社会科学版）2010年第5期。

赵罗英、夏建中：《社会资本与社区社会组织培育——以北京市D区为例》，《学习与实践》2014年第3期。

赵小平、孔祥利、卢玮静：《精英组织参与城市社区社会组织培育：模式特征与策略选择》，《社会建设》2014年第3期。

赵勇、段世江等：《美国和香港地区老年人志愿者活动的经验及启示》，《贵州社会科学》2011年第12期。

后　　记

"老有所为"的关键在于"为",涉及"为"的认知、"为"的能力、"为"的行动等问题。"老有所为"的推动不仅要大力倡导社会公益组织提供老年服务,还要引导老年人自身发展,积极开展利他主义的老年志愿服务,积极培育发挥老人社会价值和自我价值的老年创业,积极构建互助养老机制,积极推动发挥个人作用的社区参与,这些都是进行"老有所为"的可行性选择。但在现实的实践中,"老有所为"却面临着诸如认知传统、理解偏颇、缺少自信、能力不足、被动接受、环境不佳等种种问题。问题的破解,需借助支持有效推动"老"有"所为"、有"可为",有效开展"为老服务"。因此,需依托社区平台和专业服务。社区是开展"为老服务"的最佳平台,是居民发挥自我能力、自我价值的最佳场所。通过服务推动老年人参与社区公共事务是发挥居民主体作用,发挥老年群体人力资源,推动"老有所为"的有效选择。在老年服务领域,社会工作服务居民的作用日益凸显,从最初的扶危济困到个人发展,从改变环境到心理介入等都发挥着重要的作用。社会工作服务推动"老有所为"是从认知改变、能力提升到具体行动的过程,是老年人参与社会、发挥自身价值的有效途径,是社区良性、和谐发展的有效模式,是实现积极老龄化的有效选择,对于推动积极老龄化具有一定的实践意义。

本书的研究不仅缘于对"老有所为"如何"为"的思考,还缘于对社会工作专业教育和人才培养的思考。作为以"服务"见长的专业,如何通过专业服务为社会治理助力是人才培养过程中必须正视的问题。"老有所为"不仅表现在家庭活动中,还表现在老年人的社会参与中,如从事工作和劳动、担当志愿者、继续学习新的知识等。那么,社会工作专业人才应该用什么样的服务才能有效地促进老年人参与社会治理，助"老"真正地有所为呢？这一方面需要扎实、系统地掌握分析社会问题、社会现象的理论和方法，应用这些理论和方法对不同领域"老有所为"实践存在的问题进行分析，了解导致消极"老有所为"的影响因素，评估老年人在不同领域"老有所为"的真实需求，为制订社会工作服务计划、开展社会工作实践做好前期准备；另一方面需要专业、科学地掌握社会工作服务的理论、技巧，应用这些理论、技巧制定促进不同领域"老有所为"的服务方案，并以服务为切入点，对社会工作服务是否促进了不同领域"老有所为"的积极、有效开展进行研究。通过过程分析和效果评估，了解社会工作服务是否真正满足了老年人的"老有所为"需求和制约社会工作服务效果的原因、影响因素，探讨如何通过链接资源、政策支持等提升社会工作服务效果，形成社会工作服务支持"老有所为"的有效路径。这是一个有效服务的良性循环，是一个专业人才从事相关服务必备的创新实践能力。

  本书定稿时适逢全国研究生教育大会的召开，作为国民教育的重要组成部分，研究生教育担负着培养高层次创新人才的重任，在服务经济社会发展、推进国家治理体系和治理能力现代化方面具有重要作用。这也为社会工作专业高层次人才的培养指明了方向，培养社会治理所需的创新人才，真正为社会治理助力，成为每一个社会工作教育者的使命。《"老有所为"的社会工作支持研究》正是基于这样的目标设计完成的。本研究由本人和指导的研究生共同完成，由本人提出总体设计与研究框架，并指导研究生分别围绕"老年人自组织培育""老年人志愿服务""老年人社区公共事务参与""老年人创业""社区老年人教育服务"等专题展开研究，通过研究生在不同领域"老有所为"的长达半年的社区实践，验证社会工作服务促进"老有所为"的有效性，探索社会工作服务的有效路径及模式。本书第一章由邸焕双和参与实践的研究生共同完成，第二章由邸焕双、隋启元完成，第三章由邸焕双、厉洁完成，第四章由邸焕双、叶梁成完成，第五章由邸焕双、朱萌完成，第六章由邸焕双、于佳琪完成，全书由邸焕双修订、统稿。

  本书在研究、实践、写作、修改与完善的过程中，得到了长春理工大学社会工作专业各位老师的悉心指导，并分别提出了宝贵意见，在此谨向他们致以诚挚的感谢！

更为幸运的是，中国社会科学出版社的黄晗老师作为本书的责任编辑，给予本书出版很多帮助，以极其负责的工作态度保证了出版进度与质量，谢谢黄老师！

为老服务在路上，社会工作专业人才培养在路上，社会治理在路上，我也会持之以恒地在为老服务、创新型人才培养、社会治理的路上继续前行。

邱焕双

2020年仲夏于长春